小学语文教学案例分析

XIAOXUE YUWEN JIAOXUE ANLI FENXI

主　编⊙李　芳
副主编⊙李秀丽　贾煦添

东北师范大学出版社
长　春

图书在版编目（CIP）数据

小学语文教学案例分析 / 李芳主编. -- 长春：东北师范大学出版社，2024. 8. -- ISBN 978-7-5771-1776-8

Ⅰ. G623. 202

中国国家版本馆 CIP 数据核字第 2024WH7255 号

□策划编辑：王伟璐

□责任编辑：王伟璐　□封面设计：隋福成

□责任校对：庞　凤　□责任印制：侯建军

东北师范大学出版社出版发行

长春净月经济开发区金宝街 118 号（邮政编码：130117）

电话：0431—84568096

网址：http://www.nenup.com

东北师范大学音像出版社制版

吉林市海阔工贸有限公司印装

吉林市恒山西路花园小区 6 号楼（邮政编码：132013）

2024 年 8 月第 1 版　2024 年 8 月第 1 次印刷

幅面尺寸：185 mm×260 mm　印张：16.5　字数：370 千

定价：69.00 元

本书为2022年内蒙古教学改革重点项目“地方特色小学优秀教学案例库共建共享机制研究”（项目编号：JGZD2022027）的研究成果。

前 言

案例教学是以学生为中心，以案例为基础，通过呈现案例情境，将理论与实践紧密结合，引导学生发现问题、分析问题、解决问题，从而掌握理论、形成观点、构建体系、提高能力的一种教学方式，是强化本科师范生及专业硕士研究生实践能力培养、推进教学改革、促进教学与实践有机融合的重要途径，同时是推动师范教育培养模式改革的重要手段。

案例教学（Case Method）是由美国哈佛法学院前院长克里斯托弗·哥伦布·朗代尔（C. C. Langdell）于1870年首创的，后经哈佛企管研究所所长郑汉姆（W. B. Doham）推广，并从美国迅速传播到世界许多地方，其被认为是代表未来教育方向的一种成功教育方法。20世纪80年代，案例教学引入我国。案例教学的目的不应是传授知识，也不应是进行理论诠释或政策解释，不应将教学目的简单地放在教师对学生的“教”上，而应该着眼于教师和学生，特别是学生和学生彼此互动的“学”上。着眼于“学”，就要充分考虑学生的能力、学生的需求和学生的构成，考虑“学”的过程中学生的主体性及其可能采取的行动，考虑对“学”的过程的整体设计及控制。不仅要考虑每一次案例课的过程控制，还要考虑整个教学计划的进度，特别是案例部分的安排及其效果，要注意案例部分和理论部分、实践部分的平衡。

高校案例教学起始于19世纪70年代的哈佛大学法学院，随着一百多年来各高校的不断实践与改进，目前，案例教学已成为以美国为代表的西方发达国家高校常用的教学方式之一。近些年来，我国高校也逐渐开始进行案例教学的实践与尝试，且已有相关学术论著问世。

教学案例往往是经认真选择、深入调研、客观记述、精心编写而成的，具有规范性和一定代表性的，反映真实情境或事件的文字材料。从案例库的建设角度来看，教育部“中国专业学位案例中心”所进行的案例征集入库工作充分说明了案例教学在国内高校的重要地位与作用，与此同时，此案例库成为目前我国最为丰富的教学案例库，为国内各高校的教学与研究提供了很好的研究内容。

众所周知，师范生是未来的教师，在大学期间其不仅要掌握一定的教育理论知识和专业知识，还需经过训练以形成较好的教学能力。

教学案例有教育管理类、学科教学类、教育活动类三种类型，本书所选教学案例均为学科教学类。教学案例紧密结合相关课程，符合真实性、原创性、知识性、叙事性、启发性等要求，且关注当前教育教学实践中的重要问题。本书由包头师范学院小学教育专业的教师所撰写的教学案例汇编而成，主要包括小学识字与写字教学、阅读教学、习作教学、跨学科学习四个方面的教学案例。教学案例包括背景信息、案例正文、结语、案例思考题、案例使用说明等内容。同时，每个案例后面都附有本案例的教学实录或教学设计。

本书选编的小学语文教学案例适用于本科及研究生的课程教学，以及职后教师的专业发展培训。

具体案例的撰写人为：

案例一：李秀丽　谭培霞

案例二：苗彦贞

案例三：李　芳

案例四：武合新　李秀丽

案例五：李秀丽　谭培霞

案例六：李秀丽　闫晓枫

案例七：王　敏

案例八：李秀丽　谭培霞

案例九：贾煦添

案例十：贾煦添

案例十一：王　敏

编　者

2024 年 3 月

目 录

第一编 识字与写字教学案例

第二编 阅读教学案例

第三编　习作教学案例

第四编　跨学科学习案例

第一编

识字与写字教学案例

识字与写字是小学语文教学内容的一个重要组成部分。《义务教育语文课程标准（2022年版）》指出：识字与写字是阅读和写作的基础，是第一学段的教学重点，也是贯串整个义务教育阶段的重要教学内容。中华人民共和国成立后，汉字教学研究如雨后春笋般蓬勃发展起来，从随课文识字、集中识字、注音识字到字根识字、字族文识字、字理识字等三十多种识字方法应运而生。现行部编版小学语文教材中的识字编排体现出了汉字文化的特点，给人留下汉字文化博大精深、耐人寻味的印象。那么，怎样教好汉字呢？通过研讨下面两个教学案例，我们可以进一步深入探究识字与写字教学的方法与策略。

案例一：固本探源，让识字教学插上理想的翅膀

——部编版小学语文一年级上册《大小多少》教学探微

【背景信息】

2016年秋季，由教育部统编的小学语文教材（以下简称部编版）一年级上册与广大师生见面并正式投入教学。一时间，对部编版与人教版小学语文一年级上册的变化以及教学应对策略的讨论，成为小学语文教育界关注的热点。从教材总主编温儒敏、小学语文教科书执行主编陈先云对部编版小学语文低年级识字、写字实行“认写分流，多认少写”的编写原则、一年级为何改为先认字再学拼音的权威解释①，到责任编辑徐轶对部编版小学语文一年级上册教材中识字、写字部分的具体解读以及教学建议②；从知名专家汪潮对“汉字的构字之理”③ 的宏观分析，到结合辽宁省大连市部编版义务教育小学语文教科书的实验情况提出的“识字教学要改进方法，提高质量，就必须教给学生识字方法，而识字方法的传授，不是简单、机械地教授，而是重在在语言实践中开展识字教学，让学生感受到识字的趣味性，提高学生的识字能力”④ 的具体教学建议……不难看出，针对部编版小学语文一年级上册教材在识字、写字编排上呈现出的较大变化，以及顺应教材改版而改进识字教学方法的探讨、提高学生识字能力的策略依然是小学语文教育界常议常新的话题。

在这样一种氛围中，作为一名对小学语文低段教学情有独钟的一线年轻教师，面对几乎全新的部编版教材，Z老师清楚地认识到，只有充分研读教材，真正领会编者的匠心，才能更好地适应教材的变化，才能有效落实课程标准提出的重要精神。通过对教材的认真研读，Z老师发现，与人教版小学语文一年级上册的教材比较而言，部编版教材在识字、写字的编排上确实有比较大的变化。在内容的编排上，部编版小学语文一年级上册教材一改人教版教材多年来一直承袭的先学拼音后识字的传统，采用先识字后学拼音的编排顺序，将识字编排在学拼音的前面，并且先从认识极具形象性和画面感的形声字、会意字开始学起；在数量的要求上，部编版小学语文一年级上册教材要求学生认识300个常用字，会写其中的100个字，识字数量从人教版400个常用字的要求减少为300字，并且在书后

---

① 温儒敏. 如何用好“部编本”小学语文教材［J］. 小学语文，2017（Z2）：25-31.

② 陈先云，林孝杰，向瑞. 部编小学语文教科书的亮点及教学应注意的几个问题：主编答本刊记者问［J］. 小学语文，2017（10）：4-8.

③ 汪潮. 部编教材《小学语文》一年级上册的学理分析［J］. 语文教学通讯，2016（27）：8-10，71.

④ 王芳. 运用恰当的教学方法 提高学生的识字能力：一年级《识字课》教学谈［J］. 小学语文，2016（9）：35-39.

清晰地分列“识字表”和“写字表”，改变了人教版教材中“生字表（一）”“生字表（二）”的模糊表述，客观上降低了识字难度；在理念的呈现上，部编版小学语文一年级上册教材更加关注汉字的构字规律，凸显传统文化，注重激发学生主动识字的兴趣，培养学生亲近传统文化的情感。部编版教材的这些变化给Z老师带来的整体感受，用她的话来概括就是：从编排理念到学习内容的呈现，从全新的版式到富有文化意蕴和生活情趣的精美配图，都让她感受到一种“难以抑制的兴奋”。同时，如何融入新的教学理念，适应教材的这些变化，提高识字教学的效果，激发学生学习汉字的兴趣，培养学生的识字能力，也成为Z老师面临的一个新挑战。

适逢Z老师所在的B市教育局小学语文教研中心策划结合该市小学语文教研主题和部编版教材的特点召开一次专题研讨会，Z老师便欣然承担了其中的一节识字展示课的教学任务。2016年10月28日，专题研讨会在B市G小学召开，本案例便选自Z老师在这次研讨会上执教的部编版小学语文一年级识字课《大小多少》的教学录像。

Z老师任教于B市G小学，是一位拥有十余年教龄的青年骨干教师。曾荣获N自治区小学青年教师课堂教学基本功比赛语文学科一等奖、B市小学教学能手比赛语文学科“优秀能手”奖。Z老师凭借自己对小学语文低段教学的关注和喜爱，多次承担小学语文低段的教学展示课任务，努力探索识字教学的新路径，培养学生学习祖国语言文字的兴趣和自主识字能力。Z老师在此之前并不熟悉授课班级的学生，学生也处于“零预习”状态。但这并未影响Z老师的教学，老师和学生在短短一节课的学习和交流中，为大家呈现出了一堂颇有亮点的语文识字课。

【案例正文】

一、固“本”方利于探“源”

对于“识字”，Z老师一直都在思考一个问题：识字等于认字吗？“认得这个字”和“识得这个字”之间能画等号吗？在Z老师看来，“识字如识人”，识字≠认字。“认得”的程度不过是见了这个字能读出字音，即便换了语境，也依然认得出；而“识得”则应该有更高的要求，不仅要“认得”，还应该对其“来头、特点、使用”有所了解。对于识字教学来说，虽然教材中所要求的字，在教学中不可能字字深究，但如果只求字字达到“认得”的程度，难免会有蜻蜓点水之感。教师如果对汉字的博大精深、对汉字的精髓视而不见，在教学中也不能适当渗透，学生就不能很好地“识得”汉字。

要让学生更好地“识得”汉字，教师必须厘清识字教学的“本”与“源”。对于这个问题，Z老师认为，识字教学之“源”就是教师通过具体可感的课堂从激发学生识字兴趣、探索识字方法、拓宽识字途径、提高识字效率等方面对识字课教学策略进行的多方面的探索和尝试。而教师在探“源”之前，必须清楚什么是“本”。只有固好了“本”，才能探得好“源”。那么，什么是识字教学之“本”呢？梳理Z老师的观点我们可以看出：

首先，“本”是指识字在低年级、在学生成长中的地位，这是教学的隐性“动力”。

在Z老师看来，识字能力是学习能力的基础，它不仅是阅读和写作的基础，也是文化素质养成、提高的第一步，特别是低年级学生的识字能力还关系开发儿童的智慧潜能、发展儿童的创新精神和创造能力，这就决定了识字教学是小学低年级语文教学的重点。正因如此，Z老师很赞同“生本教育”创始人郭思乐教授在《教育激扬生命——再论教育走向生本》一书中说过的一段话：“对语文来说，汉字的识别给儿童打开了语言文化的大门，由此，如记录、阅读、成篇、交流、欣赏等，都立即成为可以达到的现实。”① 由此不难看出，只有学好了汉字才能顺利进行阅读、写作，也才算是学好了语文。而只有学好了语文这一学科，才有可能在语言文字的帮助下正确地理解其他学科的知识，并吃透这些学科。

其次，“本”指的是《课程标准》对识字的具体要求，这是教学的“彼岸”。

《义务教育语文课程标准（2011年版）》（以下简称《课程标准》）对识字提出的具体要求，在Z老师看来应该是评价和检验教学的标准，是识字教学之“本”。只有对这个“本”了然于胸，才可以在课堂教学中更好地尝试和探究适应教材变化的识字教学策略。这个《课程标准》之“本”，教师不可不知。

为了更好地探寻识字教学之“源”，Z老师对《课程标准》中不同学段的识字教学要求进行了梳理，其中对第一学段的要求有：

1. 喜欢学习汉字，有主动识字、写字的愿望。

2. 认识常用汉字1 600个左右，其中800个左右会写。

3. 掌握汉字的基本笔画和常用的偏旁部首，能按笔顺规则用硬笔写字，注意间架结构。初步感受汉字的形体美。

4. 努力养成良好的写字习惯，写字姿势正确，书写规范、端正、整洁。

5. 学会汉语拼音。能读准声母、韵母、声调和整体认读音节。能准确地拼读音节，正确书写声母、韵母和音节。认识大写字母，熟记《汉语拼音字母表》。

6. 学习独立识字。能借助汉语拼音认读汉字，学会用音序检字法和部首检字法查字典。

Z老师分析：从这些“要求”中可以看出，《课程标准》对小学语文低段的识字教学从多维度进行了目标定位，既有量的刚性要求，又有兴趣情感、能力方法等的指向。而且，《课程标准》要求第一学段学生在两年内需要认识1 600个左右的常用汉字，这样的识字量占六年识字总量的50%还多。这在中华人民共和国成立以来的历次教学大纲中是不多见的。再从部编版小学语文教材来看，新教材的编排理念更加注重学生的大量识字，以帮助学生顺利进行阅读和口语交际。据专家调查研究，一个人只有在识字量达到2 500个时，才能进行正常的阅读，而2 500个识字量要到第二个学段才能实现。为了提前让学生进入阅读阶段，语文教师很有必要尝试通过多条途径让学生多识字，提前完成2 500个识字量的任务。

最后，“本”还指学生的现状和心理发展，这是一切教学的“起点”。

对于这个“起点”，Z教师分析说，刚入学的一年级新生多数识字量很少，识字量的

---

① 郭思乐. 教育激扬生命：再论教育走向生本［M］. 北京：人民教育出版社，2007：217.

滞后直接影响学习速度和质量。就拿 Z 老师所带的班级来说，识字量最多的学生认识 800 多个字，识字量少的学生只认识 30 多个字，学生之间的差距很大，差异也很明显，无论在听话、理解、读题、记作业等方面都存在较为明显的差异。如何在短时间内缩短这样的差距，是 Z 老师想要解决的问题，也是 Z 老师多年来一直关注识字教学的教法、学法的原因之一。

Z 老师对“学生的现状和心理发展”之“本”的认识还受脑科学、心理学研究的启示：幼儿阶段是记忆最强、认字最快的时期，六岁左右的孩子早识字，提前阅读是存在可能性的，也具有一定的优势。日本学者石井勋的实验研究证明：一年级孩子的识字能力最强，也最爱识字，以后逐年下降。这个结论已被世界人类开发会议认为是为全人类做出贡献的一个研究成果。因此，Z 老师一贯坚持一年级是儿童认字的最佳期，因而教学应该以识字为主，识字量也比较大。教师应该抓住这一关键期、黄金期，帮学生打好识字基础。庄稼误了是一季，人误了是一生。从识字开始，为学生的终身发展打下坚实的基础是低年级语文教师义不容辞的责任。

二、探寻识字教学之“源”，让识字教学插上理想的翅膀

Z 老师认为，语言文字是人类最重要的交际工具和信息载体，是人类文化的重要组成部分。义务教育阶段的语文课程要想培养学生运用语言文字进行交流沟通的能力，识字、写字是基础。人生识字聪明始，真正意义上的教育，是从识字开始的。《义务教育语文课程标准（2011 年版）》指出：“识字、写字是阅读和写作的基础，是第一学段的教学重点，也是贯串整个义务教育阶段的重要教学内容。”这不仅强调了识字、写字教学在义务教育阶段的重要地位和作用，而且明确了第一学段语文教学的重点。正因如此，自中华人民共和国成立以来，小学语文教育界对识字教学方法进行的改革和创新、对如何高效达成识字教学目标的探索和尝试、对学生识字能力培养的思考与实践从来就没有停歇过。

Z 老师执教的《大小多少》是部编版小学语文一年级上册的识字课，教材安排了四个小节，四幅插图。要求：认识 12 个生字；会写 5 个生字，并掌握笔顺；学会偏旁“犭”“鸟”；理解“大”“小”“多”“少”的含义，感知反义词，感受汉字丰富多彩的文化内涵，激发学生学习汉字的兴趣。这节识字课，Z 老师从实际教学入手，通过自己的教学设计以及实施策略，阐述了她对识字之“源”、教学之“源”的认识。这些认识不仅折射出 Z 老师关于识字教学的探究与思考，而且承载着她对识字教学的理想和期待。

（一）“源”于字理，彰显文化内涵

对于部编版小学语文教材而言，Z 老师认为“多认少写，识写分开”是低段识字、写字板块中一个显著的编排原则。此外，一年级语文上册教材不仅增加了传统蒙学内容，而且在识字课的编排中渗透着丰富的文化内涵，让识字明显地承担起了传承中华优秀传统文化的重要作用。如，《日月水火》一课出示的象形文字，《日月明》一课出示的会意文字。这样的识字内容，暗含多样的识字方法。这样的编排意在体现汉字的特点，培养学生依据字理识字的能力。那么，教师如何依据字理进行识字教学，让学生不仅能够快速、形象地识记汉字，而且能够领悟汉字的文化内涵呢？

片段一

师：词语朋友们夸奖你们读得准，声音亮。老师有一个小游戏，大家想不想玩儿？游戏的名字叫“猜猜看”（出示图 1-1）。这是古人写的字，仔细瞧，猜猜这是哪个字呢？

图 1-1 “牛”字的图片

图 1-2 “木”字的图片

图 1-3 “果”字的图片

生：牛！

师：你真牛！接着猜。（出示图 1-2）

生：木！

师：你们真厉害！谁能说说你是怎么猜出来的。

生：我是根据这个字的样子猜到的。

师：你看，我们的汉字多有意思，一个字就是一幅画，古人就是根据它们的形状造出了这些字，这些字叫象形字，我们前面也学习了一些。

师：还玩儿吗？继续猜。（出示图 1-3）

（生一时答不上来）

师：别急。仔细瞧，这是木，上面长满了果子，这可能是哪个字？

生：果！

师：对！古人就是这样写“果”字的，先写木，上面结满了这样的小果实就是果。

（师边说边板书）

Z 老师认为，字理识字是依据汉字的构字规律，运用汉字形、音、义的关系进行识字教学的方法，意在激发学生的识字兴趣，在不增加学生负担的前提下，强化其对汉字音、形、义的记忆，能有效预防错别字的产生和减少错别字。正因如此，语文教师应该重视汉字中的文化，重视对汉字相关知识的储备，努力使自己成为半个“汉字先生”，以此来增加教学的深度、厚度，进而提升识字的效度。在这一片段中，Z 老师的教学策略为看古字猜汉字。其设计之“源”为汉字的文化内涵。小学生，尤其是一年级的小朋友，其形象思维占主导，运用直观、联想等手段识字、记字形应该是识字教学遵循的原则。因此，Z 老师在她的识字教学中一直坚持结合教材适时地渗透汉字的字理，同时引导学生把握汉字的构字依据和组成规律，以达到识字的目的，进而培养学生的识字能力。

（二）“源”于学情，提升教学理念

小学教育姓“小”，这个突出的“小”就是指我们的教学对象——孩子。面对一年级的小学生，怎样才能把教师解读到的字理文化传递给六七岁的孩子，并让六七岁的孩子理解、接受并有探究的欲望呢？Z 老师通过自己在《大小多少》一课中第一次教授“犭”旁的教学经历认识到：在这样一个过程中，教学方法的选择是非常重要的。

片段二

（出示“猫”字）

师：仔细看。这个字由哪两部分组成？

生：“犭”和“苗”。

师：小猫怎么叫。

生：喵喵。

师：对，“苗”和小猫的叫声相同。“犭”表示它是一个小动物。

师：同学们，这样的字就是形声字。

（出示带“犭”旁的词组）

师：仔细看这些字，它们都含有“犭”旁，带这个偏旁的字都与动物有关。

Z 老师说，进行这样的设计，她想的是先帮孩子们建立一个概念，再达到举一反三的效果。但是，试讲之后，听课的老师却反馈说：这个环节听得好累，有点简单、生硬，缺乏形象性，而且有些成人化。听课的教研员评课时也认为，这个教学环节对于孩子们来说完全是“被动接受”，“给”重于“学”。因为建构不足，所以这个环节就成了“冷冰冰”的识字。在大家的建议下，Z 老师经过再三思考，对“犭”旁的教学进行了重新设计，具体如下。

片段三

师：汉字好玩儿吗？继续？

（出示图片）猜猜这是什么动物？

生：狗！

师：狗还有一个名字叫“犬”，所以古人是这样写“犬”字的。（出示图 1–4）

图 1–4　“犬”字的图片

师：孩子们看，这个字像什么？

生1：像一只立起来的狗。

生2：它俩太像啦！

师：后来呀，这个字就演变成了我们汉字中的一个部首——反犬旁（犭）。跟老师读：反犬旁。

生：反犬旁。（读数遍）

生：老师，我发现反犬旁的弯钩很像古代立起来的“狗”字拱起的后背。

师：你真有一双火眼金睛啊！

师：当它变成“犭”旁时可不仅仅是狗的意思了，它还表示什么呢？一会你就明白啦！

（出示猫的图片）

师：仔细瞧，你发现了什么？

生：我发现“猫”字就是反犬旁，右边是个“苗”字。

师：老师还带来一组带“犭”旁的字，这些字你认识吗？

师：你认识哪个就读哪个。

狐狸、狮、狼、猴、猪、狗。

（生一起读）

师：你发现了什么？

生：这些字都带有反犬旁，它们都是动物。

师：对，带“犭”旁的字和动物有关。

师：汉字真奇妙，有些字一看部首就能猜到它表示什么意思。

Z老师说，这次的设计与第一次有了明显的不同，这种不同在于教学理念发生了转变。第一次的教学设计是“给”，第二次的教学设计体现出了知识建构的过程，关注的重点是学生的“学”。两次设计虽然同源，都是以字理为据，都在渗透汉字文化，但是学生“学”的过程才是教学的硬道理。

（三）“源”于生活，拓宽识字途径

Z老师认为，识字教学一定要与生活密切联系，让学生感受到“生活处处皆语文”“语文的学习很实用”，这样就会让学生逐渐产生自觉识字、用字的意识。对于一年级学生而言，其思维和认知的特点决定了直观形象的画面更能吸引他们的注意力。因此，在初识词语环节，教师设计了从“图”到“字”，把图上的事物与汉字结合起来，凭图解字、再去图识字的教学内容。这样的教学设计不仅可以提高学生的识字能力，而且可以拓宽学生的识字途径。这不仅符合学生识字的特点，而且弱化了拼音的地位，使汉语拼音真正起到了拐杖的作用。

就《大小多少》一课的教学设计而言，Z老师在设计之前先比较了人教版小学语文一年级上册的《比一比》与部编版小学语文一年级上册的《大小多少》两课。在这两个版本的教材中，课文的韵文相同，但识字任务不同。在《比一比》中，课文给了一幅情境图，本课要求会认、会写的汉字所表示的事物都在情境图中，而且都是学生比较熟悉的事物，需要学生看图找出事物，再将所学汉字与其表示的事物之间建立联系，从而学习汉字。部编版的《大小多少》一课中没有了情境图，直接呈现的是事物的图片。考虑到编者的设计意图，Z 老师在教学中运用了“创境”的方式，具体如下：

片段四

师：同学们，你们喜欢旅游吗？

生：喜欢。

师：说说你都去过哪儿呀？（说完整，如我去过__________）

生 1：我去过杭州。

生 2：我去过北京。

生 3：我去过上海。

师：我也去过许多地方，“十一”假期我去了趟乡村，看到了许多景物，还拍了许多照片呢！想不想看看？

生：想！

师：快和它们打个招呼吧！（出示黄牛、苹果等的图片）

在这段设计中，Z 老师通过情境导入的方式，先呈现学生在生活中比较熟悉的事物的照片，再将这些事物与本课要“识”的字建立联系。这样的教学环节既符合学生的认字规律，又凸显了识字的地位，不仅提高了学生学习的兴趣，同时渗透了一种识字的方法。

Z 老师认为，生活就是识字的天地，识字教学要结合学生的生活经验，引导他们利用各种机会主动识字，力求识用结合。例如，认识课程表上的课程、认识同学的名字、认识零食包装袋上的字等，这些都可以成为认字的好途径。此外，在生活中识字还可以通过人体感觉识字、观察自然识字、购物识字等方式等来落实。为了更好地培养孩子在生活中识字的意识，Z 老师还设计过一个“边走边看”的活动，要求学生在每天上学放学的路上多留意，看到店铺招牌、广告条幅、路牌上的字，会认的就把它读出来，不会认的把它记在心里，过后问一问同学、老师、家人。为了调动学生的积极性，Z 老师每天利用几分钟的时间发动孩子在小组内与同学分享自己的认字成果。这样的活动设计，把学生的识字内容和日常生活紧密联系在一起，既帮助学生巩固了学过的生字，又培养了学生的识字能力。这种“源”于生活的识字方式直接促进了学生寻找识字“水源”的欲望。

（四）“源”于规律，注重思维训练

语文学习的效率是建立在遵循学生认知规律的基础上的。小学一年级学生的思维对象是直观的、具象的，他们的思维方式往往是与具体的情境联系在一起的。那么，如何引导学生发现汉字的用字规律，训练学生的思维方式呢？Z 老师在教学中又做了以下尝试。

片段五

师：你瞧！知识树上挂满了词语果，想不想摘一个来尝尝？

一起摘苹果喽！谁的声音亮，请你来品尝。

（生一起读）

师：你能给这些词语分类吗？

生：苹果、杏子、桃子都是水果，黄牛、鸭子、猫都是动物。

师：了不起！

在 Z 老师看来，“类”意识说到底其实还是一种思维训练，是在探“源”。部编版小学语文教材在这方面已经有了很好的引领，图 1-5 所示内容就是在引领师生在识字的过程中促进思维的发展，这可以让学生从多个角度发散思维进行思考。虽然这种思维训练在小学语文一年级上册教材中只出现了一次，但足以打开师生的思路。以这样的路径进行思考，无疑会让思维更延展、更开阔。学生的能力在这样的知识习得过程中会一点一点地成长起来，学习能力也会一步一步得到提升。

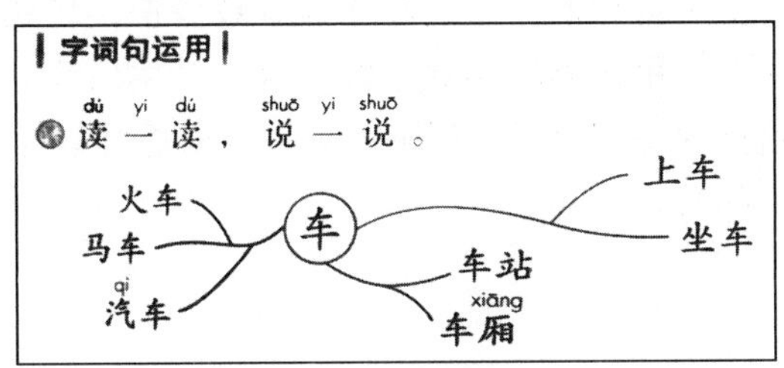

图 1-5　一年级上册《语文园地三 · 字词句运用》

再如，部编版小学语文一年级下册教材中有许多词串，这些词串或是一类词语，可以让学生达到举一反三的目的；或有不同的意思，能发散学生的思维。词串将字义和字形有机地结合在了一起，体现了识字的整体性。利用好词串，不仅可以帮助学生识字，而且能够丰富学生的词汇量。如：

胆子	胆量	大胆
勇敢	勇气	勇士
微笑	微小	微风
原来	草原	高原

初始	初夏
天性	性格
专心	专门
善良	友善

……

Z 老师结合自己的教学经验继续强调说，“源”是教师教学脱不开的“本真”。不光是低年级，高年级也是如此。如，Z 老师执教的《威尼斯的小艇》一课中“夹”字的教学。

片段六

夹了货物　夹着圣经（多音字的判断）

1. 请根据下面字典中的义项，选择正确的读音：

jiā：①使处在两者之间。

②从两旁同时向同一对象用力或采取行动。

③掺杂。

④夹子。

jiá：里外两层的（衣、被等）。

2. 判断读音：

夹袄　　夹衣　　夹被

3. 在日常生活中，我们常常会读错一些词语，请看这一组：

夹菜　　雨夹雪　皮夹子

这一教学过程有三个层次，以层层剥笋的方式让学生对汉字进行辨识。这样做可以让学生从根本上、从“源”头处对汉字进行辨析，进而与生活相关联，纠正生活中的误读字音，让识字学习有了张力。更主要的是，这个片段体现出了教学评的一致性，学生的学习过程是充分而完整的，学生在这样的教学过程中是在以解决问题的方式来思考的，此时，学生的学习是判断、推理、运用的循环实践过程，这为学生后续的学习提供了思维样式。学生的能力发展就是在这样的知识习得过程中一点一点积蓄力量的，其学习能力在这样的过程中也会一步一步得到提升。

片段七

师：第一场比赛开始啦！（出示第一小节图片）

师：谁来读一读？（生读文）

师：这是什么？（出示一头牛的图片）

生：黄牛。

师：把数量说上。

生：一头黄牛。

师：这是什么？（出示一只猫的图片）

生：一只猫。

师：你们瞧！观众席上还坐着好多动物！

师：你认识它们吗？叫出它们的名字吧！小裁判们热情一点儿！

师：你能用“一头（　　）”或“一只（　　）”准确地说出它们的数量吗？

生 1：一头狮子。

生 2：一只兔子。

生 3：一头大象。

生 4：一只老鼠。

生 5：一只小鸟。

生 6：一头猪。

师：你瞧，它们已经按照大家的吩咐排好队啦，一起读一读吧。

师：大家发现了吗？什么样的动物，我们使用量词“头”来说，什么样的动物我们使用量词“只”来说呢？

生：个头儿大一点的动物，我们就用“头”来说，个头儿小一点的动物，我们就用“只”来说。

师：真棒，你也能当小作家啦！

Z 老师说，数量词的使用是本课的学习目标之一，虽然在一课之中不能涉及很多数量词，但是渗透“用字意识”是必须实现的目标。在教学过程中，读词串、归类、发现规律等一系列活动的意图还是在探“源”。通过量词使用的比较，既可以发现区别之“源”，又可以让学生在参与教学活动的过程中经历“探源”的过程，感受收获知识的快乐。

片段八

师：第二组队员上场了，谁来读一读？

（生读文）

（出示图片）

师：这是一个（　　）。

生：一个苹果。

师：还可以说一（　　）苹果。

生：一颗苹果。

师：一个意思，两种说法，我们的汉语真丰富！

（出示一颗枣的图片）

师：这是一颗枣，你还会说一颗（　　）。

生交流：一颗鸡蛋，一颗心，一颗葡萄。

生：一棵树。

师：一棵大树，和树有关，应该是这个“棵”（边说边板书）。

师：你看，“棵”里藏着木字旁呀！

师：汉语真丰富，都是“kē”，却用来说不同东西的数量。

师：老师带来了一组这样的小短语，读一读吧！

一颗豆子
一颗杏子
一颗扣子
一颗鸡蛋

师：你觉得哪些东西可以用“颗”来说呢？

生：我觉得小小的东西可以用这个“颗”来说。

师：对，还有吗？

生：圆圆的东西也可以用这个“颗”来说。

师：你们真了不起，学着学着自己就总结出规律啦！

“颗”与“棵”的辨析，在Z老师看来这属于同音字混淆，是识字中的一个突出问题。这是学生常见的误用现象，在不同年级的学生中都会出现。对于这样一个难题的解决，不同年级会有不同的难度，针对不同年级也要有不同的方法。面对一年级小朋友，Z老师敏锐地抓住学生回答中的错误，以此为资源，适时比较，厘清字义；从一年级学生熟悉的生活入手，明确使用范围；在此基础上，引导学生发现汉字的使用规律。这种通过“比较同音字之用”探究汉字之“源”的方法，轻而易举地解决了同音异形字的问题，丰富了识字的内涵。

（五）“源”于课堂，创造教学魔力

课堂教学是教育教学中使用最普遍的一种手段，是提高教学质量、推动学生主体性发展、实施素质教育的重要渠道。课堂是小学生学习的主阵地。小学教学课堂除了要科学、正确地传授知识、培养能力以外，还需想方设法激发学生对学习的兴趣。而兴趣点的创设，不仅要求教师拥有一颗慧心，还要拥有一双慧眼。

片段九

师：你听，它们今天要去参加一场特殊的比赛，可到现在还没裁判，我们去当小裁判，好吗？

生：好。

师：快打开书第68页，看看今天的赛事吧！

师：请大家声音洪亮地读课文，不认识的字请拼音帮忙，每人读两遍，读完请举手。

Z老师在本课的教学中创设了一个比赛的情境，并贯穿于后续的教学中。一年级小朋友有意注意的时间很短，Z教师认为，低年级教学成功的一大关键就在于教师的组织教学。教师需要利用自己的慧心和慧眼，设计一些刺激点、动情点，或是创设一个贴近学生的情境，找到学生的兴趣点、情绪触发点，把学生的注意力紧紧吸引过来。这是小学教师尤其是低年级教师的教学“魔力”，更是教师不可或缺的一种能力。

片段十

师：“小”和“少”是我们今天要写的两个字，请我们班的小小领字员领着大家来学习。

领字员：我是小小领字员，请大家举起小手跟我做。

小：竖钩，点，点。

（再写一遍）

小：竖钩，点，点。

（小手放好）

小，大小的小，小牛的小，小羊的小。

少：竖，点，点，撇。

（再写一遍）

少：竖，点，点，撇。

（小手放好）

少，多少的少，太少的少。

老师领着大家来写。

Z老师认为，教学的终极目标是培养学生的自主学习能力。Z老师始终认为，“教是为了不教”是叶老最重要的教育思想，是一种着力对学生进行非智力因素启蒙的教育教学理论，其实质就是帮助人实现潜在的可能性。正是立足于培养学生的能力，Z老师在日常教学中注意培养“小领字员”，领字员不是固定的学生，机会会给每一位努力的、有进步的孩子，以此来激发学生的兴趣。这个“小领字员”是一种奖励，更是一种荣誉。对于小学一年级学生而言，这是培养兴趣和增强自信心的有效策略。而小朋友带领大家写字的过程，就是字音、形、义相对完整的识记过程。较之教师问学生答，这既减去了烦琐的教学环节，又为学生创造了习得能力的机会，可谓一箭双雕、一石二鸟。

【结语】

好老师不仅仅是“经师”，更是“人师”。经师易遇，人师难求。Z老师关于识字教学“本”与“源”的思考与实践，诠释了她对识字教学的理解和认知，是她对小学低段识字教学的一种探索和尝试，更是一位热爱课堂的青年教师十余年来不断探索的“识字”之路、努力成为“人师”之路。这条路承载着她的“识字”理想，承载着她的教学理想，更承载着她培养学生语文素养的理想。在语文教育备受诟病的窘况面前，在识字教学与部编版语文教材不期而遇的特殊时代，语文教育工作者，尤其是小学语文教育工作者应该认真思考：对于目前只见“树木”尚未完全看见“森林”的部编版小学语文教材，如何才能更好地领会编者的匠心，准确把握教材的特点？对于刚入学的小学生而言，如何才能更好地激发学生的识字潜能，更早、更快地实现“不教”的目的？面对诸多的识字教学方法，如何才能让多种方法“他为己用”，实现教学的有机融合？对于博大精深的汉字文化，教师自身该具备多少汉字的相关知识储备，才能承担起弘扬汉字文化的重任？教师对运用字理实施汉字教学的认识是否正确，方法是否科学？有关识字教学的困惑，或许还有许多；有关识字教学的探究，仍将走在路上……

【案例思考题】

1. 在本案例中，Z 老师对识字教学“本”与“源”的认识合理吗？为什么？

2. 在本案例中，Z 老师运用了哪些识字教学方法？这些方法是否符合一年级学生的学情？是否实现了她的教学目标？

3. Z 老师的教学设计和传统的识字教学有什么不同？通过 Z 老师的教学设计，可以对小学低段的识字教学引发哪些思考？

4. 以下呈现的《大小多少》一课的教学设计与本案例的教学设计理念有哪些不同？

一、出示情境图，学生观察后说说看到了什么。教师出示相关词语，要求学生借助图画读词语。

二、借助拼音读词语，先练读，再指名读，最后全班齐读。

三、去拼音再练习读。

四、练习读童谣，说说知道了什么，并换个说法。注重语言训练，比较群与堆、颗与棵、头与只这三组量词的不同。

五、课件出示图片等，说出事物的名称、数量以及如何比较。

六、实践练习，说说教室里有哪些事物，请说说事物的名称、数量以及比较方法；拓展延伸，生活中还有哪些事物，请说说事物的名称、数量以及比较方法。

【案例使用说明】

1. 适用范围

适用对象：小学教育专业的研究生或本科生、教师教育相关专业的研究生或本科生、小学语文教师。

适用课程：“小学语文教学设计与实施”“小学语文教学专题研究”“课例分析（小学语文）”等。

2. 教学目的

（1）了解部编版小学语文一年级上册教材编排的特点和变化。

（2）熟悉小学语文低段识字教学的一般方法。

（3）提高学生对小学语文识字教学目标、内容、教学建议的理解与把握能力。

（4）培养学生选择适合学情的识字教学方法并合理进行教学设计的能力。

3. 要点提示

相关理论：

教学设计、语文课程与教学、儿童的心理特点、识字教学的理论与方法。

关键知识点：

小学语文识字教学的总体目标与内容、识字教学的方法、部编版小学语文教材的编排特点。

关键能力：

研读教材的能力、分析学情的能力、教学设计的能力。

案例分析思路：

首先，通过对《大小多少》一课教学内容的理解和对部编版小学语文一年级上册教材的研读，引导学生发现部编版教材的变化，进而引导学生领会教材编写者的意图；其次，引导学生梳理识字教学的方法，运用相关教育理论并结合小学一年级学生的身心特点，对常用的识字教学方法进行多层面、多视角的讨论、点评；最后，在讨论中明确适宜小学低段的识字教学方法和课堂实施策略，引导学生合理进行识字教学设计。

4. 教学建议

时间安排：大学标准课 4 节，180 分钟，布置和预习 1 节，汇报讨论 2 节，反思总结 1 节。

环节安排：提前 1~2 周利用 1 节课布置预习内容→对识字教学的目标和内容进行梳理→学生分组研读案例和部编版小学语文一年级上册教材→课下进行讨论和交流→各组形成主要观点→学生课上汇报、研讨 →学生小组互评、教师点评。

人数要求：40 人以下的班级教学。

教学方法：参与式教学、小组合作教学等方式，以师生讨论为主，以讲授、点评为辅。

工具选择：案例打印资料、多媒体录播教室、录音笔、记录表等

组织引导：教师布置任务清晰、案例讨论要求明确；为学生提供必要的参考资料；需要对学生的课下讨论予以必要的指导，并及时给出建议，以便于课上交流；学生课上讨论注意严防跑题；教师点评注重提升，肯定每组的亮点，不应给出最终结论。

活动设计建议：

搜集跟识字教学相关的知识点和能力点资料，有条件的可以深入小学低段的识字教学课堂听 1~2 节识字课，并对任课教师进行随机采访，以便获得实际资料。

案例的背景分析不宜在文本中直接出现。教师可以使用图片、视频、文字等多种形式来呈现背景信息，这样不仅可以调动学生学习和生活中的经验，也可以使学生加深对案例主题的认识，为后期的案例研讨做好准备。

上课前做好教学准备。课前要求学生完成案例阅读，有条件的可观看视频，独立思考并及时记录讨论要点；根据学生的情况将学生分组，每个小组提供一张小组讨论记录表，

讨论记录表需要注明讨论的时间、地点、人员、讨论流程、个人聚焦问题和小组聚焦问题，以及聚焦问题后的现有知识分析和拟查阅资料。

案例讨论后的汇报形式应鼓励多样化，注重成员间的明确分工和配合，不能总是组长或一个成员承担汇报任务，要多给其他同学参与的机会；小组汇报前要做好汇报的 PPT，小组汇报后现场进行组间评价和教师点评；教师点评要及时进行，注意适时、适度提升理论，把握整体教学进程；下课后，教师要及时总结得失，以便调整后续的教学内容，及时改进教学行为。

5. 推荐阅读

［1］蒋蓉，李金国. 小学语文教学设计［M］. 北京：高等教育出版社，2016.

［2］黄亢美. 汉字学基础与字理教学法［M］. 南宁：广西教育出版社，2014.

［3］杨再隋. 语文课程的目标・理念・策略：《义务教育语文课程标准（2011 年版）》导读［M］. 长沙：湖南教育出版社，2012.

［4］崔增亮. 汉字学与小学识字教学［M］. 北京：人民教育出版社，2015.

［5］金文伟. 我们的系统识字课：遵循汉字学的识字及阅读课例选［M］. 南昌：江西人民出版社，2017.

［6］汪潮. 小学语文部编教材文本解读及学习设计：一年级上册［M］. 福州：福建教育出版社，2017.

《大小多少》第一课时课堂实录①

一、教学目标

1. 借助图片，认识“苹果”等六个词语。通过字理识字的方法认识“牛”“果”“猫”，认识“犭”。初步感受汉字的形象、有趣，有喜欢学习汉字的愿望。

2. 能够自动化分析字形，通过自主观察与横竖中线重合的关键笔画，按正确的笔顺描红、书写“小”“少”。书写姿势正确。

3. 通过结合韵文、联系生活实际，了解不同的事物要用不同的量词搭配，学习积累带有“头”“只”“颗”的数量短语。背诵韵文第一、三小节。

教学重点：认识“牛”“果”“猫”“犭”，正确书写“小”“少”。

教学难点：了解不同的事物要用不同的量词搭配。

二、教学过程

（一）情境导入，激发兴趣

师：同学们，你们喜欢旅游吗？

① 执教者为内蒙古自治区包头市东河区公园路小学赵海燕。

生：喜欢。

师：说说你都去过哪儿呀？（说完整，如我去过________）

生 1：我去过杭州。

生 2：我去过北京。

生 3：我去过上海。

师：我也去过许多地方，“十一”假期我去了趟乡村，看到了许多景物，还拍了许多照片呢！想不想看看？

生：想！

师：快和它们打个招呼吧！

（二）借图学词，趣味识字

出示带拼音的词语：苹果、猫、杏子、黄牛、鸭子、桃子。

师：老师把它们的名字写下来了，你能标准地读出来吗？哪个字不认识可以请拼音来帮忙。

师：哪位小老师愿意领着大家读一读？

（生领读）

师：仔细瞧，杏是后鼻音，拼一拼。

（生拼读）

师：这些词语中还有一个后鼻音，你发现了吗？拼一拼。

（生拼读“苹果”）

师：照片藏起来，拼音帽也摘掉，你还能读准确吗？

（生“开火车”读词语）

师：词语朋友们夸奖你们读得准，声音亮。老师有一个小游戏，大家想不想玩儿？游戏的名字叫“猜猜看”（出示图 1-6）。这是古人写的字，仔细瞧，猜猜这是哪个字呢？

图 1-6　“牛”字的图片

图 1-7　“木”字的图片

图 1-8　“果”字的图片

生：牛！

师：你真牛！接着猜。（出示图 1-7）

生：木！

师：你们真厉害！谁能说说你是怎么才出来的。

生：我是根据这个字的样子猜到的。

师：你看，我们的汉字多有意思，一个字就是一幅画，古人就是根据它们的形状造出了这些字，这些字叫象形字，我们前面也学习了一些。

师：还玩儿吗？继续猜。（出示图 1-8）

（生一时答不上来）

师：别急。仔细瞧，这是木，上面长满了果子，这可能是哪个字？

生：果！

师：对古人就是这样写果字的，先写木，上面结满了这样的小果实就是果。（师边说边板书）

师：汉字好玩儿吗？继续？（出示图片）猜猜这是什么动物？

图 1-7 “犬”字的演变图

生：狗！

师：狗还有一个名字叫“犬”，所以古人是这样写“犬”字的，孩子们看，像什么？

生 1：像一只立起来的狗。

生 2：它俩太像啦！

师：后来呀，这个字演变就成了我们汉字中的一个部首——反犬旁（犭）。跟老师读。

生：反犬旁。

生：老师，我发现反犬旁的弯钩很像古代立起来的“狗”字拱起的后背。

师：你真有一双火眼金睛啊！

师：当它变成“犭”时可不仅仅指狗的意思啦，它还表示什么呢？一会你就明白啦！

（出示猫的图片）

师：仔细瞧，你发现了什么？

生：我发现“猫”字就是反犬旁，右边是个“苗”字。

师：老师还带来一组带“犭”旁的字，这些字你认识吗？你认识哪个就读哪个。

狐狸、狮、狼、猴、猪、狗。

（生一起读）

师：你发现了什么？

生：这些字都带有反犬旁，它们都是动物。

师：对，带“犭”旁的字和动物有关。

师：汉字真奇妙，有些字一看部首就能猜到它表示什么意思。

师：你瞧！知识树上挂满了词语果，想不想摘一个来尝尝？

一起摘苹果喽！谁的声音亮，请你来品尝。

（生一起读）

师：你能给这些词语果分类吗？

生：苹果、杏子、桃子都是水果，黄牛、鸭子、猫都是动物。

师：了不起！

（三）在情境中学文，积累语言

师：你听，它们今天要去参加一场特殊的比赛，可到现在还没裁判，我们去当小裁判好吗？

生：好。

师：快打开书第68页，看看今天的赛事吧！请大家声音洪亮地读课文，不认识的字请拼音帮忙，每人读两遍，读完请举手。

（出示课文圈字画词）

师：昨天老师领着大家圈字画词，老师也圈画了，和老师对照一下，你和我画的一样吗？画的不一样也没关系，课下咱们再画。

师：老师请一组同学读课文，每人一个小节，谁来读？（读正确）

（生读）

师：你瞧，老师调整了课文中各小节的顺序，谁能一个人就把全文都读下来？其他同学认真听并思考：课文中______和______比______。

（生读）

师：孩子们，听明白了吗？这一小节讲了谁和谁比什么？

生：黄牛和花猫比大小。

师：把数量加上就更完整啦！

生：一头黄牛和一只花猫比大小。

师：对，就这样完整地说。还有谁和谁比大小？

生：一个苹果和一颗枣比大小。

师：好极了，继续。

生：一群鸭子和一只鸟比多少。

生：一堆杏子和一颗枣比多少。

师：真棒！

师：小裁判们，咱们马上要开始工作啦！起立，我们一起活动活动做准备。

（课中操：请你跟我这样做，我就像你这样做）

师：第一场比赛开始啦！（出示第一小节）

师：谁来读一读？

（生读）

师：这是什么？（出示一头牛的图片）

生：黄牛。

师：把数量说上。

生：一头黄牛

师：这是什么？（出示一只猫的图片）

生：一只猫。

师：你们瞧！观众席上还坐着好多动物！

师：你认识它们吗？叫出它们的名字吧！小裁判们热情一点儿！

师：你能运用“一头（　　）”或“一只（　　）”准确地说出它们的数量吗？

生 1：一头狮子。

生 2：一只兔子。

生 3：一头大象。

生 4：一只老鼠。

生 5：一只小鸟。

生 6：一头猪。

师：你瞧，它们已经按照大家的吩咐排好队啦，一起读一读吧。

（生读）

师：你发现了吗？什么样的动物我们使用量词“头”来说，什么样的动物我们使用量词“只”来说呢？

生：个头儿大一点的动物，我们就用“头”来说，个头儿小一点的动物，我们就用“只”来说。

师：真棒，你也能当小作家啦！

师：小裁判们，谁来宣布比赛结果？

（指名读这一小节）

师：我也是裁判，我也想读一读，行吗？

生：行。

（师范读）

师：谁能学着我的样子读一读？

（生读）

师：你把比赛结果宣读得很清楚。

（出示第三小节）

师：第二组队员上场了，谁来读一读？

（生读）

（出示图片）

师：这是一个（　　）。

生：一个苹果。

师：还可以说一（　　）苹果。

生：一颗苹果。

师：一个意思，两种说法，我们的汉语真丰富！

（出示一颗枣的图片）

师：这是一颗枣，你还会说一颗（　　）。

生交流：一颗鸡蛋，一颗心，一颗葡萄。

生：一棵树！

师：一棵大树，和树有关，应该是这个“棵”。（边说边板书）你看，“棵”里藏着木字旁呀！

师：汉语真丰富，都是“kē”，却用来说不同东西的数量。

师：老师带来了一组这样的小短语，读一读吧！

一颗豆子

一颗杏子

一颗米

一颗扣子

一颗鸡蛋

（生读）

师：你觉得哪些东西可以用“颗”来说呢？

生：我觉得小小的东西可以用这个“颗”来说。

师：对，还有吗？

生：圆圆的东西也可以用这个“颗”来说。

师：你们真了不起，学着学着自己就总结出规律啦！

师：比赛结果一目了然，哪位小裁判来宣读呢？

（生读）

师：我听出来了，一个苹果大，一颗枣小。

师：裁判们，我们一起读吧！

师：结果出来啦，苹果大大的。

生：枣小小的。

师：还可以这样说，大大的苹果。

生：小小的枣。

师：你瞧，一个意思有多种说法，我们的汉语真有意思！

师：大和小是一对反义词，课文中还有一对反义词朋友，你发现了吗？

生：多和少。

师：“小”和“少”是我们今天要写的两个字，请我们班的小小领字员领着大家来学习。

领字员：我是小小领字员，请大家举起小手跟我做。

小：竖钩，点，点。（再写一遍）小：竖钩，点，点。

（小手放好）

小，大小的小，小牛的小，小羊的小。

少：竖，点，点，撇。（再写一遍）少：竖，点，点，撇。

（小手放好）

少，多少的少，太少的少。

（老师领着大家来写）

师：生字朋友们住在哪儿？

生：田字格里。

师：我们先来复习一下田字格。

（做田字格操）

师：仔细观察“小”字的每一个笔画在田字格中的位置。

生：竖钩要写在竖中线上，左边的点要写在横中线上，右边的点也要写在横中线上。

师：（边说边示范）竖钩要写在竖中线上，左边的点写在横中线上，向左下倾斜，右边的点和左边的点要对称，也写在横中线上，向右下倾斜。

师：举起小手，和老师一起书写“小”字。

（生书空）

师：打开书，拿出笔，像我这样摆姿势，头正，肩平，腰挺，脚稳，书放正。像我一样握笔，一尺一寸一拳要记清！

（生描红书写，师提醒坐姿、握笔）

（师指导，写“少”的方法同写“小”的方法）

师：仔细看看“小”，再看看“少”，你发现了什么？

生：“小”字里的竖钩在“少”字里变成竖啦，“小”字写在田字格的中间，“少”字除了撇，其他笔画都要写在横中线上面。

师：能把两个字联系着看，真棒，还有那么多发现，真妙！

师：仔细观察“少”字的每一个笔画在田字格中的位置。

生：竖钩要写在横中线上方的竖中线上，左边的点要写在横中线上方，右边的点也要写在横中线上方，和左边的点对称。

生：撇从横中线上面一点点起笔，要写得长一点。

师：真棒。

师：举起小手，和老师一起在田字格中写字。

（生书空）

师：打开书，在书上描红，保持姿势。

（生描红书写，师提醒坐姿、握笔）

师：课文的第一、三小节你背会了吗？看着老师的提示，和同桌一起背一背。

（生背诵）

师：我们一起拍着手背一遍。

师：课下请大家找找我们身边的事物，比一比，再像课文一样编一编。

下课。

案例二：小学生字教学“识写分流”，识只是识，写只是写？

——小学生字教学识写关系要怎样

【背景信息】

识字与写字是阅读和写作的基础，掌握一定数量的汉字并形成独立识字能力无疑是小学语文教学的重要任务之一。如何开展生字教学，如何帮助小学生识写汉字，2001 年 7 月颁布的语文课程标准早就提出了明确的指导策略——“多认少写”“识写分流”。《义务教育语文课程标准（2011 年版）》关于识字、写字，继续延续了 2001 年版语文课程标准的相关策略，建议低年级阶段学生“会认”与“会写”的字量要求有所不同。在教学过程中要“多认少写”，要求学生会认的字不一定同时要求会写。建议先认先写“字表”中的 300 个字，逐步发展识字写字能力。《义务教育语文课程标准（2022 年版）》提示：第一学段应多认少写，要求学生会认的字不一定同时要求会写，合理安排识字与写字的量。从 2017 年 9 月起开始全面投入使用的部编版小学语文教材，把汉语、汉字重新摆到教育的第一位，在调整了汉语拼音与识字教学顺序，更为合理地安排识字写字序列，新增汉字偏旁部首、笔画笔顺教学之外，教材继续践行“多识少写”“识写分流”的汉字识写理念。

汉字不同于当今世界上的众多文字，其是古老而独特的表意文字。表音文字用一定数量的音素或音节记录语言中的语音，音义联系，表情达意。而属于表意文字的汉字是用一定体系的象征性符号记录语言的意义，形意联系，沟通交流。汉字的形体不像拼音文字那样呈线性排列，而是形体复杂的方块结构，因为汉字不由字母拼写，而由笔画和部件构成。所谓笔画，就是构成汉字字形的最小单位，笔画又表现为形状多样、数量众多的各种笔形（笔画的具体形状）。所谓部件，就是由笔画构成的具有组配汉字功能的构字单位，拆解部件最后得到的也是笔画。汉字无论笔画多的还是笔画少的，其所有笔画都写在同样大的方块中，在一个一个方格内纵横交错地组成形体各异的字形。汉字是表意文字，其用形体表达意义。方式一：用描绘事物形状的方式表示字义（象形），如“日”；方式二：用象征性符号或在象形字上加提示符号的方式表示字义（指事），如“甘”；方式三：用两个或两个以上的部件合成一个字，并用把这些部件的意义合成新字意义的方式表示字义（会意），如“休”；方式四：由表示字义类属的部件和表示字音的部件组成新字（形声），如“盆”。

汉字是记录汉语的书写符号系统，每个汉字都有读音，汉字是音、形、义的统一体。

汉字是表意文字，汉字本身不能表示读音。为给汉字注音，古人曾用直音法、反切法等方法给汉字注音，20 世纪初还用“注音字母”来给汉字注音，但直音法、反切法、“注音字母”等注音方法本身皆有难以克服的缺陷。中华人民共和国成立以后，主管文字改革的专门机构——中国文字改革委员会，广泛收集各方面意见，在国语罗马字拼音法式、威妥玛氏方案等基础上，于 1956 年拟订并公布了用罗马字拼音字母给汉字注音的《汉语拼音方案（草案）》，1958 年作为正式方案公布推行，同年秋季，汉语拼音被编入小学语文课本，小学生借助汉语拼音识字、学习普通话。

汉字难写、难记，因为汉字是形体复杂的方块结构。构成汉字的笔画可多可少，但无论笔画多少都要在方块结构中展开，笔画纵横交错其中，使汉字形体复杂。汉字笔画的具体形状丰富多样、长短不同，加之笔画间的空间配合关系复杂，使得汉字字形富于变化，造成字形数量巨大、形体相近，这给读写汉字带来了一定的困难。因此，字形教学是识、写汉字的关键，也是学生识、写汉字的难点。

文字，无论是表音文字还是表意文字，或直接或间接都要与语义相联系，音作用于听觉，形作用于视觉，其核心是义，音与形是义的载体，沟通交流、表情达意，或借助于音，或借助于形，或借助于音形，而实质是义的传递与交流。汉字亦如此，并且字义的理解，直接影响字音、字形的感知和记忆，而透彻地理解字义又是发展学生语言能力、培养理解能力和读写能力的起点，因此，字义教学是识、写汉字教学的核心。

《狐狸分奶酪》是部编版小学语文二年级上册最后一个单元的第二篇课文，F 老师用第一课时进行了此篇课文的生字教学，其中包括 12 个要求会认的生字，两个要求会写的生字。以下是 F 老师的课堂教学过程，我们以此来探讨小学生字教学“识写分流”，教师要如何设计识字教学，如何设计写字教学，识字教学与写字教学可以呈现怎样的关系。

【案例正文】

一、突破字形难点——识字教学设计与实施

为让学生及早进入阅读阶段，发展学生的思维，丰富他们的情感，并在一定程度上减轻学生学习汉字的负担，部编版小学语文教材秉承语文课程标准的汉字教学策略，实行“识写分流”“多认少写”。部编版小学语文二年级上册《狐狸分奶酪》一课要求会认的生字有 12 个，要求会写的生字有 8 个。对于 12 个要求会认的生字，F 老师采用随文与集中识字的方式重点指导了字音与字形。

（一）巧用汉字字理识记生字

片段一

师：还记得它吗？（出示 PPT）

生：记得。

师：这是哪里的画面？

生：《狐假虎威》里的。

师：昨天我们刚刚从这一课走出来，那么，你认识了一只怎样的狐狸呢？

生：我认为这是一只狡猾的狐狸。

师：一只狡猾的狐狸，对吧？那么，今天我们继续和这只狐狸打交道，我们一起去看一看，这一次，狡猾的狐狸又做了什么。我们来学习第22课《狐狸分奶酪》。举手跟我写“狐”字：反犬旁，撇，弯钩，撇，撇，撇，竖提，点，捺（教师板书），右边是个“瓜”字。“狸”，单独拿出来读音是二声，和“狐”拼起来是轻声。写一下：撇，弯钩，撇，竖，横折，横，横，竖，横，横。记住笔顺，有的同学已经快把“里”字忘了。好了，第三个字，“分”：撇，捺，横折钩，撇。

师：标题里还有两个字，是——

生：一个是会写字，一个是会认字。

师：你们很聪明啊，对啦。一个会写字是什么？（教师在课文题目中贴上“奶”字的字帖）

生：奶。

师：“奶”字我们之前认过，怎样写我们一会儿再说，先说怎么记住“奶”字。

生：我用加一加的办法记住了“奶”字，一个“女”字加一个“我乃”的“乃”。

师：那它是什么字？

生：形声字。

师：利用形声字的方法能更快记住，是吧？直接说，“奶”是——

生：形声字。

师：而且是——

生：左形右声。

师：再来看会认字“酪”。（教师在课文题目中贴上“酪”字的字帖）说说看，你怎么记住“酪”字？

生：我用加一加的方法记住了“酪”字，“酉”字部加“各”就是“奶酪”的“酪”。

师：说得特别棒。（教师PPT出示奶酪的图片）

师：知道这是什么吗？

生：奶酪。

师：吃过奶酪吗？说说你吃完它的感觉。

生：吃完奶酪能感觉到一股牛奶味儿。

生：吃完奶酪甜甜的，喝水也冲不掉那种味道。

生：我感觉吃完奶酪嘴里就像吃了蜜一样。

师：说得真好，这下让我们没吃过奶酪的同学更着急了，我们一起看看奶酪到底是什么东西。

生（读PPT）：奶酪（cheese），又名干酪，是一种发酵的牛奶制品，其性质与常见的酸牛奶有相似之处，都是通过发酵过程来制作的，也都含有乳酸菌，但是奶酪的浓度比酸奶更高，近似固体食物，营养因此也更加丰富。

师：这段文字虽然没加拼音，但同学们还是顺利地读下来了，特别棒！好了，谁能告诉我奶酪其实就是什么？

生：酸奶。

师：对，就是一种酸奶制品，你们喝过酸奶吗？

生：喝过。

师：奶酪只不过比酸奶更浓、更干。来，我们继续看，这两个字我们刚才已经认过了（PPT出示“奶酪”），注意，“酪”字是我们今天要求会认的字，它的部首是什么？

生：酉字部。

师：左边那个部首念yǒu，是酉字部。老师下面给出了关于“酉”字的四个解释，大家读一读。

生：1. 本义是酒器。2. 引申指酒。3. 引申指成熟。4. 酉是汉字的一个部首，从酉的字多与酒或因发酵而制成的食物有关。

师：“酪”就是酉字部的字，它与酒或因发酵而制成的食物有关。酉字部的字很多，除了我们今天认识的“酪”以外，你还知道哪些？

生：酸奶的酸。

生：香醋的醋。

生：发酵的酵。

（师PPT出示酿、醉、醒、酸、醇、配、醋、酷、酪、酥）

（生认读，组词）

师：再回忆一下，酉字部的字和什么有关？

生：酉字部的字多与酒或因发酵而制成的食物有关。

F老师认为，“酪”是《狐狸分奶酪》这篇课文中意义理解较有难度、汉字字形也较为复杂的一个生字，而“酪”又恰好为形声字，从酉，从各，各亦声，“酉”指发酵，“各”意为“十字交叉”，“酉”“各”结合表示半发酵的乳汁。学生对形声字早有了解和认识，于是F老师在书写课文题目时用字理识字的方式对“酪”字进行随文识字。因为汉字是表意文字，形义联系，F老师结合“酪”字字理指导识记，学生不仅了解了“酪”字的含义，对“酪”字的字音、字形也形成了深刻印象，更难得的是了解了“酉”的意义，并拓展认识了一批西字部的字，为形成独立识字能力打下了基础。

（二）分析汉字字形识记生字

片段二

师：我们下面要读课文了，先把要求放在这儿（PPT 出示读课文要求：1. 请同学们自由朗读课文，努力读准字音，读通句子。2. 读课文，边标序号边思考，想一想，文中的狐狸做了一件什么事）。

（生读要求）

师：请同学们把书翻到第 100 页。第二个任务，把书立起来，开始朗读。

（生自由朗读课文）

师：好，课文读完了，老师来考考你们。（PPT 以词的形式出示会认的字：捡到、奶酪、哥俩、开始、拌嘴、帮忙、嚷着、瞧瞧、方便、匀开、剩下、整个）

（生齐读）

（认读完毕，教师指名领读 PPT 中的第一行词语）

生：捡到、奶酪、哥俩、开始。

（教师指名领读 PPT 中的第二行词语）

生：拌嘴、帮忙、嚷着、瞧瞧。

师：（教师指名领读 PPT 中的第三行词语）

生：方便、匀开、剩下、整个。

师：带着拼音的话，我们就要注意哪些字、哪些词的读音不能出现错误。

（指名回答）

生："整"要读成后鼻音。

生："剩"不能读成前鼻音。

师：继续看，这些字里头还有没有像这样在读音方面需要注意的？

生："匀开"的"匀"只能读成前鼻音。

师：这个特别容易错，一起来读一读——匀（yún）开。

师：其实，后鼻音不只"剩下"和"整个"，再找找。

生：嚷。

师：还有谁？

生：拌。

师：后鼻音。

生：帮——忙。

师：这个是什么？重新读（教师指"匀"）。

生：它要读前鼻音。

师：这回我们把所有的前鼻音都读准了，来，这个（教师指“拌嘴”）。

生：拌嘴。

师：还有谁读前鼻音？

生：“捡到”的“捡”也读前鼻音。

师：来，一起读。

生：捡到。

师：还有一个。

生：“方便”的“便”也读前鼻音。

师：来，一起读。

生：方便。

师：所以，这一课我们所遇到的生字最多的是前鼻音和后鼻音，你能读准吗？

生：能。

师：那我们一起来读一读，先读前鼻音，开始。

生：捡到、拌嘴、方便、匀开。

师：再读后鼻音，这回舌头的位置是有变化的，注意读准。（教师指读）

生：帮忙、嚷着、剩下、整个。

师：这一课中还有一个字特别容易读错（教师指“俩”），“哥俩”中的“俩”不能读成右边的“两”。

师：我现在要去掉拼音了，大家还认识这些词语吗？（出示去掉汉语拼音的以上词语）全班齐读两遍。

（生齐读两遍以上词语）

师：词语都过关了，我再去掉一部分，现在就剩下什么啦？

生：字。

师：这些字都是我们这节课要会认的字，想一想，我们学了那么多认字的办法，你们能不能利用这些办法自己记住这12个生字。快速地准备，挨个上来，选一个字给大家讲一讲。

生：我要给大家讲“剩”。

师：（找出“剩”字卡片递给学生）讲吧。

生：我用加一加的办法记住了“剩”，“乘”加立刀旁就是“剩”。

师：（板书加一加，把“剩”字的卡片贴在旁边）加一加，非常好。

生：我要讲“帮”字。我用形声字的办法住了“帮”，“刘邦”的“邦”加“巾”，就是“帮”。

师：（接过卡片解释）它是形声字，上面这个“邦”是治国安邦的“邦”，也就是他说的汉高祖刘“邦”的邦加一个巾字底，它是下形上声的形声字。（教师板书形声字，并把“帮”字的卡片贴在旁边）

生：我要讲“整个”的“整”。我用形声字的办法记住了“整”。下面是“正好”的“正”，上面是“结束”的“束”和反文旁，它是一个形声字。

师：哪个是形，哪个是声？

生：上形下声。

师：上面是形，下面是声，要想整理好就得像这样把它捆扎起来。（把“整”字的卡片贴在“形声字”旁边）

生：我要讲“开始”的“始”。我用加一加的办法认识了“始”，女字旁加“台”就是“始”。

生：我要讲“捡到”的“捡”。我用换一换的办法认识了“捡”，“检查”的“检”，把木字旁换成提手旁就是“捡”。

师：大家都明白了吗？明白了我们就不重复了，继续，下一个。（教师板书“换一换”，把“捡”字的卡片贴在旁边）

生：我要讲“便”字。单立人加“更”就是“便”。

师：你是用什么方法记住这个字的？

生：我用加一加的方法记住了这个字。

师：好，继续，下一个。

生：我要讲“拌”。我用形声字的办法记住了“拌”，它是左形右声。

（教师把“拌”字的卡片贴在“形声字”旁边）

生：我要讲“俩”。我用加一加的办法记住了“俩”，单立人加“两个”的“两”就是“俩”。

（教师把“俩”字的卡片贴在“加一加”旁边）

生：我要说“瞧”。目字旁加“焦”就是“瞧”。

师：右边是焦，焦糖的焦。（把“瞧”字的卡片贴在“加一加”旁边）

师：你要讲哪个字？

生：“匀”。我用减一减的方法记住了匀。“平均”的“均”减掉提土旁就是“匀”。

师：（教师板书“减一减”，把“匀”字的卡片贴在旁边）最后一个字，谁能讲讲这个字？挑战一下。

生：我用加一加的办法记住了“嚷”，口字旁加点横头、加两个口、加三横两竖，再加一个……

师：晕不晕？

生：晕。

师：糊涂没？

生：糊涂了。

师：这种办法不可取，咱们想个简单一点的办法。

生：“土壤”的“壤”，提土旁换成口字旁就是“嚷”。

师：对不对？他用的哪种办法？

生：换一换

师：“土壤”的“壤”是提土旁，把它换成口字旁就是“叫嚷”的“嚷”。来，一起说一遍。（教师把“嚷”字的卡片贴在“换一换”旁边）

《狐狸分奶酪》一课有 12 个要求会认的生字，除“酪”字的意义理解较有难度外，其余 11 个“捡、俩、始、拌、帮、匀、嚷、瞧、便、剩、整”都是常用汉字，字义理解不存在困难，学生通过朗读课文基本可以领会汉字的意义。于是，F 老师把教学的重点放在了字音及字形方面进行集中识字。在字音方面，F 老师根据学生的情况，重点强调区分了前后鼻音。在字形方面，F 老师让学生用自己已掌握的识记汉字字形的方法，分析并识记生字，其中用到的方法有“加一加”“减一减”“换一换”“形声字”等，形式多样，自成体系，识记生字效果较好。但 F 老师课下交流时说，如果能够适度在字理方面给予学生必要的指点，想必学生识记汉字的准确性和独立识字能力都将得到提高。

二、重视笔画笔顺、间架结构指导——写字教学设计与实施

写字是一项重要的语文基本功，规范、端正、整洁地书写汉字是有效进行书面交流的保证，是学生学习语文和其他课程，形成终身学习能力的基础。二年级小学生入学已经一年有余，在语文教师的教学指导下已经掌握了正确的写字姿势，因此写字教学的重点就放在了分析、指导汉字笔画、笔顺以及间架结构安排方面。

片段三

师：这篇课文有 12 个要求会认的字，还有 8 个要求会写的字，（教师 PPT 出示要求会写的字：奶、始、吵、咬、仔、急、第、公）大家可以边认边读。

（生认读 PPT 上的生字）

师：好，你发现了什么？

生：我发现了上边的字都是左右结构，下边的字都是上下结构。

师：左右结构的字我们下节课来写，这节课我们来写上下结构的字，我要教你们写好这两个上下结构的字（教师指“急”和“第”）。

师：请你们仔细观察这两个字。（PPT 出示“急”“第”）可以一个一个地看，也可以将两个字放在一起比较地看。说说你的发现。

生：“急”的第四笔在横中线上。

师：第四笔是什么？横。（在 PPT 中的“急”字上书写、确认）这一笔在横中线上，很棒，注意观察了重点笔画。还有没有要观察的？

生：“急”的第一笔——撇在竖中线上起笔。

师：对，竖中线起笔，（教师在PPT中的“急”字上书写、确认）第一笔的位置要记准确。好，继续看。

生：“急”的第八笔——点在竖中线上。

师：也就是“心”字的第二个点在竖中线上落笔。（教师在PPT中的“急”字上书写、确认）好了，还有没有？

生：“急”的第二笔在竖中线上落笔。

师：对，刀字头的横撇收笔在竖中线上。（教师在PPT中的“急”字上书写、确认）

生：“第一”的“第”中的竖在竖中线上。

师：对，在竖中线上。（教师在PPT中的“第”字上书写、确认）

生：“第一”的“第”的第八笔在横中线上面一点。

师：你能说说第八笔在哪儿吗？（教师在PPT中的“第”字上书写、确认）我们可以看到这一横在横中线略上，而这一竖在竖中线上，这是这个字最重要的居中的笔画。

师：我们刚才是一个字一个字地看的，现在我们把两个字放在一起比较地看，你又发现了什么？

师：上下结构的字，我们需要考虑什么？

生：这两个字上窄下宽。

师：是吗？（教师在PPT中的“急”“第”两字上用手比画宽窄、大小）

生：“急”字是上大下小，“第”字是上小下大。

师：这两个字正好不一样，“急”字是上大下小，上窄下宽；“第”字是上小下大，上窄下宽。

师：现在举起手，我们一起来写，先写“急”字。刚才说了，第一笔撇从哪儿起？（教师在黑板上准备好田字格）

生：竖中线。

师：竖中线往左半格撇，第二笔——

生：横钩。

生：横撇。

师：横撇收笔在竖中线上，然后横折，第四笔的横要写在横中线上，第五笔横。注意，下面的心字底要写得扁一些，点，卧钩，然后呢？点要点在竖中线上。看明白了吗？一会儿大家先描再写。

师：第二个字，“第”字上窄下宽，上小下大。上面的竹字头注意都要写在上半格靠上的位置，而且一个占用左半格，一个占用右半格。（教师在田字格中边讲解边书写）下一笔要写横折，哪一笔要写在横中线上？下一笔要写在横中线上，注意，它要往出延伸。然后，竖，尽量舒展往宽走，折钩，好了，下一笔，竖，它要写在竖中线上，最后一笔——撇，交叉笔。明白了吗？

生：明白了。

师：老师这个字有一点问题。找到问题没有？

生：横折弯钩超过竖了。

师：太靠下了，它不能超过竖，要靠上一点。

师：好了，请大家打开书第 102 页，找到“急”和“第”这两个字，在书上先描再写。

（生按照教师要求先描再写“急”“第”）

F 老师第一课时选择讲解《狐狸分奶酪》这篇课文中要求会写的生字中笔画繁多、书写最难的两个汉字“急”“第”。F 老师先引导学生观察得出“急”上大下小、上窄下宽，“第”上小下大、上窄下宽，为帮助学生掌握这两个字的整体结构进行铺垫，然后指导学生观察了“急”“第”这两个字的重点笔画与田字格横中线与竖中线的空间位置关系，培养学生掌握汉字各种结构写法的能力，最后按照笔顺规则在黑板田字格中逐一示范，并要求学生同时书空练习。

【结语】

人生聪明识字始，识字是人类走向发展、走向成熟的第一步。汉字是世界上古老独特的表意文字，音、形、义统一，但汉字字形复杂，数量庞大，难读、难写、难记。为减轻学生的学习负担，避免“识”“写”相互掣肘，也为使学生及早进入阅读阶段，发展思维、丰富情感，小学语文识字教学要践行“多认少写”“识写分流”策略。“识”涉及对汉字字音的准确把握、对字形的初步辨析，“写”要求掌握这个字的写法，关注书写姿势、笔画、笔顺及间架结构安排。汉字是表意文字，形义联系，要掌握汉字，形是关键，是难点；义是核心，是重点。因此，“识”“写”不能各成序列，各行其道，“写”不能抛弃隐藏在汉字间的汉字字理，而只关注汉字的结构单位及位置安排，“识”“写”互为基础，相互推动。

【案例思考题】

1. 收集小学语文低段识字教学实录，结合本案例，思考小学语文低段识字教学应如何安排识字教学与写字教学。

2. 小学识字教学与写字教学是否要结合汉字字理进行课堂设计，设计的原则是什么？

3. 合体字的结构拆分方式在小学识字教学与写字教学中是否一样？有何不同？为什么？

4. 识字教学难点与写字教学难点是否一致？有无关联性？

5. 汉字难写、难认、难记，于是识字教学的核心是字形教学 ，这种认识正确吗？

【案例使用说明】

1. 适用范围

适用对象：小学教育专业的研究生或本科生、教师教育相关专业的研究生或本科生，以及小学语文教师。

适用课程：教育硕士专业学位（小学教育）课程“小学语文教学专题研究”“小学教学设计与实施”“小学语文课程与教学论”。

2. 教学目的

（1）通过对课堂实录材料的学习，关注并了解小学语文识字、写字教学，提升教学设计能力，提高识字、写字教学效率。

（2）通过对课堂实录材料的学习，提高对汉字本质属性及特点的认识，加强对课程标准及教材的深入领悟与思考。

（3）分析课堂实录材料，形成个人观点，与他人交流，审视各自不同的观点、评价依据，提升教学研究能力。

3. 关键要点

（1）相关理论

教学设计、语文课程与教学、汉语文字知识。

（2）关键知识点

汉字字理、汉字结构单位、识字写字教学途径、教师认知冲突对教学的影响。

（3）关键能力点

研读教材的能力、分析学情的能力、教学设计的能力、教学实施的能力。

（4）案例分析思路

研读部编版小学语文二年级上册课文《狐狸分奶酪》，结合课后练习思考会认生字与会写生字在教学目标定位、实施方式途径、教学重点难点等方面有何差异；阅读参考识字、写字教学研究方面的论著、文章，总结归纳识字与写字的教学策略及其关联性；阅读教学实录，完成课例分析表；聚焦教学实录进行多层面、多视角讨论、点评，深化对汉字本质属性、文字特点及低段识写字教学的认识；通过讨论明确小学识字教学与写字教学的关系，并能尝试融识字、写字为一体的片段教学设计。

4. 教学建议

时间安排：大学标准课 4 节，180 分钟。布置和预习 1 节，汇报讨论 2 节，反思总结 1 节。

环节安排：布置预习，对部编版小学语文二年级上册《狐狸分奶酪》识字、写字教学要求进行梳理，小组讨论进行初步教学设计，小组研读案例并进行汇报，小组选择同年级课文进行识字、写字教学设计，教师点评。

人数要求：40 人以下的班级教学。

教学方法：参与式教学、小组合作学习，以师生讨论为主、以讲授为辅。

工具选择：案例打印资料、多媒体、记录单等。

组织引导：教师布置思考讨论任务，为学生提供必要的参考资料，教师及时给予指导及建议，注重相互交流、启迪提升。

活动设计建议：

（1）研读部编版小学语文二年级上册课文《狐狸分奶酪》，明确会认生字与会写生字，初步进行教学设计。

（2）阅读本案例，比较反思，并记录问题。

（3）小组讨论、交流，教师点评提升。

（4）学生课下完善教学设计。

（5）试讲训练，教师对教学设计进行点评，注意适时提升理论，把握教学整体进程。

5. 推荐阅读

［1］佟乐泉，张一清. 小学识字教学研究［M］. 广州：广东教育出版社，1999.

［2］贾国均. 科学适用的字理识字教学法［M］. 长沙：湖南人民出版社，2001.

［3］薛晓光. 小学识字教学研究与实践［M］. 北京：中国文联出版社，2005.

［4］于魁荣. 小学写字教学法［M］. 北京：人民教育出版社，2001.

［5］尤克勤. 小学写字教学论［M］. 天津：天津社会科学院出版社，2001.

［6］董兆杰. 基础教育识字教学研究［M］. 广州：广东教育出版社，2015.

［7］吴忠豪. 小学语文课程与教学［M］. 北京：中国人民大学出版社，2010.

［8］聂在富. 语言文字知识与小学语文教学［M］. 北京：人民教育出版社，2006.

《狐狸分奶酪》课堂实录①

一、借《狐假虎威》导入本课

师：还记得它吗？（出示 PPT《狐假虎威》课文图片）

生齐：记得。

师：这是哪里的画面？

生齐：《狐假虎威》里的。

师：昨天我们刚刚从这一课走出来，那么，你认识了一只怎样的狐狸呢？

生：我认为这是一只狡猾的狐狸。

师：一只狡猾的狐狸，对吧？那么，今天我们继续和这只狐狸打交道，我们一起去看一看，这一次，狡猾的狐狸又做了什么。

二、书写课文题目，认识“奶”“酪”两字

师：我们来学习第 22 课《狐狸分奶酪》。举手跟我写“狐”字：反犬旁，撇，弯钩，

① 执教者为内蒙古自治区包头市原北方重工业集团有限公司第四小学（现青山区先锋道）范卫荣。

撇，撇，撇，竖提，点，捺（教师板书），右边是个“瓜”字。“狸”，单独拿出来读音是二声，和“狐”拼起来是轻声。写一下：撇，弯钩，撇，竖，横折，横，横，竖，横，横。记住笔顺，有的同学已经快把“里”字忘了。好了，第三个字，“分”：撇，捺，横折钩，撇。

师：标题里还有两个字是——

生：一个是会写字，一个是会认字。

师：你们很聪明啊，对啦。一个会写字是什么？（教师在课文题目中贴上“奶”字的字帖）

生：奶。

师：“奶”字我们之前认过，怎样写我们一会儿再说，先说怎么记住“奶”字。

生：我用加一加的办法记住了“奶”字，一个“女”字加一个“我乃”的“乃”。

师：那它是什么字？

生：形声字。

师：利用形声字的方法能更快记住，是吧？直接说，“奶”是——

生齐：形声字。

师：而且是——

生齐：左形右声。

师：再来看会认字“酪”。（教师在课文题目中贴上“酪”字的字帖）说说看，你怎么记住“酪”字？

生：我用加一加的方法记住了“酪”字，“酉”字部加“各”就是“奶酪”的“酪”。

师：说得特别棒。（教师 PPT 出示奶酪图片）

师：知道这是什么吗？

生齐：奶酪。

师：吃过奶酪吗？说说你吃完它的感觉。

生 1：吃完奶酪能感觉到一股牛奶味儿。

生 2：吃完奶酪甜甜的，喝水也冲不掉那种味道。

生 3：我感觉吃完奶酪嘴里就像吃了蜜一样。

师：说得真好，这下让我们没吃过奶酪的同学更着急了，我们一起看看奶酪到底是什么东西。

生（读 PPT）：奶酪（cheese），又名干酪，是一种发酵的牛奶制品，其性质与常见的酸牛奶有相似之处，都是通过发酵过程来制作的，也都含有乳酸菌，但是奶酪的浓度比酸奶更高，近似固体食物，营养因此也更加丰富。

师：这段文字虽然没加拼音，但同学们还是顺利地读下来了，特别棒！好了，那你读完告诉我奶酪其实就是什么？

生：酸奶。

师：对，就是一种酸奶制品，你们喝过酸奶吗？

生：喝过。

师：奶酪只不过比酸奶更浓、更干。来，我们继续看，这两个字我们刚才已经认过了（PPT 出示“奶酪”），注意，“酪”字是我们今天要求会认的字，它的部首是什么？

生：酉字部。

师：左边那个偏旁念 yǒu，是酉字部。下面给出了关于“酉”字的四个解释，大家读一读。

生：1. 本义是酒器。2. 引申指酒。3. 引申指成熟。4. 酉是汉字的一个部首，从酉的字多与酒或因发酵而制成的食物有关。

师：“酪”就是酉字部的字，它与酒或因发酵而制成的食物有关。酉字部的字很多，除了我们今天认识的“酪”以外，你还知道哪些？

生 1：酸奶的酸。

生 2：香醋的醋。

生 3：发酵的酵。

（师 PPT 出示酿、醉、醒、酸、醇、配、醋、酷、酪、酥）

（生认读，组词）

师：再回忆一下，酉字部的字和什么有关？

生：酉字部的字多与酒或因发酵而制成的食物有关。

三、自由朗读课文，理解课文主要内容

师：我们下面要读课文了，先把要求放在这儿（PPT 出示读课文要求：1. 请同学们自由朗读课文，努力读准字音，读通句子。2. 读课文，边标序号边思考，想一想，文中的狐狸做了一件什么事）。

（生读要求）

师：请同学们把书翻到第 100 页。第二个任务，把书立起来，开始朗读。

（生自由朗读课文）

四、识记会认字

（一）借助汉语拼音，读准字音

师：好，课文读完了，老师来考考你们。（PPT 以词的形式出示会认的字：捡到、奶酪、哥俩、开始、拌嘴、帮忙、嚷着、瞧瞧、方便、匀开、剩下、整个）

（生齐读）

（认读完毕，教师指名领读 PPT 中的第一行词语）

生：捡到、奶酪、哥俩、开始。

（教师指名领读 PPT 中的第二行词语）

生：拌嘴、帮忙、嚷着、瞧瞧。

（教师指名领读 PPT 中的第三行词语）

生：方便、匀开、剩下、整个。

师：带着拼音的话，我们就要注意哪些字、哪些词的读音不能出现错误。（指名回答）

生1：“整”要读成后鼻音。

生2：“剩”不能读成前鼻音。

师：继续看，这些字里头还有没有像这样在读音方面需要注意的？

生：“匀开”的“匀”只能读成前鼻音。

师：这个特别容易错，一起来读一读——匀（yún）开。

师：其实，后鼻音不只“剩下”和“整个”，再找找。

生：嚷。

师：还有谁？

生：拌。

师：后鼻音。

生：帮——忙。

师：这个是什么？重新读（教师指“匀”）。

生：它要读前鼻音。

师：这回我们把所有的前鼻音都读准了，来，这个（教师指“拌嘴”）。

生：拌嘴。

师：还有谁读前鼻音？

生：“捡到”的“捡”也读前鼻音。

师：来，一起读。

生齐：捡到。

师：还有一个。

生：“方便”的“便”也读前鼻音。

师：来，一起读。

生齐：方便。

师：所以，这一课我们所遇到的生字最多的是前鼻音和后鼻音，你能读准吗？

生齐：能。

师：那我们一起来读一读，先读前鼻音，开始。

生齐：捡到、拌嘴、方便、匀开。

师：再读后鼻音，这回舌头的位置是有变化的，注意读准。(教师指读)

生齐：帮忙、嚷着、剩下、整个。

师：这一课中还有一个字特别容易读错（教师指“俩”），“哥俩”中的“俩”，不能读成右边的“两”。

师：我现在要去掉拼音了，大家还认识这些词语吗？(出示去掉汉语拼音的以上词语)全班齐读两遍。

(生齐读两遍以上词语)

(二) 选择识字方法，自主识记字形

师：词语都过关了，我再去掉一部分，现在就剩下什么啦？

生齐：字。

师：这些字都是我们这节课要会认的字，想一想，我们学了那么多认字的办法，你们能不能利用这些办法自己记住这12个生字。快速地准备，挨个上来，选一个字给大家讲一讲。

生：我要给大家讲“剩”。

师：（找出“剩”字卡片递给学生）讲吧。

生：我用加一加的办法记住了“剩”，“乘”加立刀旁就是“剩”。

师：（板书加一加，把“剩”字的卡片贴在旁边）加一加，非常好。

生：我要讲“帮”字。我用形声字的办法记住了“帮”，刘邦的“邦”加“巾”就是“帮”。

师：（接过卡片解释）它是形声字，上面这个“邦”是治国安邦的“邦”，也就是他说的汉高祖刘邦的“邦”，加一个巾字底，它是下形上声的形声字。（教师板书“形声字”，并把“帮”字的卡片贴在旁边）

生：我要讲“整个”的“整”。我用形声字的办法记住了“整”。下面是“正好”的“正”，上面是一个“结束”的“束”和反文旁，它是一个形声字。

师：哪个是形，哪个是声？

生：上形下声。

师：上面是形，下面是声，要想整理好就得像这样把它捆扎起来。（把“整”字的卡片贴在“形声字”旁边）

生1：我要讲“开始”的“始”。我用加一加的办法记住了“始”，女字旁加“台”就是“始”。（教师把“始”字的卡片贴在“加一加”旁边）

生2：我要讲“捡到”的“捡”。我用换一换的办法记住了“捡”，“检查”的“检”，把木字旁换成提手旁就是“捡”。

师：大家都明白了吗？明白了，我们就不重复了，继续，下一个。（教师板书“换一换”，把“捡”字的卡片贴在旁边）

生：我要讲“便”字。单立人加“更”就是“便”。

师：你是用什么方法记住这个字的？

生：我用加一加的方法记住了这个字。（教师把“便”字的卡片贴在“加一加”旁边）

师：好，继续，下一个。

生：我要讲“拌”。我用形声字的办法记住了“拌”，它是左形右声。

（教师把“拌”字的卡片贴在“形声字”旁边）

生：我要讲“俩”。我用加一加的办法记住了“俩”，单立人加两个的“两”就是“俩”。

（教师把“俩”字的卡片贴在“加一加”旁边）

生：我要说“瞧”。目字旁加“焦”就是“瞧”。

师：右边是焦，焦糖的焦。（把“瞧”字的卡片贴在“加一加”旁边）

师：你要讲哪个字？

生：“匀”。我用减一减的方法记住了“匀”。“平均”的“均”减掉提土旁就是“匀”。

师：（教师板书“减一减”，把“匀”字的卡片贴在旁边）最后一个字，谁能讲讲这个字？挑战一下。

生：我用加一加的办法记住了“嚷”，口字旁加点横头、加两个口、加三横两竖，再加一个……

师：晕不晕？

生齐：晕。

师：糊涂没？

生齐：糊涂了。

师：这种办法不可取，咱们想个简单一点的办法。

生：“土壤”的“壤”，提土旁换成口字旁就是“嚷”。

师：对不对？他用的哪种办法？

生齐：换一换。

师：“土壤”的“壤”左边是提土旁，把它换成口字旁，就是“叫嚷”的“嚷”，来，一起说一遍。（教师把“嚷”字的卡片贴在“换一换”旁边）

五、再读课文，熟记生字，理解课文

师：好，生字记住了是吧？现在把它们放进课文里，老师看谁读得最棒！请把书翻到第100页。

（生打开书准备朗读课文）

师：我请11位同学朗读课文，其他同学思考黑板上的问题，这篇课文主要讲了什么事情？

（生依次朗读课文）

师：好，把书放平。谁能回答黑板上的问题，课文讲了一件什么事情？

生：课文主要讲了狐狸给两只小熊分奶酪的事情。

师：非常干脆，一句话说清。谁再来说说？

生：课文讲了熊哥哥和熊弟弟捡到了一块儿奶酪，狐狸假装给他们分奶酪，却把那块奶酪给吃光了的事儿。

师：她用了三句话说，也特别棒！

师：我有一个填空题，谁来试试？[教师PPT出示：这篇课文主要讲了（　　）在路上（　　），哥儿俩拌起嘴来。这时，（　　）主动来帮忙，最后却把奶酪（　　）的故事]

生：这篇课文主要讲了（熊哥哥和熊弟弟）在路上（捡到一块儿奶酪，不知道怎么分这块儿奶酪），哥儿俩拌起嘴来。这时，（狐狸）主动来帮忙，最后却把奶酪（吃光）的故事。

六、学习会写字

（一）读准字音

师：这篇课文有12个要求会认的字，还有8个要求会写的字，（教师PPT出示要求会写的字：奶、始、吵、咬、仔、急、第、公）大家可以边认边读。

（生认读 PPT 上的生字）

（二）观察生字

（大屏幕出示四个生字：奶、始、吵、咬）

师：谁来和它们打打招呼？

生 1 领读：奶、始、吵、咬。

师：请大家仔细观察这四个字，看看你发现了什么？

生 1：我发现这四个字都是左右结构的字。

师：你还有什么发现？

生 2：我发现这四个字中有两个是女字旁，有两个是口字旁。

师：那你来把同偏旁的字摆在一起，好吗？（学生分类贴字卡）

师：谁还有发现？看看在书写上这些字有没有一些特点？

生 3：我发现这几个左右结构的字都是左窄右宽。

师：大家的小眼睛真亮，说得真好。

（三）指导书写

1. 急、第

师：左右结构的字，我们等下再来写，现在我要教你们写好这两个上下结构的字（教师指“急”和“第”）。

师：请你们仔细观察这两个字。（PPT 出示“急”“第”）可以一个一个地看，也可以将两个字放在一起比较地看。说说你的发现。

生：“急”的第四笔在横中线上。

师：第四笔是什么？横。（在 PPT 中的“急”字上书写、确认）这一笔在横中线上，很棒，注意观察了重点笔画。还有没有要观察的？

生：“急”的第一笔——撇在竖中线上起笔。

师：对，竖中线起笔，（教师在 PPT 中的“急”字上书写、确认）第一笔的位置要记准确。好，继续看。

生：“急”的第八笔——点在竖中线上。

师：也就是“心”字的第二个点在竖中线上落笔。（教师在 PPT 中的“急”字上书写、确认）好了，还有没有？

生：“急”的第二笔在竖中线上落笔。

师：对，刀字头的横撇收笔在竖中线上。（教师在 PPT 中的“急”字上书写、确认）

生：“第一”的“第”中的竖在竖中线上。

师：对，在竖中线上。（教师在 PPT 中的“第”字上书写、确认）

生：“第一”的“第”的第八笔在横中线上面一点。

师：你能说说第八笔在哪儿吗？（教师在 PPT 中的“第”字上书写、确认）我们可以看到这一横在横中线略上，而这一竖在竖中线上，这是这个字最重要的居中的笔画。

师：我们刚才是一个字一个字地看的，现在我们把两个字放在一起比较地看，你又发现了什么？

师：上下结构的字，我们需要考虑什么？

生：这两个字上窄下宽。

师：是吗？（教师在PPT中的“急”“第”两字上用手比画宽窄、大小）

生：“急”字是上大下小，“第”字是上小下大。

师：这两个字正好不一样，“急”字是上大下小，上窄下宽；“第”字是上小下大，上窄下宽。

师：现在举起手，我们一起来写，先写“急”字。刚才说了，第一笔撇从哪儿起？（教师在黑板上准备好田字格）

生：竖中线。

师：竖中线往左半格撇，第二笔——

生：横钩。

生：横撇。

师：横撇收笔在竖中线上，然后横折，第四笔的横要写在横中线上，第五笔横。注意，下面的心字底要写得扁一些，点，卧钩，然后呢？点要点在竖中线上。看明白了吗？一会儿大家先描再写。

师：第二个字，“第”字上窄下宽，上小下大。上面的竹字头注意都要写在上半格靠上的位置，而且一个占用左半格，一个占用右半格。（教师在田字格中边讲解边书写）下一笔要写横折，哪一笔要写在横中线上？下一笔要写在横中线上，注意，它要往出延伸。然后，竖，尽量舒展往宽走，折钩，好了，下一笔，竖，它要写在竖中线上，最后一笔——撇，交叉笔，明白了吗？

生：明白了。

师：老师这个字有一点问题。找到问题没有？

生：横折弯钩超过竖了。

师：太靠下了，它不能超过竖，要靠上一点。

师：好了，请大家打开书第102页，找到“急”和“第”这两个字，在书上先描再写。

（生按照教师要求先描再写“急”“第”）

2. 奶、始

师：我们首先来看看女字旁的两个字，这两个字该怎么写？你有什么要提示大家的地方？

生1：女字旁第一笔是撇点，要一笔写成。

生2：“女”字做偏旁要横变提，所以女字旁的最后一笔是提。

师：说得真好，谁再说说？

生3：女字旁要靠近竖中线写。

师：看老师来写，请用小手跟着老师写。（教师范写）

“奶”字先写女字旁，女字旁第一笔撇点，第二笔撇，第三笔提，由低到高，横中线下起笔，收笔在横中线上，略低于撇，右边“乃”字的横折折折钩的第二折刚好写在横中线上，最后一笔撇稍短，收笔在竖中线上。

再看“始”字，左窄右宽，女字旁靠近竖中线，“台”的撇折的折段在横中线上，“口”要写得扁一点。

师：请同学们打开书，在田字格中先描一个，再写两个。（强调写字姿势：①头正肩平，挺直腰背，足安，两脚与肩同宽，平放地上；②三个一，眼离本一尺，手离笔尖一寸，胸离桌一拳）

（学生书写，教师巡视指导）

3. 吵、咬

师：现在我们来看看口字旁的两个字，谁来说说在书写上需要注意的地方？

生1：口字旁的最后一笔左低右高，收笔在横中线上。

生2：“吵”字右边的“少”左边的点写在左半格。

生3：“咬”字右边的“交”要写得瘦长，而且小撇在中心点上。

师：大家观察得真仔细，来看老师写。（教师范写，并讲解）

“吵”左窄右宽，“口”要写得小而高，第三笔横在横中线上，右边“少”的第一点在竖中线左侧，最后一撇要舒展，延伸到左半格。

“咬”左窄右宽，“交”比单独成字时要窄瘦，长撇从横中线起笔，撇尖伸到“口”下，捺的捺脚低于撇尖。

师：请同学们打开书，在田字格中先描一个，再写两个。

（学生书写）

4. 仔、公

师：这两个字的结构不同，可以一个一个看。谁先来说说“仔”字？

生1：“仔”字右边的“子”最后一笔横在横中线上。

生2：“仔”字右边的“子”三笔写成，第一笔横撇，第二笔弯钩，不能一笔写成。

师：谁再说说“公”字？

生1：“公”上宽下窄，撇捺盖下。

生2：第三笔撇折起笔在中心点。

师：大家说得真好。看老师写。（教师范写，并讲解）

“仔”左窄右宽，“子”最后一横要从竖中线的左侧起笔，写在横中线上。

“公”上宽下窄，第三笔撇折起笔在田字格的中心点上，撇段的运笔方向和第一笔的撇平行。

看明白了吗？打开书写一写。

（学生书写，教师巡视指导）

（四）总结

师：这篇课文8个生字的书写大家都完成了，其实，无论是左右结构的字还是其他结构的字，在写之前都应该先观察再书写，注意字的结构比例、横竖中线的笔画，以及笔画之间的穿插挪让。养成良好的观察和书写习惯，你的字会越写越漂亮。

第二编

阅读教学案例

阅读教学是小学语文教学内容的一个重要组成部分，语文教材是以阅读材料为主线来编排内容的。阅读教学应引导学生钻研文本，让学生在主动积极的思维和情感活动中，加深理解和体验，有所感悟和思考，受到情感熏陶，获得思想启迪，享受审美乐趣。要珍视学生独特的感受、体验和理解。语文课程标准强调要重视培养学生广泛的阅读兴趣，扩大阅读面，增加阅读量，提高阅读品位。提倡少做题，多读书，好读书，读好书，读整本的书。目前，在小学语文教学领域进行的教学改革也是百花齐放，包括群文阅读、主题教学、板块教学等，为阅读教学增添了无限的活力。当然，在语文教学中也存在一些有争议的问题，如不同文体的教学研究、古诗词教学研究、长课文教学研究等。下面几个教学案例，可以从不同的角度促进大家的思考。

案例三：小学语文教学应该“淡化文体”还是“强化文体”？

——以《西门豹治邺》同课异构活动为例

【背景信息】

“文体”是文章存在的基本样式，样式相同或相近的文章被归为一“体”。人们对“文体”的理解不尽相同，主要表现为对“文”和对“体”的理解存在差异。有的人认为，“文”应该指文章，既包括文学类文本，如诗歌、童话等，又包括实用文体文本，如说明文、信件等；有的人则认为，“文”仅指独立成篇的文学类文本。对“体”的认识也存在两种不同的看法，有的人认为，“体”是通过有目的的语言选择所产生的表现手段和表达方式的总体，是文本的规格和模式，可以理解为样式、类型等；也有人认为，“体”即体裁，文学类的体裁包括小说、诗歌、童话等，非文学类体裁包括记叙文、说明文、议论文等。体裁的外延比样式、类型要小得多，如诗歌从体裁角度是一个类别，但是它可能还存在很多样式，如按照时间可以分为古体诗和现代诗，按照风格可以分为婉约诗和豪放诗，按照内容可以分为闺怨诗、田园诗、思乡诗等，古体诗按照形式又可以分为律诗和绝句，由此可见，诗歌的样式（类型）比诗歌的体裁复杂得多。

小学语文教学是否要凸显文体意识呢？对于这个问题一直存在两种看法：一是淡化文体，二是重视文体。主张淡化文体的学者认为，“淡化文体是文体发展的必然趋势”，“淡化文体是由中国文体意识的中和特征决定的”，“淡化文体的倾向符合语文教学大纲和新课标的基本精神”。[①] 阅读教学和写作教学应该是一个整体，教读是为了教写。会读是会写的基础，会写是会读的结果。我国高考作文要求中明确标注“文体不限”，对教师来说，这无疑就是一个信号，学生不需要掌握文体知识和不同文体的写法，所以阅读教学也不需要过分强调文体意识。[②] 主张重视文体的学者认为，“无体即无文”，文体意识是文章的本体意识。“作为一种语言系统，在文体这一概念里，显然包含着言语主体（人）、言语载体（由一定的语言词汇、规则所形成的言语链），以及言语信息三大要素，而文体的一个显著功能即将这三者凝固起来，从中显示出独特的审美意蕴，从而确立起本体的美学价值。”[③]

---

① 韩建立. 语文教学淡化文体倾向刍议［J］. 语文学习，2014（6）：4-7.

② 张怡春.“淡化文体”的语境、内涵及负面规避：与韩建立先生商榷［J］. 现代语文（教学研究版），2016（8）：15-18.

③ 朱德发，张光芒. 五四文学文体新论［J］. 中国社会科学，1999（5）：131-145，207.

绕开文体进行文章教学是不可取的，学习文章首先应该进行“辨体”，然后按照“体”的规律去安排学习。① 按照文体学习文章不仅是关注文章本体的一种学习姿态，同时体现了类化学习的思想，教师将课文分出不同的类型，然后按照类型去设计教学路径，这是提高教学实效的路径之一，这样的学习方式是提高学生学习效率的有效路径。

本案例就是在这一背景下，以 Z 老师《西门豹治邺》的两个教学课例为引展开的对“文体意识与小学语文教学设计”的思辨研究。

《西门豹治邺》是部编版小学语文四年级上册第八单元历史人物故事中的主体课文之一。本单元共包括三篇课文，分别是《王戎不取道旁李》《西门豹治邺》和《故事二则》。一篇笔记体历史人物小说，一篇传记体历史人物传说故事，两篇人物寓言故事。

本案例中的两个课例是 Z 老师两次执教部编版《西门豹治邺》第二课时的教学实录，它们分别是参加省级青年教师教学基本功技能大赛的试讲课和国培项目小学语文名师送教下乡的试讲课。第一次教学设计没有过多考虑文体特点，设计思路以故事情节分析为主，以人物分析为辅，重点放在课后提示的语文要素——了解故事情节、复述课文的训练上。第二次教学设计有意识地突出了文体，将课文教学努力向《史记·滑稽列传》靠近，将教学的重心主动向人物精神分析位移，向传奇故事的奇妙性位移。

两次教学结束后，授课教师及全体听课教师进行了相关研讨，其研讨内容也成为本案例的部分资源。另外，为了了解 Z 老师对语文教学的深层想法，编者对 Z 老师进行了访谈，访谈结果也成为本案例的部分资源。

【案例正文】

一、第一次执教《西门豹治邺》的设计、实施与研讨

（一）教学设计与实施

本次教学活动是 Z 老师参加省级青年教师教学基本功技能讲课大赛之前的试讲课，一线教师代表、教研员和高校教师代表观摩了第二学时的教学活动并进行了研讨，所以我们将第二课时作为研究的课例。

按照 Z 老师的设计，《西门豹治邺》应为三个课时，教学目标具体如下。

第一课时：

1. 正确认读“娶媳妇”“干旱”等 13 个词语，结合字理图片理解“田地荒芜”。
2. 利用“情节车”梳理故事脉络。
3. 抓住西门豹的四问，体会“智慧”调查。
4. 变对话为结果直述，简要复述故事的第一部分“调查民情”。

第二课时：

1. 能利用鱼骨图，发现 10~14 自然段的构段规律，并复述故事。

① 周一贯. 文体研究在小学语文教学中的意义［J］. 小学教学研究，1983（2）：44-45.

2. 结合对“面如土色”“磕头求饶”等词语的理解，体会西门豹破除迷信的巧妙，学做批注。

3. 拓展阅读《麦穗是最好的花》，利用鱼骨图梳理主要情节，感受民间故事的三段式模式。

第三课时：

1. 简要复述整个故事。

2. 改编剧本，排演故事。

在访谈时，Z 老师谈到确定这样的教学目标的依据：第一，语文课程标准中关于第二学段阅读教学的相关要求，“能初步把握文章的主要内容，体会文章表达的思想感情”，“能复述叙事性作品的大意，初步感受作品中生动的形象和优美的语言”，“与他人交流阅读感受”。第二，文本自身的特点，这是一个情节生动、口耳相传的故事。其教学价值一是学阅读，通过获取信息把握较长的故事，通过发现结构密码形成自己对文本的理解，并用批注的方式对人物做出评价；二是练复述，提供支架进行故事复述训练。第三，单元语文要素。本单元的语文要素是了解故事情节，简要复述课文。第四，学生的先备知识、已有经验和困难。中段学生爱读故事、听故事、讲故事，对故事性强、人物形象鲜明的文章比较感兴趣，但是阅读能力不强，缺乏把握较长故事的能力，在对人物形象的体会和文章表达特点的感悟方面需要教师的引导和帮助。学生的复述能力也不强，需要练习机会和学习支架。

因为 Z 老师所在地区正在开展板块式教学教改项目研究，所以她第二课时的教学流程是按照板块式推进的。

板块一是完成一张图。Z 老师说：“在这部分中，学生的学习目标是根据教师提供的鱼骨图梳理西门豹惩治巫婆、官绅的情节，重点是找到说了什么和做了什么，并将西门豹的言行用短语概括出来。”她认为，要想完成这一任务，学生需要合理的学习路径，她设计了“聚焦一段、习得方法—运用方法、自主阅读—完成图示、汇报交流”的路径，并给自己确定了“提供支架、有扶有放”的教学策略。如果教学过程顺利，学生应该能够在教师的帮扶下绘制出如下的图形（见图 3-1）：

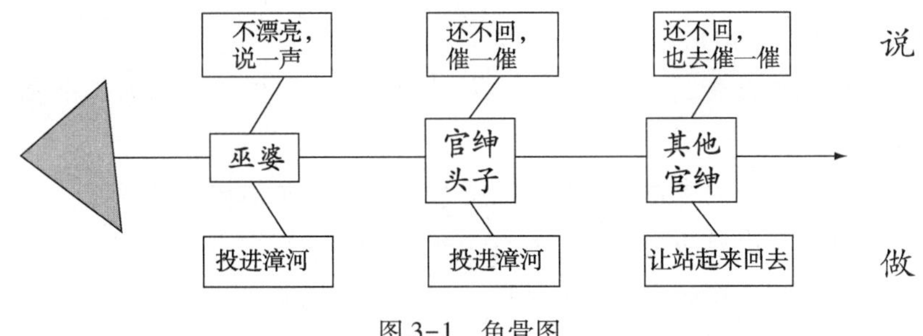

图 3-1　鱼骨图

第二板块是发现几处妙。Z 老师说：“这部分是想让学生聚焦西门豹的三次言行，总结出西门豹惩治巫婆、官绅时采用的将计就计和杀鸡儆猴的斗争策略，进而体会西门豹的智慧超群和尊重科学的精神气质。”在这个过程中，学生的学习路径是“圈画聚焦，关注提取明显信息—代入思考，比较、推想隐含信息—感情朗读，还原现场，体认人物心理、精神—整合信息，给出评判，做好批注”。Z 老师认为，要想讲好故事，必须真正理解故事，所以分析人物的环节实际上是为后面复述故事做第二次准备，在这个过程中，她需要适时引导，运用谈话法辅助学生进行分析、概括。在实操过程中，Z 老师能及时发现学生谈话中的闪光点并进行引导。

片段一

引导 1：

生：西门豹的办法妙在，这应该是巫婆和官绅头子的阴谋，然后被西门豹，用他们的阴谋自己害了自己。

师：我明白你的意思了，你看老师说得对不对？也就是说，巫婆和官绅头子他们——

生：搬起石头砸自己的脚。（小声地）

师：刚刚谁说的？

生：巫婆和官绅头子，他们就是搬起石头砸自己的脚。嗯……西门豹他没有直接揭穿巫婆和官绅头子，而是利用河神来教训他们。

师：也就是说巫婆和官绅头子不是要害那些贫苦人家的女儿吗？要把她们投进漳河去收敛钱财吗？对不对？现在，西门豹就是以其人之道还治其人之身，把他们也投到漳河里去。所以，这一妙就妙在了什么呀？

师：将计就计。（师板书：将计就计）用巫婆和官绅头子的办法来惩治他们。

师：你能不能像老师这样把这个词标注到你们书中相应的地方？

引导 2：

师：老师发现西门豹在惩治巫婆、官绅头子和官绅的时候用的方法不一样，你发现了吗？

生：发现了。（齐）

师：你能说说看，为什么惩治他们的办法不一样？来，后面那个女生，你来说说看。

生：因为官绅们都是无辜的，全是官绅头子和巫婆搞的鬼。

师：这是她的想法，谁还有？你来说说看。

生：我觉得巫婆和官绅头子才是主凶，官绅们其实就没犯什么错误。

师：他们只是——

生：听从命令。

师：对，他们只是听从命令，但是他们也是从犯是不是？所以，西门豹的做法真妙！这第二妙，就是这两位同学所说的，叫什么呀？

师：好，现在拿起笔来。跟老师一起写，叫作什么呀？杀鸡儆猴。（师板书：杀鸡儆猴）

师：也叫作——

生：杀鸡给猴看。

师：你能不能也在书上标一标呢？（师巡视）

引导3：

师：我们知道，他来到邺这个地方找了个老大爷，通过四个问题就把当地的情况摸得一清二楚，这些事情的来龙去脉他已经了然于胸。老师觉得，他完全可以派他的卫士去把这些巫婆、官绅头子抓起来投进大牢，罪行严重的话把他们问斩。他为什么不这样做，而要在漳河边上当着老百姓的面上演这样一出好戏呢？

……

生：我认为，要是当众斩了他们的话，老百姓也不知道是什么原因。如果在老百姓面前把他们投进漳河，老百姓就知道是什么原因了。

师：他们就知道真相了，真相是什么？

师：河里面有没有河神？老百姓就知道什么了。河里面——

生：没有河神。（齐）

师：河神娶媳妇完全是——

生：假的。（齐）

师：对不对？

生：对。

师：好，你还有补充，来。

生：我给×××补充，我觉得西门豹这样做是让人们心服口服。

师：也就是说，原来老百姓那样相信巫婆和官绅头子，他们很迷信的，对不对？这样一来，老百姓就知道事情的真相了。所以，西门豹处置这些罪犯有第三妙。妙在哪儿呢？就妙在刚刚同学们所说的：破除迷信，教育了百姓。

师：好，请你打开书，像老师一样将批注写到这个自然段的旁边。（师板书：破除迷信）

第三板块是讲好一个故事。Z老师说：“这是训练学生故事复述能力的板块，学生需利用鱼骨图的提示复述故事。”为了再一次降低复述的难度，她准备在复述开始之前，先引导学生发现每个段落之间的相似结构，这样就可以通过类化的方式举一反三了。

片段二

师：好，老师现在想请同学们再回过头看看这个鱼骨图。你有没有发现，作者在写这个故事的时候，在写法上有什么特点？每写一个人的时候，他都是先写什么再写什么，发现了吗？

师：来，后面那个女生，你来说说看。

生：嗯……就是先写说的再写做的。

师：你真厉害！大家看是不是这样？

师：所以，这个故事每个段落的结构都特别相似，这是民间故事的特点，利于口口相传。

师：那么，现在老师想请同学们用自己的话来讲讲这段故事。老师可以给你一个开头。（出示开头：到了河神娶媳妇的日子，河边站满了百姓，西门豹和卫兵真的来了，巫婆和官员急忙迎接）给你一个结尾（出示结尾：老百姓都明白了……）。

师：自己来试一试，好不好？好，面向老师来大声地讲讲这个故事，如果你能讲得绘声绘色就更好了。来，开始吧，自己讲自己的。

（学生练习）

师：讲好了？好，老师点一位同学来讲讲这个故事。你来讲讲。

（学生讲述略）

师：老师想为他的勇气以及声音这么洪亮鼓掌，老师觉得他表现得很好，大家掌声鼓励鼓励他，好不好？他完全没有看老师的板书，用自己的话把故事讲了出来，特别棒！好了，谢谢你。

第四板块是读懂一个故事。Z老师说："之所以设计这个教学板块，一是为了体现'1+X'阅读教学的思路，落实部编版教材提倡的课内课外阅读一体化目标；二是为了当堂检测学生绘制鱼骨图并借用鱼骨图复述故事的能力。"在实际操作过程中，因为时间关系，学生仅完成了绘制鱼骨图并汇报的过程，复述变为课后作业之一。课后作业之二是阅读自读课本第八单元的《包公审石头》《颐和园的铜牛》《浊水溪河段塘湾》三篇传说。

片段三

师：好，接下来老师给同学们布置一个任务。我们再来练习练习用鱼骨图读故事。老师发到大家手里的这篇文章叫作《麦穗是最好的花》。

师：老师想让你们快速地默读这篇文章，找一找国王提出的三个问题，用横线画出来；再找一找"别达尔父亲的主意"，用浪线画出来。国王每提出一次问题，别达尔的父亲都会有一个好主意。现在开始。（师巡视指导）

……

生：国王的第一个问题是，天亮之前谁第一个看见日出？

师：别达尔父亲的主意是？

生：别达尔父亲的主意是，当太阳还没有露出地平线时，它的第一束光线将射到山顶。

师：他需要干什么呀？

生：转个方向看山顶。

师：接着。

生：国王的第二个问题是，不能光脚又不能穿鞋。别达尔父亲的主意是，只要把鞋子底拉掉，就是一只鞋也没穿。

师：就是既不光脚又不穿鞋。

生：国王的第三个问题是，帽子上要插上最好看的花。别达尔父亲的主意是，没有谁是世上最好的花，麦穗正好是。

师：看来麦穗就是最好的花，和我们这个传说的题目一样。

师：你看，满满两页的故事，同学们用这幅鱼骨图就把它读懂了。老师相信看到这幅鱼骨图，你肯定能把这个故事讲下来，是不是？

（二）教后反思与研讨评议

试讲结束后，老师们进行了研讨。

首先，Z 老师进行了教后反思：“我觉得自己这节课上得还是很流畅的，尤其是前两个板块，基本是按照自己的设计进行的。但是，第三个板块‘讲好一段故事’的效果好像一般，我只是指名一个学生上台讲给大家听，至于讲到什么程度，评价标准是什么，学生并不清楚，而一个人讲并不代表全班都能讲。最重要的是这个同学虽然讲得挺好，但现在看来其是详细讲述，与单元目标中的简要讲述还有一定距离。其实，详细复述容易，简要复述难，因为它需要讲述者进一步加工信息并进行概括。所以，我自己感觉这个板块只是做成了环节，而没有对学生进行扎扎实实的语文训练。在最后一个板块，我想利用《麦穗是最好的花》让学生再次实践用鱼骨图梳理较长故事的主要情节，但是时间上还是出了点问题，课上复述没有进行，简要复述的目标检测也没有完成。”

然后，其他老师分别发表了对这节课的看法：

X 老师（一线教师）说：“我觉得这节课以教学板块呈现非常好，每个板块都指向目标的落实。用鱼骨图这个学习支架帮助学生提取信息、读懂文章，很好。课堂结尾拓展阅读一篇故事，再用鱼骨图梳理主要情节，又是一次训练，我认为这样的课堂是有效的。”

A 老师（一线教师）说：“我觉得 X 老师说得有道理，我们语文课最怕千篇一律，千篇一律的根源在哪儿？没有文体意识，Z 老师聚焦了故事教学的关键词——情节，从梳理到感受再到复述，点抓得准，目的落实到位。最重要的是，板块之间的逻辑关系清晰，感觉教学环节层层推进，很是流畅。”

L老师（一线教师）说："这是一篇老课文，原来的课文名字叫《西门豹》，以人物姓名为题，从题目就可看出理解人物为教学重点。部编版教材改版以后，名字改成了《西门豹治邺》，名称变化了，似乎将事件的分量加重了，课后设计的习题定为复述故事，明显将教学重点导向了故事情节。虽然单元教学的语文要素是梳理故事情节，但我总觉得作为一篇人物历史故事，理解人物仍然是重点，梳理情节的目的也是理解人物，而不是通过理解人物来辅助学生完成复述故事的训练。"

T老师（教研员）说："Z老师能够潜心研究教材，理解单元核心语文要素，严格按照落实语文要素来设计教学，这样很好。四年级上册第八单元的核心语文要素就是简要复述故事，那就应该凸显这一点。但是，Z老师忽视了一个问题，那就是学习简要复述的方法。这个单元的语文园地给出了明确方法：概括、转述。所以，我建议第一板块保留鱼骨图进行梳理西门豹的言行；紧接着第二板块就进行简要复述，正好借助鱼骨图进行简要复述，并教给学生方法，如何把西门豹的话变成转述，概括地讲给观众听；第三板块再品析人物。这样教学目标清晰，重点比较突出。"

W老师（高校教师）说："部编版单元语文要素的提出起到了靶向的作用，一线教师执教时不用再像之前一样，语文课的教学目标和教学内容充满不确定性，有了这个靶向，教师教什么一目了然，训练点非常清晰。可是，问题也来了，一个单元的四篇文章有三种不同的体裁，要不要将教学目标设定得如此统一？教学目标的设定是要完全'合标'，这里我指的是单元目标，还是可以有所突破？有所侧重？在一个单元里，一篇是笔记体小说的节选，一篇是人物传记的改写故事，两篇是人物寓言，要不要考虑文体不同教学设计也应该有所不同？《西门豹治邺》作为人物传记是不是本来就应该将'理解一个人物'作为教学重点予以落实？另外，这个故事选自《史记·滑稽列传》，《滑稽列传》在风格上与《史记》中其他人物传记的风格有何不同？这可能是我们理解西门豹这个人物的关键。另外，在这个故事中，情节的传奇性是一个很重要的点，必须予以关注。它虽然选自《史记》，但是并非出自司马迁之手，而是后来的人根据《滑稽列传》的整体风格加进去的一部分内容，而且是一个传说故事。可能有人会质疑传说怎么会进入历史记述呢？这其实并不奇怪，周作人很早就表达过类似的认识，'神话是一个民族的宗教，传说是一个民族的历史，童话是一个民族的文学'，在历史人物记述时加入传说故事是可以的。那么，传说作为一种体裁，它在情节教学上应该关注怎样的点呢？我觉得应该是真实性和传奇性的结合，具体到这篇课文中，前半部分民情调查应该为实，后面的惩治官绅和巫婆的情节显然就加入了幻想色彩，所以在教学设计上应该有所区别。而情节上的传奇性正是理解人物精神的重要途径，这里讲清楚了，人物就理解了。"

二、第二次执教《西门豹治邺》的设计、实施与研讨

（一）教学设计与实施

半年后，Z老师被推荐为国培计划小学语文名师送教下乡的展示课教师，展示的内容还是《西门豹治邺》第二课时。Z老师接到任务后感觉压力很大，上次试讲结束后的教研

活动中老师们提出的否定声音犹在耳旁。她决定在之前教学设计的基础上进行改进，重新设计一个教学方案。可是，怎么改呢？她回忆老师们的意见与建议，决定按照T老师和W老师的意见修改教学方案。凭着多年的教学经验，她清楚地感觉到，T老师的建议板块清晰，目标明确，操作性强，容易采纳，自己只需将人物分析部分从情节梳理和情节复述环节中抽离出来，另建一个板块即可，然后将“概括”和“转化”这两种方法的技巧插入“讲好一个故事”板块。W老师的建议不太清晰，但其一直是围绕文体意识来谈的。对于文体意识，她感觉似乎清晰又似乎模糊，说自己的教学没有文体意识吧，好像也不客观，虽然自己进行教学设计时并没有清晰地意识到文体的问题，但是客观上聚焦故事教学不就是文体意识吗？以情节为重心不是故事教学的特色吗？文体应该就是体裁吧？故事应该是一种体裁吧？可是她分明感觉到W老师口中的“文体”不是直指体裁，更像是类型。W老师对她的教学评价似乎隐含着对她未能重视文体问题的隐忧，未能深刻地分析西门豹的人物精神的隐忧，也隐含着对过分“合标”的同质化教学的隐忧。为了弄明白自己认识的误区，也为了找到改进教学设计的方法，她决定亲自去B师范学院拜师学习。

Z老师首先拜访的是F老师。F老师是B师范学院的教授，主讲“中国古代文学”课程。在Z老师讲明来意后，F老师将自己对《史记·滑稽列传》的认识，尤其是对“滑稽”的含义进行了介绍。“滑稽”的本意是指一种大肚子酒器，后根据注酒器可以不断注酒吐酒，引申为人能言善辩、言辞流利又不失诙谐的样子。但是，在《史记》中的解释却不止于此，它应包括四层含义。一是多辩，如在《滑稽列传》里有：“淳于髡者……滑稽多辩。”；二是智囊，如在《樗里子甘茂列传》里有：“樗里子滑稽多智，秦人号曰智囊。”；三是乱俗，如《孟子荀卿列传》里有：“鄙儒小拘，如庄周等又滑稽乱俗。”；四是不可轨法，如《孔子世家》里有：“晏婴进曰：‘夫儒者滑稽而不可轨法’。”所以，对于《滑稽列传》中的人物应该不仅仅停留在能言善辩、有智慧这个层面，如果仅停留于这个层面，《滑稽列传》人物的光辉性就会被削弱，还应看到他们不可轨法，为了正义甚至乱俗乱法的勇气和力量。正如司马迁在《史记·太史公自序》中所说：“不流世俗，不争势利，上下无所凝滞，人莫之害，以道之用，作《滑稽列传》。”F老师建议将人物精神分析作为《西门豹治邺》的学习重点，这是人物传记学习的一般规律。人物传记历史故事要符合故事学习的一般规律，更应该凸显自身的独特规律。

之后，Z老师又拜访了之前参与评课的W老师，W老师在高校主教“儿童文学概论”课程，同时是选修课“小学语文儿童文学文体教学研究”的主讲教师。W老师详尽地向Z老师介绍了她对文体内涵的理解。她认为，将文体仅仅理解为体裁太过于狭隘，而应该上升到类型。不同的文体应该有独特的教学聚焦点，同是散文，写景散文和叙事散文的教学聚焦点就不一样，抒情散文和哲理散文的教学聚焦点也应该有所不同。确定一篇课文的教学聚焦点不是一件容易的事儿，尤其是文学作品，它至少应该关注语体、体裁和风格三个层面，这是由文体学研究决定的。小学语文应该强化文体意识，处理好文体意识与小学语文教学设计的关系是开展阅读教学和写作教学的基点。当然，具有文体意识并不是要求小学语文教师将文体知识介绍给学生，而是要在具体文本的体裁、风格和语体特点中寻找聚焦点，并将其确定为教学的重点。这实际上是一种类化教学的方式，每一篇课文的教学都是在教“这一类”中的“这一个”。

拜师回来后，Z 老师感觉自己之前的知识储备实在是太少了，视野也太窄了，只有不断地学习才能胜任自己的工作。她认真阅读了《史记·滑稽列传》全文和《史记·太史公自序》，又认真研究了传说的特点、传记体的特点，然后将自己第二课时的教学设计修改如下：

教学目标表述不变，位置调整一下，将“发现几处妙”和“讲好一个故事”的位置调换，这样教学流程就会有所变化。

教学重点确定为：一是能够运用概括和转述的方法简要讲述故事；二是理解西门豹是怎样一个人。

教学流程调整为：第一板块为梳理故事情节，画好一张鱼骨图；第二板块为运用概括和转述的方法简要讲述好一个故事；第三板块为根据情节理解西门豹是一个怎样的人；第四板块为引入传说故事《文成公主进藏》，训练学生运用鱼骨图简要复述故事的能力。

Z 老师认为，调整后的教学思路应该既能够让“运用概括和转述的方法简要复述故事”的单元目标落地，又能够体现文体意识，将文本理解的靶向指向故事的奇妙和人物的精神。按照经验判断，如果教学流程顺利，这节课应该没有太大的问题。

下面，逐一介绍这次试讲课与第一次变化较大板块的教学情况。

一是第二板块简要复述故事。这一板块由三个环节组成：第一个环节是讲授概括和转述的知识，第二个环节是教师用这两种方法进行示范，第三个环节是指导学生运用这两种方法进行复述训练。Z 老师认为，在这个板块中最重要的是讲清楚概括和转述，这里讲清楚了，后面的训练就好进行了。在教学中，Z 老师选择将课后的一道句子比较练习题作为教学资源来学习概括和转述的方法。(见图 3-2)

◎读一读，体会每组两个句子在表达上的不同。

◇官绅一个个吓得面如土色，跪下来磕头求饶，把头都磕破了，直淌血。

◇官绅跪地求饶。

◇蔡桓侯觉得奇怪，派人去问他：“扁鹊，你这次见了蔡桓侯，为什么一声不响就跑掉了？”

◇蔡桓侯派人问扁鹊，他为什么不说话就跑掉了。

图 3-2　课后练习

片段四

师：我们这节课主要练习简要复述。这一部分这么长，还有很多西门豹和巫婆、官绅头子的对话，怎样才能做到简要呢？在复述之前，老师教大家两个妙招。抬起头来学一学，这也是我们语文园地当中的一道练习题。这道练习题能够帮助我们学习简要复述的方法。我们先来看第一组句子，比较两个句子，说说你们发现的不同。来，你说。

生：第二个句子就是简要复述，第一个句子描述得非常清楚。

师：那你来看看第二句和第一句相比去掉了哪些部分。

生：第二句去掉了“跪下来磕头求饶，直淌血”。

师：把头都磕破了，直淌血，对吧？也就是说，磕头求饶，求饶到什么程度呢？把表示程度的部分去掉了。好，再来看还去掉了什么？

生：还去掉了“官绅一个个吓得面如土色”。

师：对，描写他们神态的部分。这些描述性的语言去掉了。那么，我们来看，只保留了什么？官绅，这是谁。跪地求饶这是谁干的什么。也就是说。只保留谁干了什么这个主要的情节就可以，是不是？这是一种方法。这种方法就叫作概括。我们可以用这个方法做到简要。好，再来看第二组句子，观察一下有何不同。有何不同？×××跟大家说一说。

生：我觉得第二个是转述。他是把蔡桓侯的话转述了出来。

师：什么叫转述呢？好，请坐。就是把一个人的话说给另外一个人听。我们来看看他是怎么转述的。保留了什么？保留了谁？蔡桓侯和扁鹊是说话的两个人，也就是他保留谁和谁说。那么，后面说的话发生了什么变化呢？上边是“扁鹊，你这次见了蔡桓侯，为什么一声不响就跑掉了”，下面是“他为什么不说话就跑掉了”。一个是“你”，一个是“他”，也就是说，我们要改变人称，要把“我”变成“他”。他是第几人称呀？第三人称。那好，下面我先来做一个示范，请你听听这个部分老师是怎么复述的。

二是第三板块发现几处妙，理解西门豹这个人。这一部分有三个环节：一是细读文本，透过文本表层信息分析人物的特点；二是引入《史记·滑稽列传》的基本情况介绍，通过辅助资料帮助学生理解西门豹的人物精神；三是布置课外阅读《史记·滑稽列传》涉及的人物历史故事，通过类化阅读强化对西门豹这类人的认识。

Z 老师先按照与第一次上课相同的方式引导学生梳理完将计就计、杀鸡儆猴、破除迷信的情节，总结出西门豹的智慧超群、尊重科学之后，进一步向纵深挖掘人物精神。

片段五

师：我们对西门豹的理解不能到这里就结束。我们来看看县令。（PPT 展示）县令在战国时候是一个什么级别的官呢？县令是七品官。七品官是一个很小的官，所以我们常说七品芝麻官。而官绅是地方上有势力、有地位的人。巫婆，古人认为是能与神明对话的人，地位也不低。按理说，西门豹把他们投进漳河不也是杀人，是违法的吗？对此，你怎么看？结合西门豹和官绅、巫婆的地位，你觉得西门豹把他们投进漳河是杀人、是违法的吗？

生：因为他是在为民除害，所以就不算是违法。

师：还有呢？

生：因为他是公正执法的，他是有证据执法，而不是平白无故杀人。

师：那么，公正执法又有哪些程序呀？没有哪条法律说明执法要把他们投进漳河。谁来说一说他的想法，你说。

生：既然他们都把这些漂亮的女孩儿投进了漳河，我们为什么就不能将计就计，把他们也投进漳河？

师：来，掌声送给×××。你说得真棒！这就是西门豹，作为一方父母官，他在做事情的时候是不按常理出牌的。不按常理出牌，（教师板书：不可轨法），也就是不可轨法，也就是说他不按常理出牌，有自己的做法。好，我们再来看西门豹和巫婆、官绅的对比。西门豹是一个小官，官绅和巫婆的地位很高。按理说，小官是很难撼动巫婆和官绅在这个地方的势力的，但是西门豹却这样做了。你觉得西门豹是一个什么样的人？他的地位很低，实际上他是很难撼动这些人的势力的。但是，西门豹却不按常理出牌，直接把他们投进漳河里去了。你觉得他是一个怎样的人？说说看。

生：我觉得他是一个为民除害的人。

师：还有没有补充？你说。

生：我觉得西门豹是一个非常有正义感的人。

师：有正义感。正是因为这份正义感，给了他做事的什么？

生：勇气。

师：对，给了他做事的勇气。西门豹这个小人物也有挑战权势、挑战邪恶的勇气。好，请你记到书上。至此，西门豹这个人物我们就读通了。他不仅智慧超群，而且心系百姓、尊重科学，更重要的是，他在做事情的时候有挑战权威的勇气，而且做事“不可轨法”。

然后，Z 老师向学生介绍了《史记 · 滑稽列传》的基本情况，并推荐学生继续阅读其中涉及的其他人物故事。

片段六

师：老师想给同学们介绍一本书，这本书叫《史记》，大家看我们课文下边的注释，会发现《西门豹治邺》选自《史记》的《滑稽（gǔ jī）列传》，千万不要把它读成滑稽（huá jī），为什么呢？因为在古时候，滑稽是一种酒器。这种酒器肚子很大，像一种肚子特别大的鸟。用酒器倒酒，酒就会源源不断地流出来，所以后人就从滑稽这个酒器引申出了一种含义，形容人言辞流利、能言善辩。在《史记 · 滑稽列传》当中，司马迁就写了很多像西门豹这样的小人物。有淳于髡、优孟、优旃……这群不一样的小人物不流世俗，不争势利，他们的精神非常可贵。同时，他们用自己智慧的头脑、巧妙的言辞解决了一些纠纷。所以，这些小人物有非凡的讽谏才能，司马迁的《史记》最早只

> 写了淳于髡、优孟和优旃这三个人物的故事，有人在这三个人物之后又加入了四个人物故事，一共是七个人物故事。《西门豹治邺》就在这七个人物故事当中。老师希望同学们能在下课时翻开你们班书柜后面写历史的书籍，找到《滑稽列传》中这几个人物的故事来读一读。

三是第四板块读懂一个传说。这一部分一方面是为了拓展阅读，另一方面是为了检测第一板块和第二板块的学习情况，检验单元目标的达成度。与之前不同的是换了文本，但操作方式是一样的。用传说故事《文成公主进藏》替换了之前的民间故事《麦穗是最好的花》，既在体裁上与课文保持一致，又都属于人物传说。但是，由于时间问题这部分没有展开。

在这节课结束时，Z 老师对课堂结语进行了调整，靶向直指传说的特点——“奇”，概括《西门豹治邺》的“奇”体现在两个方面，即西门豹惩治巫婆、官绅的方法之奇和西门豹人物精神之奇。

（二）教后反思与研讨评议

试讲结束后，老师们再次进行了研讨。

Z 老师进行了教后反思：“这一次的教学设计我有意将文体作为确定教学聚焦点的依据。从文本的语体、风格和体裁的聚焦点中选择了关键词，即传奇故事和人物传记，然后将教学重点由原来的情节教学调整为传奇的情节教学和传奇的人物教学。上课之前我还是胸有成竹的，但是上下来我却感觉有些吃力。尤其是在讲人物精神时，感觉教师牵着学生的痕迹比较明显，没有给学生更多自主阅读、发现问题的空间。我想，我应该在提出问题后设计学习路径的支架，引导学生在自主阅读、思考的基础上展开小组讨论，形成小组的结论，然后组织全班进行交流，在各小组的思维碰撞中，逐渐厘清办法的巧妙，最后由办法的妙处推出对人物的评价。并且，在讲到人物‘不可轨法’和‘乱俗乱法’时明显感觉学生跟不上。虽然我认为自己设计的问题实际上挺好的，但是我能明显感觉到学生的思维分析能力到达不了。更糟糕的是，内容设计得可能有点多了，利用支架开展课外阅读和复述能力检测就没进行。其实，课外阅读这个环节的准备我还是下了一些功夫的，为了突出文体意识，我专门找了与课文相近的《文成公主进藏》，可惜没进行成。教学总结也是在拖堂的情况下匆忙进行的。”

其他老师分别谈了自己的意见。

X 老师（一线教师）说：“这一次教学设计，板块更加清晰，从梳理情节到简要复述故事，再到理解人物，目标明确，讲解和训练到位，非常精彩。就是教学时间计算得不准确，留了一点小遗憾。如果认真分析原因，还是出在教学设计上，人物分析从原来的融入式变为现在的板块切分式，为了目标落地各部分都需要时间，所以影响了第四板块的进行。但是，我个人认为，相比较第一次的设计，感觉上一次的教学更流畅，目标看似单一，但教、学、评能够和谐统一。”

A老师（一线教师）说："这是一节成功的语文课，既体现了知识的宽度又体现了人物精神挖掘的深度。真正做到了有视野，有深度。尤其是后半部分，对人物精神的挖掘，对传说这种文体特点的关照，感觉Z老师真的在备课上下了大功夫。"

L老师（一线教师）说："我赞同以上两位老师的观点，觉得这堂课整体上还是很成功的。就是感觉后面对人物不可轨法和勇于挑战当权势力的精神分析有些牵强，不是学生感悟出来的，没有水到渠成的感觉，而是教师生硬拔高的。"

S老师（一线教师）说："特别佩服Z老师不断钻研的精神，尤其是知道了Z老师为讲好这堂课专门又去读《史记》，研究《史记》，课前又亲自去高校找专家讨教《滑稽列传》和西门豹这个人物，这种孜孜不倦的学习精神太值得我们学习了。但是，我总觉得这不可能是教师的常态，每天都有新的教学内容，要判作业、带班，还要完成学校布置的杂七杂八的各种事务，根本不可能做到像Z老师这样去备课。公开课可能还勉强能效仿，常态课根本不可能做到这样钻研教材和设计教学。更何况，小学教师们的知识储备其实非常有限，对文体的理解能力、对文本的解读能力十分有限，即使下功夫准备了，也不一定能驾驭得了这样的教学。更何况，小学语文教学要达到这样的高度和难度吗？学生能理解和接受吗？我存有疑问。"

T老师（教研员）说："其实关于小学语文教学设计要考虑文体的因素，我是同意的。但是按照我的理解，在小学阶段，文体的内涵是不是就按照最狭义的体裁理解就可以了。一个小学老师能把童话教成童话，把散文教成散文，把小说教成小说已经很不容易了，应该说就现阶段而言，很多老师都达不到。现在要将风格、语体再纠缠进来，是不是不太现实？我已经教书20年了，一直在任教小学语文，研究小学语文教学，让我去操作这样的文体教学，恐怕也做不到。而且就学情而言，这样的教学会不会太超纲？"

W老师（高校教师）说："后面对西门豹这个人物的理解基本讲清楚了，从表层的智慧善辩，到深层的不可轨法、勇于挑战当权势力。至于学生为什么没能水到渠成地理解到这个高度，我认为问题还是出在目标定位的表达以及前面的教学设计上。这一次的教学设计与第一次有了很大不同，不仅板块划分更清晰，训练点与方法也更清晰，而且作为人物传说将人物精神的理解作为重点的定位更清晰，对传说这种体裁的特点也做了很好的呼应。但是，不知道大家发现没有，Z老师的教学目标除了顺序做了调整，描述其实并没有变，与第一次执教是一样的，仍然是'完成一张图、讲好一段故事、发现几处妙、读懂一个传说'，如果改一改，是不是能解决刚才我们发现的后半部分教学的不足呢？我觉得可以这样改，前半部分不用动，后面改成'发现几处奇、读懂一个人物'，'奇'和'妙'虽然一字之差，但是教学导向却不一样，通过'妙'挖掘西门豹的思维过程，而'奇'的定位可能就会宽泛一些，可能指向情节奇在哪里。这与情节的幻想特质相关，与西门豹惩治官绅的做法相关，与人物精神气质与一般人的差异相关。从这个'奇'字进入，才会与后面分析西门豹的不可轨法以及勇于挑战当权势力的精神相呼应，同时能理解老百姓对西门豹的崇敬和怀念已经到了将其神化的地步。这样，在后面分析人物精神时就不会出现突兀、拔高、与学生理解能力不相符等感觉了。而将'读懂一个传说'改为'读懂一个人物’，是从传统的中心思想教学位移到文学故事的人物分析教学，与实际教学更吻合，也更能体现人物传记这种体式以塑造人物为中心的特点。”

【结语】

“文体说”也叫“文笔说”，是我国古代解释文章发生的学说之一，它是国人对于文章是什么的本体思考，即文章特征是在文体中显现的。古今中外没有哪篇文章是无体的，这正是我们常说的“无体即无文”。也正因为此，“文体意识”是每一个学习文章的人都绕不开的话题，也是每一个语文教师不得不面对的问题。小学语文的“文”所代表的内涵是什么？是“文字”？是“文章”？还是“文化”？如果小学语文也是教文章，那么是否应该考虑文体问题呢？如果考虑文体问题，那么界定文体时是要按照最狭义的体裁来理解，还是最广义的类型与样式来理解呢？建立了文体意识，又该怎样开展小学语文阅读教学设计呢？尤其是文学阅读，是该将语体特点放在重点位置，还是将体裁特点放在重点位置，抑或将风格特点放在重点位置？在确定教学目标和重难点时如何处理三者的关系？如果按照文体意识确定了教学聚焦点，当它与教材单元教学的语文要素发生冲突时该怎么抉择？如果阅读教学按照文体教学的理念开展，那么小学习作教学又该如何与阅读教学呼应呢？这一连串的问题是值得每一个将要和正在进行小学语文教学的教师，以及正在研究小学语文教学的研究者深刻思考的。

【案例思考题】

1. 谈谈你对Z老师两次执教《西门豹治邺》的教学设计的看法，如果是你来上课，你会采用哪一种设计思路？为什么？

2. 认真阅读《西门豹治邺》试讲后的两次研讨活动资料，试着将老师们的意见归归类，分析意见背后隐含的小学语文教学与文体关系的判断，并谈谈你支持哪一方？为什么？

3. 如果小学语文教学设计应该考虑文体问题，那么你认为界定文体时是要按照最狭义的体裁来理解，还是最广义的类型与样式来理解呢？为什么？

4. 结合你的研究与认识，请说说如何根据文体意识开展小学语文阅读教学设计？

5. 当前小学语文界倡导的“读写结合教学”，你认为其背后隐含的教学理念是“强化文体”还是“淡化文体”？

【案例使用说明】

1. 适用范围

适用对象：小学教育专业的研究生或本科生、教师教育相关专业的研究生或本科生、小学语文一线教师。

适用课程：“小学语文教学设计与实施”“课例分析（语文）”“小学语文同课异构”，小学教育专业本科课程“小学语文教材研究”“小学语文教学设计”“小学语文教学技能”。

2. 教学目的

（1）通过对课堂实录和研讨材料的学习，关注并了解小学语文教师、教研员和高校教师对小学语文教学的理解与认识，发现其中存在的差异性思考，及其对语文教学与教学研究的价值。

（2）分析课堂实录，形成个人观点与认识，在与他人交流的过程中审视各自不同的观点、评价依据、评价方式，进行分析与综合，提升教学研究的能力。

（3）通过对有关文体的文献的学习，形成自己对文体的认识，以及对文体意识与小学语文教学关系的认识。

（4）通过对相关学习材料的研究，加强对课程标准及教材的纵深思考，准确定位小学语文教学的目标与重难点。

3. 关键要点

（1）相关理论

小学语文教学设计、语文课程与教学、语文学习心理、文体的内涵、文体教学意识。

（2）关键知识点

语文课程标准对体裁教学的描述、文体意识与小学语文教学设计的关系、文体意识关照下的小学语文教学设计策略、教师的认知冲突对教学的影响。

（3）关键能力点

研读教材的能力、分析学情的能力、教学设计与实施的能力。

（4）案例分析思路

第一，研读相关文献，引导学生明确文体与文章的关系，理解小学语文课程标准中关于体裁教学的要求。第二，依据两个课例的教学录像和教学实录，结合小学生的心理特点和第二学段学生的阅读经验，引导学生比较“淡化文体”和“强化文体”对小学生学习《西门豹治邺》产生的影响，尤其是小学生获取的知识和提升的能力的具体差异。第三，结合更多小学语文阅读教学的课例，引导学生研究其文体意识与教学设计的关联性，为学生形成自己关于文体意识与小学语文教学设计的观点提供帮助。第四，以文体意识为引，引导学生开展部编版小学语文教材研究，探索教材在单元编排和语文要素确定时是否考虑了文体特点，引导学生批判性地解读教材，找到教材的优化空间，为教学中的解构与建构奠定坚实的基础。

4. 教学建议

时间安排：大学标准课 4 节，180 分钟。课前案例引导 1 节，上课讨论汇报 2 节，总结提升 1 节。

环节安排：

（1）提前一周利用 1 节课时间布置所要讨论的案例并做背景引导。布置前置性作业，要求学生对文本资料和录像资料进行独立分析，形成自研学习成果。

（2）学生 4~6 人为一个学习小组，课下组内交流，形成小组研究成果，课上分组汇报并展开课堂研讨，学生小组自评、互评，教师点评，总结提升。

人数要求：40 人以下的班级。

教学方法：以讨论法为主，以讲授、点评为辅。

工具选择：教学录像、教学实录打印资料、多媒体、记录单、笔记本等。

组织引导：教师布置任务要清晰，案例研究要求要明确；要为学生提供必要的参考资料；对于学生自研，教师需要及时进行指导并给出思考建议；教师点评注重提升、发散，但不应给出定性结论。

活动设计建议：

（1）案例的背景分析不宜在文本中直接出现。教师可以使用图片、视频、文字等多种形式来呈现背景信息，这样不仅可以调动学生学习和生活的经验，也可以加深学生对案例主题的认识，为后期案例研讨做好准备。

（2）上课前做好教学准备。课前要求学生完成案例阅读以及相关材料的阅读，包括语文课程标准、部编版课文《西门豹治邺》、两次教学实录、文体研究文献，有条件的可观看视频，独立思考，及时记录讨论要点；搜集跟小学语文文体教学相关的知识点和能力点的资料，有条件的可以深入小学第二学段的阅读教学课堂听 1～2 节阅读课，并对任课教师进行随机采访，分析他们的教学设计理念是“淡化文体”还是“强化文体”；根据学生的情况将学生分组，每个小组提供一张小组讨论记录表，讨论记录表需要注明讨论的时间、地点、人员、讨论流程、个人聚焦问题和小组聚焦问题，以及聚焦问题后的现有知识分析和拟查阅资料。

（3）案例讨论的汇报形式应多样化，注重成员间的明确分工和配合；小组汇报前要做好汇报的 PPT，小组汇报后现场进行组间评价和教师点评；教师点评要及时进行，注意适时、适度提升理论，把握整体教学进程。

（4）布置任务，任选教材中的一个文本，要求学生完成一个学时的教学设计。

（5）下课后，教师要及时总结得失，以便调整后续的教学内容，及时改进教学行为。

5. 推荐阅读

［1］童庆炳. 文体与文体的创造［M］. 昆明：云南人民出版社，1994.

［2］陶东风. 文体演变及其文化意味［M］. 昆明：云南人民出版社，1994.

［3］褚斌杰. 中国古代文体概论［M］. 北京：北京大学出版社，1990.

［4］申丹. 西方现代文体学百年发展历程［J］. 外语教学与研究，2001（1）.

［5］陈颖. “文各有体”与“文无定体”：钱钟书文体批评论管窥［J］. 大连大学学报，2012，33（1）.

［6］周一贯. 文体研究在小学语文教学中的意义［J］. 小学教学研究，1983（2）.

［7］韩建立. 语文教学淡化文体倾向刍议［J］. 语文学习，2014（6）.

［8］杨再隋，刘中林，夏家发，等. 语文课程的目标·理念·策略：《义务教育语文课程标准（2011 年版）》导读［M］. 长沙：湖南教育出版社，2012.

Z老师第一次执教《西门豹治邺》(第二课时)教学实录①

师：同学们，上课。

生：老师您好！(齐)

师：同学们好，请坐。今天这节课老师要和同学们继续来学习第26课《西门豹治邺》。拿起笔，和周老师一起把课文题目写在黑板上。

(板书课文题目：西门豹治邺)

生：横、竖、横折勾、撇、竖弯、横。

生：点、竖、横折钩。

生：撇、点、点、撇，弯钩、撇、撇，撇、横折钩、点。

师：好，我们把课文题目读一遍。

生：《西门豹治邺》。

师：同学们，在昨天的课上，通过学习我们了解到，西门豹通过非常巧妙的“四问”，就摸清楚了邺这个地方人烟稀少、田地荒芜、老百姓生活贫困的原因。知道了，河神娶媳妇谁是——

生：主凶。

师：谁是——

生：受害人。

师：而且了解了漳河的情况。那么，今天这节课要学什么呢？请同学们看一下这节课的学习目标。我们一起来读一读。

生：完成一张图，发现几处“妙”，讲好一段故事，读懂一个故事。(齐)

一、完成一张图

师：下面，我们逐个完成这些学习目标。我们先来看完成一张图。这是一张鱼骨图。像不像？

生：像。

师：我们知道西门豹在邺这个地方，当他了解了真实的情况之后，他就要惩治巫婆、官绅头子和其他官绅。对不对？

生：对。

师：那么，西门豹在惩治这些罪犯的时候，他说了些什么，又做了些什么呢？这就是我们现在要研究的。

师：我们先来看一看课文的第11自然段，看看西门豹在惩治巫婆的时候说了些什么，做了些什么？

---

① 执教者为内蒙古自治区包头市牛桥街小学周佳。

师：好，老师要找一个同学来给大家把 11 自然段读一读。谁能来完成这个任务呢？(师在屏幕上随机选生)

师：谁呀？

生：×××。

师：好，有请×××。

师：你来读这段话，其他同学看电脑屏幕，找一找，西门豹说了什么又做了什么？明白了吗？×××开始读。

生：“西门豹说……把她投进了漳河。”

(师随机纠正)

师：好，谁来说一说西门豹说了什么又做了什么？你来说，老师来画。

师：来，×××。

生：西门豹说：“把新娘领来让我看看。”然后，巫婆把打扮好了的姑娘领来给西门豹看。

师：只说西门豹说了什么。

生：西门豹说：“把新娘领来给我看看。”然后，他回过头来对巫婆说：“不行，这个姑娘不漂亮，河神不会满意的。麻烦你去跟河神说一声，说我要选个漂亮的，过几天就送去。”

师：这是他说的，他做的呢？

生：他做的是：说完，他叫卫士架起巫婆，把她投进了漳河。

师：他找得准不准？

生：准。

师：好的。现在，老师想请你干这样一件事情，你能不能完成这个鱼骨图呢？西门豹对巫婆说了什么做了什么？用一句话来说说。

师：那就×××吧，你读完了你来填填。

生：西门豹对巫婆说：“不行，这个姑娘不漂亮，河神不会满意的。麻烦你去跟河神说一声。”

师：真棒，好！

生：对巫婆做的是：他让士兵把巫婆投进了漳河。

师：非常好，那下面的任务就交给你们了。请同学们打开语文书，拿出一支笔来。你们要看什么呢？你们要读一读课文的第 12 到 14 自然段。默读，像老师刚才那样，把西门豹惩治官绅头子和官绅时说的话用浪线画下来；把他怎么做的，用横线划下来。现在开始。

(师巡视)

师：看完的同学想一想，如果让你把画出来的分享给大家，用简单的话你要怎么说？可以模仿黑板上的鱼骨图，找出西门豹对巫婆说的、对巫婆做的，然后简单地说一说。

师：好，大部分同学已经完成任务了。谁来试试看？

师：来，那个女生，你来说说看。

生：西门豹对官绅头子说："巫婆怎么还不回来，麻烦你去催一催吧。"

师：嗯，找得真准。

师：他对官绅头子又做了什么？

生：对官绅头子做的是：投进了漳河。

师：谁来说下一个？

师：后面那个男生。

生：西门豹对其他官绅说："怎么还不回来，请你们去催催吧！"

生：西门豹对其他官绅做的是：说着又要叫卫士把他们扔下漳河去。

师：嗯，好像还没说完。就要叫卫士把他们扔下去，但扔下去还是没扔下去呢？

生：没有。

师：你能把后面也说说吗？他是怎么处置其他官绅的？

生：官绅一个个吓得面如土色，跪下来磕头求饶，把头都磕破了，直淌血。西门豹说："好吧，再等一会儿。"过了一会儿，他才说："起来吧。看样子是河神把他们留下了。你们都回去吧。"

师：你能不能把这一段儿用一句话来说一说。

师：这一段讲的意思就是西门豹并没有——

生：西门豹用河神娶媳妇来惩治了巫婆和官绅头子，想用对巫婆和官绅头子的惩治来教导其他官绅。

师：刚开始学，他已经快把这篇课文读懂了。的确是这样。那么，对于其他官绅来说，西门豹并没有把他们投进漳河，而是让他们站起来回去了。

师：那好，现在同学们来看看我们黑板上这幅鱼骨图。刚才同学们已经顺利地完成了。我们来看西门豹在惩治他们的时候都说了哪些话？好，老师想请一个同学来把西门豹说的话读一读。谁来试试？来，你来读读。

生：他回过头来对巫婆说："不行，这个姑娘不漂亮，河神不会满意的。麻烦你去跟河神说一声，说我要选个漂亮的，过几天就送去。"等了一会儿，西门豹对官绅头子说："巫婆怎么还不回来，麻烦你去催一催吧。"西门豹回过头来，看着他们说："怎么还不回来，请你们去催催吧。"

二、发现几处妙

师：我们这个板块的活动叫作发现几处"妙"。

师：老师想让几位同学说说你觉得西门豹惩治他们的办法"妙"在哪儿？

师：后面那个男生，你来说，对。

生：我觉得西门豹处置这些官绅的办法。

师：什么办法呀？

生：就是把巫婆还有官绅头子投进漳河，让其他官绅害怕。

师：哦，还有呢，谁再来说西门豹的办法妙在哪儿呢？

师：来，那个男生你说说看。

生：西门豹的办法妙在，这应该是巫婆和官绅头子的阴谋，然后被西门豹，用他们的阴谋自己害了自己。

师：我明白你的意思了，你看老师说得对不对？也就是说，巫婆和官绅头子他们——

生：搬起石头砸自己的脚。（小声地）

师：刚刚谁说的？

生：巫婆和官绅头子，他们就是搬起石头砸自己的脚。嗯……西门豹他没有直接揭穿巫婆和官绅头子，而是利用河神来教训他们。

师：也就是说巫婆和官绅头子不是要害那些贫苦人家的女儿吗？要把她们投进漳河去收敛钱财吗？对不对？现在，西门豹就是以其人之道还治其人之身，把他们也投到漳河里去。所以，这一妙就妙在了什么呀？

师：将计就计。（师板书：将计就计）用巫婆和官绅头子的办法来惩治他们。

师：你能不能像老师这样把这个词标注到你们书中相应的地方？

师：看来，这个问题没有难倒大家，想不想思考点儿难的，来一个思维体操？

生：好。

师：老师再找一个同学来读一读西门豹做了什么。谁来试试？

师：来，你来读。

生：说完，他叫卫士架起巫婆，把她投进了漳河。说完，又叫卫士把官绅的头子投进了漳河。说着又要叫卫士把他们扔下漳河去。官绅一个个吓得面如土色，跪下来磕头求饶，把头都磕破了，直淌血。西门豹说：“好吧，再等一会儿。”过了一会儿，他才说：“起来吧。看样子是河神把他们留下了。你们都回去吧。”

师：读得非常好。

师：老师发现西门豹在惩治巫婆、官绅头子和官绅的时候用的方法不一样，你发现了吗？

生：发现了。（齐）

师：你能说说看，为什么惩治他们的办法不一样？来，后面那个女生，你来说说看。

生：因为官绅们都是无辜的，全是官绅头子和巫婆搞的鬼。

师：这是她的想法，谁还有？你来说说看。

生：我觉得巫婆和官绅头子才是主凶，官绅们其实就没犯什么错误。

师：他们只是——

生：听从命令。

师：对，他们只是听从命令，但是呢？他们也是从犯是不是？所以，西门豹的做法真妙！这第二妙，就是这两位同学所说的，叫什么呀？

师：好，现在拿起笔来。跟老师一起写，叫作什么呀？杀鸡儆猴。（师板书：杀鸡儆猴）

师：也叫作——

生：杀鸡给猴看。

师：你能不能也在书上标一标呢？(师巡视)

师：要标注到相应的地方，老师写到每个自然段的旁边，你们也要写到自然段旁边。边写边跟老师再把这个词说一遍，这是个成语，杀鸡儆猴。

生：杀鸡儆猴。(齐)

师：好，写完的同学抬起头看屏幕。我们现在就把目光聚焦到西门豹是如何惩治其他官绅的这个部分。我们一起来把这段读一读，边读边来找找看，西门豹在惩治巫婆和官绅头子的时候，其他官绅是什么反应。

师：好不好？

生：好。(齐)

师：西门豹面对着漳河站了很久，起。

(生读课文第 13、14 自然段)

师：现在快速地找找看，其他官绅是什么反应？你来说，老师来画。谁愿意上来？

师：找一个近点儿的同学吧。来，这位同学上来。老师给你拿支笔，你来画画。

(生画句 1：官绅一个个面如土色……直淌血。)

师：他找到一个，老师觉得没找全。谁能补充一下？

师：你来读，老师来画。

(画出句 2：那些官绅提心吊胆的，连气也不敢出。)

师：他画得准不准？

生：准。

师：那好，现在我们来找一位同学。老师要采访采访他。(随机点生) 谁呀？

生：×××。

师：在哪儿？请你站起来。

师：老师想问问你，如果你就是其他官绅中的一员，当你看到西门豹惩治官绅头子和巫婆的时候，你什么心情？

生：我感觉很害怕。

师：非常害怕。这里面有没有哪个词能够说明这种心情？

生：连气也不敢出。

师：还有没有？

生：提心吊胆。

师：那你来读一读，把那种害怕的感觉读出来。

(生读句 2)

师：当你看到西门豹要把官绅头子和巫婆扔进漳河去。此时你会怎么样？更害怕了。你再读读后面。

(生读句 1)

师：谁再来把这两句话读一读？你来读读，就读画波浪线的地方。

（生读句1）

师：把头都磕破了。（师提示要加重语气）

师：你理解这里的“面如土色”是什么意思吗？

生：“面如土色”的意思就是人的面貌跟土一样。

师：他是这样想的，谁有不同的想法？什么叫面如土色，你来说说看。

生：就比如说那个，吓一跳之后的脸就跟土的颜色差不多。

师：他这样说，但这个词并不是说和土的颜色差不多。它是形容人在——

生：人在遇到危险时很害怕。

师：害怕的脸都是怎么样？脸都失去了血色，所以说叫作面如土色。

师：现在，老师想让同学们来想一想。假如你（全班）就是当时在漳河边上围观的普通老百姓。你肯定看到了这样的一幕，官绅们在跪下磕头求饶的时候，你仿佛看到他们在说些什么？他们在怎么向西门豹求饶呀？

师：大人，大人，西门大人！怎么样呀？谁来学学看？

生：大人，大人，请你放过我们吧，我们也是无辜的！

师：还有呢，谁再来说说看？后面那个男生。

生：大人，大人，饶了我们吧！我们也是无辜的，都是巫婆和官绅头子让我们干的，饶了我们吧，大人！

师：谁还有？你再说。

生：大人，大人。

师：大点儿声，大人，大人！就像求饶一样。

生：大人，大人，我们不是主谋，是巫婆和官绅头子指使我们做的。

师：他们要干什么呀？他们的目的是要干什么呀？

生：他们的目的是抢老百姓的钱财。

师：谁再来说说看，最后一个机会，×××来说说看。

生：大人，大人，您放过我们吧！那都是巫婆和官绅头子让我们干的。他们谋财害命可坏了，跟我们没有一点儿关系，我们只是照章办事而已。

师：我们也是逼不得已呀！

师：老师有一个问题，需要同学们来帮我解决。老师在第一次读这个故事的时候，有一个问题想不明白，按理说西门豹被朝廷派到邺这个地方当官，管理这地方的百姓，是一个大官，对不对？他权力应该很大。

师：我们知道，他来到邺这个地方找了个老大爷，通过四个问题就把当地的情况摸得一清二楚，这些事情的来龙去脉他已经了然于胸。老师觉得，他完全可以派他的卫士去把这些巫婆、官绅头子抓起来投进大牢，罪行严重的话把他们问斩。他为什么不这样做，而要在漳河边上当着老百姓的面上演这样一出好戏呢？

师：你来揣摩揣摩西门豹是怎么想的。看看你能不能和2 000多年前的人想到一块儿去。你来说说看。

生：我觉得西门豹想为老百姓出出气。想在他们的面前把巫婆和官绅头子都投进漳河，就像投进老百姓自己的子女一样。

师：就是以其人之道还治其人之身，是为老百姓出气。

师：还有没有不同的想法。你说。

生：我感觉就是西门豹想要用这种行为来教训巫婆和官绅头子。

师：哦，这是他的想法。老师再找一位同学，越说好像越好了。你来说说看。

生：我认为，要是当众斩了他们的话，老百姓也不知道是什么原因。如果在老百姓面前把他们投进漳河，老百姓就知道是什么原因了。

师：他们就知道真相了，真相是什么？

师：河里面有没有河神？老百姓就知道什么了。河里面——

生：没有河神。（齐）

师：河神娶媳妇完全是——

生：假的。（齐）

师：对不对？

生：对。

师：好，你还有补充，来。

生：我给×××补充，我觉得西门豹这样做是让人们心服口服。

师：也就是说，原来老百姓那样相信巫婆和官绅头子，他们很迷信的，对不对？这样一来，老百姓就知道事情的真相了。所以，西门豹处置这些罪犯有第三妙。妙在哪儿呢？就妙在刚刚同学们所说的：破除迷信，教育了百姓。

师：好，请你打开书，像老师一样将批注写到这个自然段的旁边。（师板书：破除迷信）

师：好，非常棒！

师：现在同学们抬起头来看黑板。通过这个故事我们学习到，西门豹在惩治巫婆、官绅头子和官绅的时候，有三妙。将计就计“妙”、破除迷信“妙”、杀鸡儆猴“妙”。

三、讲好一个故事

师：好，老师现在想请同学们再回过头看看这个鱼骨图。你有没有发现，作者在写这个故事的时候，在写法上有什么特点？每写一个人的时候，他都是先写什么再写什么，发现了吗？

师：来，后面那个女生，你来说说看。

生：嗯……就是先写说的再写做的。

师：你真厉害！大家看是不是这样？

师：所以，这个故事每个段落的结构都特别相似，这是民间故事的特点，利于口口相传。

师：那么，现在老师想请同学们用自己的话来讲讲这段故事。老师可以给你一个开头。（出示开头：到了河神娶媳妇的日子，河边站满了百姓，西门豹和卫兵真的来了，巫婆和官员急忙迎接）给你一个结尾（出示结尾：老百姓都明白了……）。

师：自己来试一试好不好？好，面向老师来大声地讲讲这个故事，如果你能讲得绘声绘色就更好了。来，开始吧，自己讲自己的。

（学生练习）

师：讲好了？好，老师点一位同学来讲讲这个故事。你来讲讲。

（学生讲述略）

师：老师想为他的勇气以及声音这么洪亮鼓掌，老师觉得他表现得很好，大家掌声鼓励鼓励他，好不好？他完全没有看老师的板书，用自己的话把故事讲了出来，特别棒！好了，谢谢你。

师：课文学到这儿，老师想请同学们来聊一聊，你觉得西门豹是一个怎样的人。现在你应该清楚了吧？来，你说说看。

生：我觉得西门豹是一个像诸葛亮一样可以神机妙算的人。他很聪明。

师：嗯，老师把你这个词变一下。他做事很有智慧，是一个智慧超群的人。是吧？（师板书：智慧超群）

师：好，谁还有补充？你来说说看。

生：西门豹还是一个为民除害的人。

师：哦，还是一个好官。好官就要造福百姓。（师板书：造福百姓）

师：好，我们一起来把这两个词积累到心里。智慧超群，起。

生齐：智慧超群，造福百姓。

四、读懂一个故事

师：好，接下来老师给同学们布置一个任务。我们再来练习练习用鱼骨图读故事。老师发到大家手里的这篇文章叫作《麦穗是最好的花》。

师：老师想让你们快速地默读这篇文章，找一找国王提出的三个问题，用横线画出来；再找一找“别达尔父亲的主意”，用浪线画出来。国王每提出一次问题，别达尔的父亲都会有一个好主意。现在开始。（师巡视指导）

师：有没有同学看过这个故事呀？

生：有。

师：你发现这篇文章来自哪儿了吗？

师：对，老师是从咱们的自读课本里找的。

师：谁愿意把找到的和大家分享一下，就举起小手来。

师：老师想让你来读，因为老师感觉这节课你发言了好多次。昨天你就给老师留下了很深的印象，今天依然如此。

师：我们请这位女同学来说。

生：国王的第一个问题是，天亮之前谁第一个看见日出？

师：别达尔父亲的主意是？

生：别达尔父亲的主意是，当太阳还没有露出地平线时，它的第一束光线将射到山顶。

师：他需要干什么呀？

生：转个方向看山顶。

师：接着。

生：国王的第二个问题是，不能光脚又不能穿鞋。别达尔父亲的主意是，只要把鞋子底拉掉，就是一只鞋也没穿。

师：就是既不光脚又不穿鞋。

生：国王的第三个问题是，帽子上要插上最好看的花。别达尔父亲的主意是，没有谁是世上最好的花，麦穗正好是。

师：看来麦穗就是最好的花，和我们这个传说的题目一样。

师：你看，满满两页的故事，同学们用这幅鱼骨图就把它读懂了。老师相信看到这幅鱼骨图，你肯定能把这个故事讲下来，是不是？

生：是。

师：好，那么，今天这节课我们就学到这儿。

师：老师推荐同学们在课下阅读这三篇传说：《包公审石头》《颐和园的铜牛》《浊水溪河段塘湾》。它们都在我们自读课本的第八单元。

师：好，这节课上得很愉快。同学们下课。

生：起立，老师再见，您慢走，同学们慢步靠右行。

师：谢谢，请坐。

Z老师第二次执教《西门豹治邺》（第二课时）教学实录

师：好，上课。

生：起立，老师您好。

师：同学们好，请坐。眼睛看这里，这节课老师还要和同学们一起学习《西门豹治邺》，再把题目读一遍，起。

生：西门豹治邺。

一、完成一张图

师：这节课我们要完成的学习任务是什么呢？（边说边用PPT展示）请同学们跟随老师完成一张图，讲好一段故事，发现几处妙，读懂一个传说。我们现在先来完成一张图。同学们请看，这张图叫作鱼骨图，因为它的样子特别像鱼的骨骼。我们知道，西门豹来到邺这个地方，当他调查清楚事情的真相之后，他就要惩治巫婆和官绅。那么，在惩治巫婆和官绅的过程当中，西门豹都说了什么？他又是怎么做的呢？下面，老师想请同学们跟老师一起来梳理梳理。我们先来看西门豹惩治巫婆，这一段我们找一个同学来读一下，谁愿意试一试？你来读，他读的时候，请其他同学找一找西门豹说了什么，然后做了什么。开始。

生：西门豹说："把新娘领来让我看看。"巫婆叫徒弟把那个打扮好的姑娘领了来。西门豹一看，女孩儿满脸泪水，他回过头来对巫婆说："不行，这个姑娘不漂亮，河神不会满意的。麻烦你去跟河神说一声，说我要选个漂亮的，过几天就送过去。"说完，他叫侍卫架起巫婆，把她投进了漳河。

师：好。谁来说说西门豹说了什么，他又是怎么做的。好，你来说说。

生：西门豹对巫婆说："这个姑娘不漂亮，河神会不满意的，麻烦你去跟河神说一声，说我要选一个漂亮的，过几天就送过去。"

师：好，这是西门豹说的，那他又是怎么做的呢？

生：他做的就是叫卫士架起巫婆，把她投进了漳河。

师：好，同学们来看，这就是西门豹的所说所做。刚才是老师领着你们找到了第 11 自然段当中西门豹惩治巫婆时候的所说所做。那么，老师想请你们来默读一下课文的 12 到 14 自然段，去找一找西门豹在惩治官绅头子和其他官绅的时候说了什么，做了什么。大家可以把他说的话用波浪线画下来，把他的做法用横线画下来。

（学生默读，完成勾画）

师：好，老师看大部分同学已经画完了。我们找同学来说一说。来，×××，你来说一说，西门豹在惩治官绅头子的时候做了什么，说了什么。大家眼睛看着黑板。

生："巫婆怎么还不回来，麻烦你去催一催吧。"

师：好，还不回，催催。

生：说完又叫卫士把官绅的头子投进了漳河。

师：好，那惩治其他官绅的时候呢？

生："怎么还不回来，请你们去催催吧！"

师：让他们也去催催，怎么做的。

生：说着又叫卫士把他们扔下漳河去。

师：扔进去没？

生：没有。

师：那最后是怎么做的？

生：官绅一个个吓得面如土色，跪下来磕头求饶，把头都磕破了，直淌血。

师：那西门豹是怎么对待其他官绅的呢？最后，看一看。

生：老师，我来读吧。（生读课文）

师：往下看，如果我们说得简练一点，那就是让其他官绅站起来回去了。

二、讲好一个故事

师：那好，同学们请看，刚刚我们用这幅鱼骨图就把西门豹这个主要人物的言和行梳理清楚了。梳理清楚了主要人物的言行，我们就可以来复述这个片段了。接下来，老师想请你讲一讲西门豹惩治巫婆、官绅头子、其他官绅这个部分。也就是课文的 11 到 14 自然段。那么，怎么讲呢？

师：我们这节课主要练习简要复述。这一部分这么长，还有很多西门豹和巫婆、官绅头子的对话，怎样才能做到简要呢？在复述之前，老师教大家两个妙招。抬起头来学一学，这也是我们语文园地当中的一道练习题。这道练习题能够帮助我们学习简要复述的方法。我们先来看第一组句子，比较两个句子，说说你们发现的不同。来，你说。

生：第二个句子就是简要复述，第一个句子描述得非常清楚。

师：那你看看第二句和第一句相比去掉了哪些部分。

生：第二句去掉了“跪下来磕头求饶，直淌血”。

师：把头都磕破了，直淌血，对吧？也就是说，磕头求饶，求饶到什么程度呢？把表示程度的部分去掉了。好，再来看还去掉了什么？

生：还去掉了“官绅一个个吓得面如土色”。

师：对，描写他们神态的部分。这些描述性的语言去掉了。那么，我们来看，只保留了什么？官绅，这是谁。跪地求饶这是谁干的什么。也就是说。只保留谁干了什么这个主要的情节就可以，是不是？这是一种方法。这种方法就叫作概括。我们可以用这个方法做到简要。好，再来看第二组句子，观察一下有何不同。有何不同？×××跟大家说一说。

生：我觉得第二个是转述。他是把蔡桓侯的话转述了出来。

师：什么叫转述呢？好，请坐。就是把一个人的话说给另外一个人听。我们来看看他是怎么转述的。保留了什么？保留了谁？蔡桓侯和扁鹊是说话的两个人，也就是他保留谁和谁说。那么，后面说的话发生了什么变化呢？上边是“扁鹊，你这次见了蔡桓侯，为什么一声不响就跑掉了”，下面是“他为什么不说话就跑掉了”。一个是“你”，一个是“他”，也就是说，我们要改变人称，要把“我”变成“他”。他是第几人称呀？第三人称。那好，下面我先来做一个示范，请你听听这个部分老师是怎么复述的。

师：到了河神娶媳妇的日子，河边站满了百姓，西门豹和卫兵真的来了，巫婆和官员急忙迎接。西门豹和巫婆说，我保留了谁和谁说。西门豹对巫婆说他觉得新娘不漂亮，让巫婆去和河神说一声。这里面老师把人称变成了“他”，对，西门豹和巫婆说，他觉得新娘不漂亮，麻烦巫婆去和河神说一声。说着就把巫婆投进了漳河。你看，老师把西门豹和巫婆说的话讲给了你们听，这是讲给第三方听，这个过程就叫转述。好，刚刚老师给大家示范了一段，那么下一段谁来给大家说一说，讲一讲。来×××。

生：过了好久，巫婆也没回来。西门豹又跟官绅头子说为什么巫婆还不回来，请他们再去催一催。

师：你那个他们用得多好呀！你转述了。对，请他们去再去催一催。很好。对吧，人称进行了变化。这就是讲给我们听。下面这个部分谁来给大家讲一讲？来，你试试。

生：过了好久，西门豹对其他官绅说巫婆和官绅头子怎么还不回来呀！麻烦他们去催一催吧。又要卫士架起他们投进漳河。最后，其他官绅都跪地求饶。

师：你看他把刚刚我们练习的那个细节记住了，把刚刚那一长串，磕头求饶到什么程度，然后官绅的神态都给去掉了，概括地提炼出了官绅做了什么。很棒！其他官绅跪地求饶。

生：西门豹最后让他们站起来回去。

师：掌声送给他，好，你叫什么名字？

生：×××

师：好，×××同学为我们很好地展示了简要复述，就是要把西门豹与其他官绅头子说的话都进行转述，变成讲述的语言，讲给我们听。这就叫转述。好，下面老师想请同学们自己来练习练习。一会儿老师想请同学们上来讲一讲。讲的时候一定注意要简要。希望你们能够得到这两颗星。同时，注意要用恰当的讲故事的语气。好，下面请同学们自己练习。开始吧。（老师布置任务，PPT 上出示两颗星的标准：1. 简要复述故事片段。2. 使用恰当的语气。然后，学生开始练习，老师巡视）

师：好，谁来试着讲讲？×××，来到前面来。其他同学要听她复述得够不够简要。我们刚才说的两点，一个是概括、简要，第二个就是语气如何，是不是讲故事的语气。好，开始。

生：到了河神娶媳妇的日子，河边站满了百姓，西门豹和卫兵真的来了，巫婆和官员急忙迎接。西门豹对巫婆说，他觉得这个新娘不漂亮，让巫婆跟河神说一声，过几天再送过去一个漂亮的新娘。说着就让卫士把巫婆投进了漳河。接着，西门豹又对官绅的头子说，巫婆怎么还不回来，麻烦他去催一催吧。说着又让卫士把官绅头子投进了漳河。西门豹等了一会儿又对其他官绅说，巫婆和官绅头子怎么还不回来，麻烦他们也去催一催吧。其他官绅都吓得跪地求饶。于是，西门豹就对其他官绅说，你们站起来吧。西门豹就让他们站起来回去了。

师：来，掌声送给×××。刚才这位同学在讲到“你怎么怎么样了”的时候，老师及时提醒，她已经改成“他怎么怎么样了”，很好。好，×××试试。

生：到了河神娶媳妇的日子，河边站满了百姓。西门豹和卫士真的来了，巫婆和官员急忙迎接。西门豹对巫婆说，他觉得这个新娘不漂亮，让巫婆和河神说一下，说着就让卫士把巫婆投进了漳河里。

师：这讲得特别好。

生：过了一会儿，西门豹见巫婆还不上来。又对其他官绅头子说，他们为什么还不回来，请官绅头子催一催。

师：请官绅头子也去催一催。

生：说着又让卫士把官绅头子投进了漳河。站了一会儿，他见官绅头子也没上来。又对其他官绅说，他们为什么还不回来，想让他们催一催。其他官绅们听到这句话，吓得跪地求饶。等了一会儿，西门豹让他们站起来回去了。

师：掌声送给×××。他在这个地方转述得特别棒。下面同桌互相练习一下，好，开始。（学生再次练习）

师：×××，坐好。

师：特别好，同学们抓住了练习的机会。实际上，老师此时就像一个教练，假如老师教你游泳，我给你讲了半天的游泳技巧而不让你下水，你就永远也学不会游泳，是不是？我教你复述，如果老师永远不让你练，你永远也学不会。所以，同学们刚刚抓住了练习的机会。相信简要复述的第二个办法，就是转述，你已经学会了，是不是？

三、发现几处妙

师：好，接下来我们要干什么呀？我们要发现几处“妙”。抬起头，看老师。西门豹惩治巫婆、官绅头子和其他官绅，实际上他的办法特别巧妙。但是，巧妙在哪呢？这需要你们有一双善于发现的眼睛。我们先来看一看西门豹惩治这三者时候说的话：觉得新娘不漂亮，说一声；还不回，催一催。然后，说着就把他们投进了漳河。看一看西门豹这个办法妙在哪里？通过西门豹说的话和他的办法。来，这个女生，你说。

生：我觉得西门豹的这个说法很聪明，要是我们的话就会直说，叫卫士把他们投进漳河。但是，西门豹介入了一个理由，让卫士把他们投进漳河。

师：什么理由？

生：就是去催一催，还有就是让巫婆去说一声。

师：和谁说？

生：和河神说。

师：对呀！

生：然后让官绅去催巫婆。

师：也就是说，在西门豹的眼里，此时好像这个河神真的存在一样。×××，补充一下。

生：我补充×××的。说实话，其实漳河里根本就没有河神。西门豹也已经知道了漳河里没有河神。巫婆和官绅是一起来害人的。但是，为了让老百姓明白真相，说把巫婆和官绅投进漳河。我们最正常的一种做法就是直接揭穿。但是，西门豹让他们慢慢知道，巫婆和官绅是害人的。而且，就感觉别人不知道似的，因为没有河神。所以说，巫婆和官绅下去就死掉了。这样也是一种应对，挺隐蔽的。

师：我明白了。实际上西门豹是怎么想的？你们不是说是漳河里有河神吗？那就让你们下去和河神说一说。你们不是把那些穷苦人家的女儿当作新娘送给河神了吗？你们不是说水里有河神吗？那就让你们下去试一试。所以，你们看，西门豹这个办法妙，妙在哪儿了呀？对，妙就妙在将计就计。顺着巫婆和官绅头子的说法，就把他们惩治了。好，请同学们标记在书上相应自然段的旁边，第 11 自然段。这是西门豹办法的妙处之一，将计就计。（教师书写板书，学生做标注）

师：好，写完的同学抬头，我们找一个同学来读一读西门豹的做法。然后思考一下西门豹在惩治官绅头子和其他官绅的时候，做法有什么不同。为什么会有这样的不同？好，我们找一个同学读一读。你读读蓝色的句子。

生：说完，又叫卫士把官绅的头子投进了漳河。西门豹说：“好吧，再等一会儿。”过了一会儿，他才说：“起来吧。看样子是河神把他们留下了。你们都回去吧。”

师：好，我们来看看西门豹在惩治巫婆、官绅头子和其他官绅时的做法有什么不同。你说说看。西门豹把巫婆投进漳河，然后把官绅头子投进漳河，其他官绅都吓得面如土色。西门豹让他们站起来回去了。也就是说，这巫婆和官绅头子都直接投进了漳河，就地正法了，而让其他官绅回去了。思考一下，为什么会有这样的不同，为什么饶过了其他官绅。那个男同学来说说你的想法。

生：我认为巫婆和官绅头子的罪恶太大了，所有事情都是因他们引起的。其他官绅估计也是新加入这个队伍里边，也不知道是为了什么。

师：好，你说说。

生：我对这个有两种理解。第一种是，俗话说擒贼先擒王。

师：抓贼也是要抓罪魁祸首是吧？

生：还有第二种就是官绅可能是新来，可能也是受害者，可能也是被巫婆和官绅头子骗的。

师：被利用了，可能也是被逼无奈，其他官绅都得听官绅头子的。是吧？那好，还有谁有其他想法？来，中间的这个男同学，你说，就你。

生：就是，我是从书上看的。第4自然段，这个老大爷说，地方上的官绅每年出面给河神办喜事，硬逼着老百姓出钱。他们每闹一次都要收几百万钱，只花二三十万办喜事，剩下的就跟巫婆分了。

师：对，这个细节你很会读。这个细节也说明，实际上巫婆和官绅头子是幕后的主使。那么，这就让我们知道了西门豹做法的巧妙。他的这个做法巧妙在哪儿？当着其他官绅的面儿，惩治这个巫婆和官绅头子。正如他所说的，这叫什么呀？杀鸡儆猴。对了，杀鸡给猴看。好，请你记在书上相应自然段的旁边。老师把刚刚同学们说的进行了概括。我们现在来聚焦西门豹惩治其他官绅的这个部分。我们来看其他官绅的反应。当西门豹惩治了巫婆和官绅头子的时候，“那些官绅”我们来一起读。

生：那些官绅都提心吊胆，大气都不敢出。官绅一个个吓得面如土色，跪下来跪磕头求饶，把头都磕破了，直淌血。

师：那好，老师想请同学们猜一猜，如果你是漳河边的那些老百姓，你会听到那些官绅怎么和西门豹磕头求饶呀？他们会说什么呢？大人，大人，怎么怎么样呀？因为马上就要把头给磕下去了，他会怎么样呢？怎么样求饶呢？大家来学一学。

生：他们会这么说：“大人，大人，您饶了我们吧！我们也只是奉命行事，也没有欺负老百姓。我们是想要一些酬劳，也没有想给百姓带来麻烦。大人，您饶了我们吧。”

师：你主要想说自己也是受害者，我是受巫婆和官绅头子指使。对吧？还会怎么求饶呢？来，你说说。

生：大人，大人，您饶了我吧，我上有老下有小，我也是很不容易的，我也只是奉命行事，也没有祸害老百姓。您就饶了我吧！

师：你祸害了，只不过你是帮凶而已。那好，你看，你还没说清楚事情的真相。你得揭穿事情的真相呀。比如，我们也知道怎么怎么样啦。你说说。你得好好为自己辩解，要不然西门豹不会放过你的。

生：大人，大人，你饶了我们吧，你给我们一个改过自新的机会。

师：嗯，还有呢？继续，为啥就得饶了你们？

生：因为我们之前也以为漳河里真的有河神会把这里淹没。

师：其实是真的吗？其他官绅真以为有河神？你还没有说到事情的真相。真以为有河神吗？你说。

生：我猜官绅会这样说，大人，大人，您饶了我们吧，我们也是被逼无奈的。我们以前也是想安心做一个老百姓，可是自从那人来了以后就骗我们说，只要跟他一起干，就有吃有喝的，所以我们才会跟了他。

师：好的，×××说了一个最关键的。他说到了巫婆和官绅头子骗人，你是不是需要把这个真相揭穿？好了，你看，西门豹知道真相了，当地的老百姓知不知道？当地的老百姓知道不？

生：不知道。

师：不知道，听了这些官绅求饶的话，当地的百姓知道没？

生：知道了。

师：知道了，对。就是让百姓知道这件事，幕后的主使是巫婆和官绅头子，都是他们骗钱和害人的。所以，西门豹这个办法妙在哪儿？妙在老百姓知道事情的真相了。这样就破除了迷信。好，请你们记到书上。

生：老师，我还有。

师：好，你来说。

生：官绅都面如土色都磕头求饶啦。他为什么要求饶呢？如果他根本就不知道这一系列骗局，自己没做亏心事。即使无缘无故地扔他，他也不一定求饶。他面如土色，因为很害怕。是做了亏心事，他磕头求饶了，那肯定是因为这个亏心事亏得很厉害。

师：他们也知道事情的真相，说得很好。你看，这就是西门豹，在惩治他们的时候，办法的巧妙就妙在将计就计、杀鸡儆猴、破除迷信。好，特别棒。那么，我们学到这儿就认识了这样一个西门豹。后世的老百姓写诗赞扬他，（PPT 展示）“河伯何曾见娶妻。渔民无识被巫欺。一从贤令除疑网，女子安眠不受亏。”那你觉得西门豹是一个怎样的人呢？他又给你留下怎样的印象呢？你来说说。

生：我觉得西门豹公正执法，为民除害。

师：好，还有呢？有没有补充？你觉得？

生：我补充一下×××的，帮助百姓，为民除害。

师：他是造福百姓的好人。你觉得呢？

生：我觉得西门豹他也挺善良的。因为官绅也跟着官绅头子做坏事了。但是，西门豹最后还是饶了他们。如果西门豹是不善良的，也不管他们是怎么样的，直接就会将他们投进漳河。我觉得他还是很善良的。

师：好，同学们来看，从西门豹惩治他们的办法，我们又能看出他是个怎样的人？

生：我觉得他是一个公正执法的，因为西门豹戳穿了这些官绅和巫婆的谎言，巫婆也许会悄悄地对他们说，我们分你一点钱，可不要惩罚我们。可是他没有，而且他也没有给他们说这些话的机会。他已经知道了真相，他就是让老百姓也知道这些人是骗人的，就是要让他们得到相应的惩罚。

师：好，那也就是说，老师综合一下，刚才同学们所说的，还有我们第一节课学习过的，我写你们也跟着写，写到题目旁边。西门豹不仅是一个智慧超群的人，也是一个造福百姓的好官。还有刚才×××所说的，借这个事情揭穿了真相，让老百姓明白了事情的原委。我们开始学这节课的时候，老师不是跟大家说西门豹是一个无神论者吗？可见，他确实具有尊重科学的品质，他不迷信。好，请同学们标到书上。（教师板书，学生跟记）记好了吗？

生：好了。

师：我们对西门豹的理解，不能到这里就结束。我们来看看县令。（PPT 展示）县令在战国时候是一个什么级别的官呢？县令是七品官。七品官是一个很小的官，所以我们常说七品芝麻官。而官绅是地方上有势力、有地位的人。巫婆，古人认为是能与神明对话的人，地位也不低。按理说，西门豹把他们投进漳河不也是杀人、是违法的吗？对此，你怎么看？结合西门豹和官绅巫婆的地位，你觉得西门豹把他们投进漳河是杀人、是违法的吗？

生：因为他是在为民除害，所以就不算是违法。

师：还有呢？

生：因为他是公正执法的，他是有证据执法，而不是平白无故杀人。

师：那么，公正执法又有哪些程序呀？没有哪条法律说明执法要把他们投进漳河。谁来说一说他的想法，你说。

生：既然他们都把这些漂亮的女孩儿投进了漳河，那么我们为什么就不能将计就计，把他们也投进漳河?!

师：来，掌声送给×××。你说得真棒！这就是西门豹，作为一方父母官，他在做事情的时候是不按常理出牌的。不按常理出牌，（教师板书：不可轨法），也就是不可轨法，也就是他不按常理出牌，有自己的做法。好，我们再来看西门豹和巫婆、官绅的对比。西门豹是一个小官，官绅和巫婆的地位很高。按理说，小官是很难撼动巫婆和官绅在这个地方的势力的，但是西门豹却这样做了。你觉得西门豹是什么样的一个人？他的地位很低，实际上他是很难撼动这些人的势力的。但是，西门豹却不按常理出牌，直接把他们投进漳河里去了。你觉得他是一个怎样的人？说说看。

生：我觉得他是一个为民除害的人。

师：还有没有补充？你说。

生：我觉得西门豹是一个非常有正义感的人。

师：有正义感。正是因为这份正义感，给了他做事的什么？

生：勇气。

师：对，给了他做事的勇气。西门豹这个小人物也有挑战权势、挑战邪恶的勇气。好，请你记到书上。至此，西门豹这个人物我们就读通了。他不仅智慧超群，而且心系百姓、尊重科学，更重要的是，他在做事情的时候有挑战权威的勇气，而且做事“不可轨法”。

师：老师想给同学们介绍一本书，这本书叫《史记》，大家看我们课文下边的注释，会发现《西门豹治邺》选自《史记》的《滑稽（gǔ jī）列传》，千万不要把它读成滑稽（huá jī），为什么呢？因为在古时候，滑稽是一种酒器。这种酒器肚子很大，像一种肚子特别大的鸟。用酒器倒酒，酒就会源源不断地流出来，所以后人就从滑稽这个酒器引申出了一种含义，形容人言辞流利、能言善辩。在《史记·滑稽列传》当中，司马迁就写了很多像西门豹这样的小人物。有淳于髡、优孟、优旃……这群不一样的小人物不流世俗，不争势利，他们的精神非常可贵。同时，他们用自己智慧的头脑、巧妙的言辞解决了一些纠纷。所以，这些小人物有非凡的讽谏才能，司马迁的《史记》最早只写了淳于髡、优孟和优旃这三个人物的故事，有人在这三个人物之后又加入了四个人物故事，一共是七个人物故事。《西门豹治邺》就在这七个人物故事当中。老师希望同学们能在下课时翻开你们班书柜后面写历史的书籍，找一找《滑稽列传》中这几个人物的故事来读一读。

四、读懂一个传说

师：好，下面老师想请同学们看一看《文成公主进藏》这个传说。别着急，拿出你们的《文成公主进藏》。哎呀，下课时间到了，那我们就不上了。它也是一个传说，你们回去可以读一读，在读的过程中，老师想请你们用鱼骨图来进行梳理，看一看文成公主在进藏的时候遇到了什么样的困难，她又是如何解决这些困难的。

师：今天我们学的这篇课文实际上也是一个传说。传说就是有一定的历史依据，在历史上，我们真的能够找到这个人，但是，这个人物的故事却是经过老百姓加工创造、口口相传到今天的。所以，传说既有一定的真实性，又有一定的传奇性。这个奇就奇在他的做法上，对，也奇在西门豹这个人上。

案例四：吟诵与古诗教学的一场“遇见”

——《咏柳》教学案例

【背景信息】

在我国悠久的历史文化长廊中，古诗以一种特殊且最具汉语言特点的文学体式立于民族文化之中。博大精深的古诗词是中华民族的精神之根。《诗大序》说：“诗者，志之所之也。在心为志，发言为诗。情动于中而形于言，言之不足，故嗟叹之；嗟叹之不足，故永（咏）歌之。”① 古诗具有含蓄凝练、富有节奏感和音乐美的特点。不同版本的小学语文教材选编的古诗总数在五十首以上。古诗不仅是文学性文本，而且是文化的载体，我们可以从中读出更多文化信息。

古诗教学是阅读教学的一个有机组成部分。阅读是学生的个性化行为。阅读教学应引导学生钻研文本，在主动积极的思维和情感活动中，加深理解和体验，有所感悟和思考，受到情感熏陶，获得思想启迪，享受审美乐趣。要珍视学生独特的感受、体验和理解。阅读教学承担着培养学生阅读能力的任务，语文教师在阅读教学中既要引导学生进入文本之中，又要指导学生学会阅读的方法，把阅读教学上到学生的心里去，这样才能更好地提高语文阅读教学的效率。文本是作者的一种体验，阅读文本就是体验作者的体验，体验作者体验过的世界，是一种体验的体验。学生阅读文本离不开自己的内心体验，而学生的体验是一种复杂而渐进的过程，需要教师的引领和指导。《义务教育语文课程标准（2022 年版）》在第一学段和第二学段的要求中分别提到，注意“展开想象，获得初步的情感体验，感受语言的优美”和“注意在诵读过程中体验情感”。

从目前的古诗教学来看，多数教师采用“介绍作者，解释诗题；疏通句意，理解全诗；体会情感，领悟意境；熟读成诵，拓展延伸”的思路来安排教学。特级教师王崧舟曾经说过：“我有一个担心，古诗成为课文进入教材，可能是一种不幸。看看我们的古诗课堂吧：要么是让孩子傻傻地背，背得口干舌燥，背得天昏地暗；要么是老师傻傻地讲，讲得支离破碎，讲得体无完肤。大量的经典古诗进入课文之后，它们所遭遇的命运，非常让人同情。”② 由此可见，对于选入教材的古诗，教师应该怎样讲，学生应该怎样学，确实是我们应该好好思考的一个问题。对于古诗教学，研究者和一线语文教师总结了诵读法、比较法、表演法、绘画法等多种方法。中国古典文学专家叶嘉莹先生曾说：“中国诗歌的

① 张平仁．古诗理论与小学古诗教学［M］．北京：人民教育出版社，2015：5.

② 李振村，杨文华．教语文，其实很简单：小学语文名师讲演录［M］．福州：福建教育出版社，2012：74.

吟诵传统是从中国的第一部诗歌总集开始的。”最近几十年，一些研究者把吟诵带进了古诗的课堂教学中，由此吟诵法得到了更多人的关注。上海的特级教师戴建荣和南粤小学语文特级教师陈琴的吟诵教学法被众多语文教师所熟识和模仿。吟，就是咏唱，就是拉长了声音读，却又不是严格意义上的歌唱；诵，就是读，就是用抑扬顿挫的声调有节奏地读。中国字有阴、阳、上、去四声，抑扬顿挫的吟咏，运用四声的变化就可以成乐。

也有不少语文教师虽然了解了古诗教学中的吟诵法，但对吟诵法能不能进入小学语文古诗教学课堂还存有疑虑，或者认为有一定的难度。在小学语文界对吟诵法的认识尚未趋于一致，完全依据个人的喜好来进行选择。Y 老师是包头市 Q 区 Y 小学的一名语文教师，已有 28 年的教龄。她于 2015 年开始接触吟诵，并自愿参加了中华吟诵协会的培训，积累了吟诵方面的相关知识。《咏柳》是唐朝诗人贺知章的一首名诗，千百年来为后人所传颂。作者抓住了初春最具特色的树木和柳树最具特色的枝条进行描写，笔墨简省而达情充分。人教版小学语文三年级下册第一单元（单元主题是“大自然的壮丽与神奇”）选编了《咏柳》这首古诗，部编版把这首古诗放在了小学二年级下册的语文教材中。《咏柳》教学是 Y 老师的一堂没有经过打磨的常态课，本书以这节课的教学为引子，引领师范生进一步探讨古诗教学的方法。

【案例正文】

一、初识“吟诵”

有 28 年教龄的 Y 老师是一位喜欢古诗词的小学语文教师。她喜欢把语文课上出自己的味道，且善于探索教学中那些精细的问题。2015 年，一个偶然的机会，她了解到南粤小学语文特级教师陈琴的吟诵教学法，便从心里喜欢上了这种方法。那悠悠的韵律、清婉的乐音时常回荡在她的耳际。能不能把吟诵法运用到古诗教学中呢？她由此萌生了这样的想法。于是，她借助于已有的积累，进一步收集古诗词资料，在不断积累中加深了对古诗的认识。Y 老师认为，古诗是集形象、韵律、语言、情感等于一体的特殊文学样式。唐朝以后的近体诗更讲究押韵、节奏、对偶等。古人写了诗歌有时要吟咏，有时要和歌而唱，没有韵律是不行的。古诗整齐的句式、和谐的发音、起伏的平仄，让人百读不厌。一句诗中不同的平仄组合形成了不同的风貌，于是我们今天读古诗时还能够感受到或高亢、或低回、或婉转、或铿锵的音色，从而品味出诗人的喜怒哀乐，古诗融语词、诗情和形象为一体，感受到千百年前那活生生的诗情诗味。在平仄的基础上，古诗更点缀以韵脚，越是近体，押韵的要求越严格，相同或相似的韵母出现在有规律的位置上，极大地增强了诗歌的韵律感，这种有韵的文体朗读起来有一种神奇美妙的感觉。

在 Y 老师看来，古诗读起来朗朗上口，在听觉上给人带来一种美感，而古诗的意境更是让人觉得妙不可言。意境是作者的主观情感与客观物境相互交融而形成的耐人寻味的艺术境界。意境是由一个又一个蕴含着诗人主观情感的意象构成的。意象本是中国古典哲学概念，“意”指意义、意蕴，“象”本指客观事物或人的外部形态。① 意境的根本要求是心物交融、情景交融，并在此基础上形成含蓄蕴藉、微妙悠远的美学效果。“一切景语皆情语”，在古代诗歌中，诗人常把要抒发的情感寄寓于所描写的景物之中，即人们常说的融情于景、借景抒情。因此，阅读、学习古诗需要从意境入手，把握景物的特点，感悟诗歌中蕴含着的情感、内涵。

从初识“吟诵”的那一时刻，Y 老师便有了深入了解吟诵法的欲望，便打算把自己的理解和体会融入古诗的教学实践中。2015 年秋季，Y 老师带了一个一年级的新班，于是这个班的孩子在她的带领下开始了他们的语文学习。她带的这个班级从一年级就开始了对经典作品的诵读，到了三年级，学生已能分辨古体诗和近体诗，可以分辨绝句和律诗，知道格律，知道平仄，并能辨认出一部分入声字。

Y 老师所带这个班的学生读《三字经》，读《论语》，读《笠翁对韵》，读《道德经》，早自习晨读的时候，教室里朗朗的读书声此起彼伏，听起来那么悦耳。这个班的学生到二年级结束时，小学阶段要求学生必背的 75 首古诗词，每个学生都已经会背了。学生在朗读中感受到了汉语言的特点，整齐的形式美，悠长的音律美，形象的画面美，在学生心里都有了美好的印象。有了这样的基础，Y 老师觉得，可以尝试着把吟诵用到古诗教学中了。2018 年春季开学后，她萌生了用吟诵法教古诗的打算，但她心里还有一些疑惑，因为同校的语文教师和兄弟学校的语文教师都没有运用过吟诵法，学生也没有正面接触过吟诵法。带着一丝顾虑，她还是迈出了这一步，于是就有了《咏柳》一诗的教学过程。

二、《咏柳》的教学设计与课堂实施

在教学《咏柳》时，Y 老师按照“检查预习，初品诗味；指导读诗，渐入诗情；联系作者，体会诗情；示范吟诵，入情入境；拓展延伸，品读回味”的程序安排了教学环节。初看这个教学程序，我们可能并没有感觉到有什么特别新颖的地方，其教法和其他众多语文教师的古诗教学看上去没有太大的区别。三年级的古诗教学需要考虑学生的基本学情，要保证全班学生对古诗的学习质量，因此各教学环节都要扎实有效。下面通过各教学环节的具体过程，来进一步探究古诗教学中的吟诵法是如何实施的。

（一）检查预习，初品诗味

学生学习一首古诗，首要的任务是读准字音，这一任务由学生提前自主完成，因为三年级学生已经具备了自主朗读能力。Y 老师认为，在课堂上要注意调动学生的学习主动性，必须处理好课前预习和课堂讲授的关系。因此，她让学生课前做了预习工作，课上她来检查朗读的情况和把握古诗大意的情况。

Y 老师先检查了学生读诗的情况，然后按照诗句的顺序理解这首诗的大概意思。在理解第一句“碧玉妆成一树高”时，有学生说“妆”字用得好，“碧玉妆成一树高”的意思就是：碧玉一样的柳树很高大，给人玉树临风的感觉。其他学生也交流了自己的想法。

---

① 张平仁. 古诗理论与小学古诗教学［M］. 北京：人民教育出版社，2015：12.

片段一

师：谁还有自己独到的见解？在昨天的预习中还有哪些发现？

生：“妆成”，柳树是绿色的，为什么能和碧玉是一个颜色呢？

师：这位同学说的和大家说的不一样。她提了一个问题，请把你的问题再说一遍。

生：虽然柳树是绿色的，但是为什么它和玉是一个颜色呢？

师：谁能解释一下？树的颜色是绿色的，为什么和玉是一个颜色？谁能解释一下？试试看。（点了一个学生的名字）

生：碧玉，就是绿色的玉，和树差不多是一个颜色。

……

师：什么样的柳树？

生：茂盛的柳树。

师：茂盛的，像瀑布一样的柳树，还是一棵什么样的柳树呢？

生：轻盈的柳树。

生：高大的柳树。

师：很好，高大的柳树，在旁边写上。感谢他和我们分享他的发现。高大的柳树，谁能读出来？

生：万条垂下绿丝绦。

师：有点感觉，两句连起来读。

生（读）：碧玉妆成一树高，万条垂下绿丝绦。

师：有点腼腆，是正在成长中的小树，再来一位同学。（指名）

生：碧玉妆成一树高，万条垂下绿丝绦。

师：真好，不仅读出了高，还读出了绿。读得真好。（再次指名）

师：真好，这一行哪个字用得好？

生：我觉得“绦”字用得好，在书的下面有解释，诗人竟然把千条万条垂下的绿色的柳丝比喻成绿色的丝带。

师：她能结合注释来解释诗句，特别好。

生：一棵柳树，没有几万条柳丝。作者把柳树比喻成几万条。

师：是夸张，你和×××（前面说瀑布的同学）的意见一样。刚才的同学说“绦”字用得特别好。谁还觉得“绦”字用得特别好？好在哪儿？

生：因为这里的“绦”是用绿丝编成的带子，柳树上垂下了用丝编成的带子，就是形容柳树的柳丝非常绿。

师：非常绿，非常多，多美呀！好，自己读一读这两个句子。读出高，读出绿，读出美，读出你要表达的感觉。（生读）

在上面的教学过程中，Y 老师注意激发学生的学习主动性，启发学生在朗读的基础上感受关键字、词的意思，学生的思维比较活跃，课堂气氛非常融洽。在接下来的学习中，有的学生说："绦是用丝编成的带子。柳树自己不会编，所以只能把春风比作剪刀，用春风把它剪出来。"还有学生说："我觉得后两句像是自问自答。第三句是不知细叶谁裁出，问细叶是谁裁出来的呀？然后第四句说出，就是二月的春风像剪刀一样把柳树剪得那么漂亮。"还有学生说："我觉得春风'唰唰'地就像剪刀一样，'嚓嚓嚓'地把叶子剪齐了。"老师对学生的回答给予了肯定，更激发了学生探究诗意的欲望。

"碧玉妆成一树高，万条垂下绿丝绦。"这两句诗中的柳树确实美到了极致。为了弄清诗的意思，Y 老师查了一些资料。"碧玉"还有一解："碧玉"本是南朝小家女子，后为宋汝南王妾，受宠，汝南王作《碧玉歌》三首，其中有诗句"碧玉小家女，不敢攀贵德。感郎千金意，惭无倾城色。"时人广为传唱，后用以泛指年轻貌美的女子。用碧玉而不是其他女子喻柳，一是因其姓"刘"与柳相谐，名字与柳色有关，且与作为自然物的碧玉双关；二是碧玉一直以年轻的形象留在人们的印象中，与初春新绿相应①。对于此意，Y 老师只是提了提，对小学生来说，可以按照字面理解为翠绿的玉石，意为碧玉般的树叶点缀在高高的树上。"丝绦"写出了柳枝的颜色、形状、轻柔与高贵。学生还从"妆"这个字感受到了拟人的写法，说明学生心中已有了美感。Y 老师认为，要适当放手让学生表达自己的理解，需要时再加以点拨，这样有利于培养学生的自主学习能力。理解了诗意，就为后面的教学奠定了好的基础。

（二）指导读诗，渐入诗情

在大力推广普通话的今天，我们应该怎么读诗呢？普遍意义上的读诗就是按照普通话的发音正确、流利、有感情地读出来。这样读，古诗似乎少了一些韵味。因为古诗的用词、韵律、节奏、意境都有独到之处，读出节奏，更容易进入诗的意境之中。在课堂上进行读诗的指导，便显得至关重要了。Y 老师边听学生的朗读边进行指导，她认为要尊重学生自己的理解，在学生朗读的基础上通过讲解和示范，进一步让学生把握朗读的情感基调。

片段二

师：同学们读得很投入，那么，怎样读感情会更深刻呢？你们通过预习找到了比喻、拟人、设问这些手法。读诗还可以更进一步。要想更深入地读这首诗，更深刻地了解这首诗，我们应该怎么做？谁有办法？

生：学会吟诵。

师：用吟诵的方法学古诗，更有助于我们理解这首诗。好，我们再来读，

① 张平仁. 古诗理论与小学古诗教学［M］. 北京：人民教育出版社，2015：181.

用边读边想的办法，同时利用古诗的特征。古诗有什么特征呢？吟诵是它的朗读方法，古诗本身有什么特征？

生：押韵。

师：说得真好。韵是中国古诗的一个非常重要的特点，还有什么特点是古诗独有的？

生：它不是大白话。

师：还有什么？

生：一个字代表很多意思。

师：你们有没有注意到，诗是有平仄的？

生：嗯。

师：字还有入声，是不是？

生：是。

师：哪些字是入声？

（学生回答读诗的节奏点和入声字，教师引导）

师：入声短促急收，非常好。照老师的样子读一读，把节奏点拖长，把韵拖长。自己读读。

（老师范读后，学生自由练读）

师：为了对古诗有更深刻的理解，我们再一行一行地来读一下。谁来读一下第一行？

生：碧玉妆成一树高。

师：注意“碧玉”是入声字，“碧玉”这两个入声字是什么感觉？是突然的。

（教师依次指导后三句）

此教学片段为文字实录，难以传达声音，只能从中看到Y老师的教学思路。Y老师在停顿和节奏方面的指导比较细致，一句一句地示范，带领学生体会诗的韵味。由此，我们可以进一步思考，如果自己教这首古诗，如何把握停顿和节奏这一问题。或许有专家觉得在小学阶段渗透“入声字”的相关内容不太妥当，小学阶段可以讲授入声字吗？由于Y老师自己对古诗词的独爱，且对有关诗歌音律的知识了解得比较多，因此其在古诗教学中渗透了入声字的一些知识。Y老师认为，小学生年龄小，对于古诗的相关知识不追求讲深讲透，主要是让学生从听觉上有自己的一些感受，老师主要是起到一定的示范作用，因此她示范朗读后并不强制全班学生都能准确地掌握，学生自主领悟即可。

（三）联系作者，体会诗情

《义务教育语文课程标准（2022年版）》第二学段中提出诵读优秀诗文的要求是“注意在诵读过程中体验情感”。《咏柳》是一首咏物诗，写出了柳树的清新、柔媚。作者的感情很含蓄，没有直接表达喜爱春天之情。通过上面的品词析句，学生基本上知道了作者对柳树的赞美之情。柳树是初春最先变绿的树木之一，较早带来了春的气息，咏柳实为咏春。柔嫩的枝条纷纷垂下，在微风中轻轻摆动，正如少女身上的衣带随风飘动。走近细看，新长出的小小柳叶是那么嫩绿精巧，那么晶莹圆润，充满生机，这一定不是自然长出的，正如少女身上的精美的丝带一样，定是哪双巧手裁剪绣制出的。是谁裁剪的呢？原来是和煦的二月春风啊！是它吹生了这碧玉般的绿叶，给大地带来了春的生机和生命的活力。[①] 作者是在什么情况下写的这首诗，怀着怎样的感情写的？若不是教师提醒，学生一般是不会有意去思考的。Y 老师认为，只有自己对一首诗有了一定的体悟，才能教给学生，因此她在课堂上创设情境，让学生慢慢走进诗的情味中。下面这个教学片段，Y 老师向学生介绍了这首诗的作者，在此可以思考：Y 老师给学生出示这样的资料是否合适？对于三年级的学生而言，他们是否具备结合诗歌的创作背景理解诗歌中蕴含的思想情感的能力？教师对诗歌创作背景等有关知识的介绍该把握怎样的尺度？

片段三

师：联系作者，他是怎么写出这首诗来的，昨天预习的时候有没有人查一下作者——贺知章。没有，这一点希望同学们注意。我查了一下这首诗的写作背景（大屏幕上出示背景资料），字小，老师给同学们念：唐天宝三载，贺知章奉诏回乡，百官送行。坐船经南京、杭州，顺萧绍官河到达萧山县城，越州官员到驿站相迎，然后坐船去南门外潘水河边的旧宅，其时正是二月早春，柳芽初发，春意盎然，微风拂面。贺知章如脱笼之鸟回到家乡，心情自然格外愉悦。忽然，他见到了一株高大的杨柳，在河岸边如鹤立鸡群，英姿勃发，一时兴发，就提笔写了《咏柳》一诗，成为千古绝唱。名家评说，贺知章的《咏柳》是千百年来最好的一首咏柳诗。

这些对你解决问题有帮助吗？

生：他看到一株高大的杨柳突然诗兴大发，把高兴的心情写了出来。

师：刚刚她联系背景说诗人把高兴的心情写了出来。

生：他把柳树写得美是因为他心情美。

师：看到柳树好美，我回到家乡了，是不是心情美？两位同学都动脑筋了，值得表扬。看看谁还动小脑筋了？

生：杨柳鹤立鸡群，因为杨柳高大它才美。

……

师：老师告诉你们，贺知章 30 多岁考上状元就入朝为官了，此后一直没有回家乡，等到他 86 岁的时候才奉诏回乡，这是唐天宝三载，我对照了他的生平，这些在网上都能查到。这个唐天宝三年，这个“载”和“年”是一个意

① 张平仁. 古诗理论与小学古诗教学［M］. 北京：人民教育出版社，2015：181.

思，是744年。注意看，他生于659年，卒于744年，谁有什么发现？这一年是744年，贺知章终于告老还乡，踏上了回乡的路。有什么发现呢？谁的小脑筋在动呢？

生：他年纪这么大了回到家乡，肯定很高兴，见了什么都感觉很好。

师：他说的这个意思很重要，他说年纪大了看见什么都觉得很好。谁还有别的想法。我请一位同学来读一读《咏柳》，谁来？你来读，其他同学想一想贺知章的心情。

（生读）

师：看看谁的小脑筋动了，谁理解贺知章这个时候的心情。

生：他现在年龄这么大了，还把柳树比喻为欢快的小姑娘，可以看出他心情比较好。

师：对啊，那象征着什么呢，欢快的小女孩在他眼里象征着什么呢？

生：以前家乡的美好。

师：以前岁月的美好，以前家乡的美好是地点，以前岁月的美好是时光，对吧？以前的时光那么美啊，这是什么样的时光？来吧，同学们自己再读一读，这是什么样的时光？

师：谁来说一说？

生：我觉得是快乐的，它能和美好联系起来，因为他想快点回乡，再次享受那些美好的时光。

师：对他而言，“不知细叶谁裁出，二月春风似剪刀”，时光一去不复返，什么很快啊？

生：时间。

师：时间过得很快。（板书：时间）除了柳树的外形美，还有什么美？来看，“碧玉”，闪着光的啊，这是一棵什么样的树啊？“碧玉妆成一树高”，什么样的树？

生：神奇的树。

师：生机勃勃的树，是充满生命力的树。（板书：生命力）这个美，也不仅仅是它外形的美，更是对生命力的赞美。好，我请一位同学来读一读。

Y老师认为对于十岁左右的学生来说，感受时光的美好还是有一些困难的。我们成年人也是随着年龄的增长，慢慢才有了时光的概念，有了珍惜时间的感受。八十六岁高龄的贺知章看到家乡的柳树，他的心里是高兴，是惊喜，还是对时光流逝的感叹，字面上是看不出来的。Y老师根据当时备课时预设的这一学情，借用诗人的背景资料来引导学生体会诗人的心情。她认为，语文老师要想引导学生进入诗的意境，首先自己要全身心投入。作者告老还乡的荣耀与满足、离家多年后重返家乡的欣喜与亲切、春天的大自然带给诗人的冲动与惊喜，共同融在了这首纯情的小诗中。如果不了解作者写《咏柳》的背景，我们读这首诗就是觉得把春天的柳树写活了，而结合作者多年离乡、老年回乡的背景，就更能清晰地体会到这首诗的内涵。Y老师引导学生体会诗的情感，从课堂上学生当时的学习状态来看，大部分学生学习的积极性被激发了出来，读起诗来有了味道，这也为下面的学习打下了好的基础。

（四）示范吟诵，入情入境

古诗特有的音韵之美决定了古诗特别适合诵读的特点，所谓“熟读唐诗三百首，不会作诗也会吟”“书读百遍，其义自见”，正说明了吟诵的功效。吟诵可以使读者感知古诗的音调美和诗词中特定的意境，吟诵得多了，还可能引发读者的想象、联想、体验和感受，潜心品味诗中的意象和意境。吟诵，是声音的传达。这种传达，需要凭借声音作为传播媒介，起到传递信息、烘托氛围、表达情感的目的。Y老师凭借着自己对诗的理解，凭借自己良好的素养，满含情感地用自己的感情来吟诵《咏柳》，把课堂教学推向了高潮。

片段四

（师范读）

师：照着老师的样子读一读。

师：谁来读一读？一起来吧。

生：碧玉妆成一树高。

师：停，重来。不能懒散地读。起立。突然看到一棵柳树，路转溪桥忽见……

生：碧玉妆成一树高，万条垂下绿丝绦。不知细叶谁裁出，二月春风似剪刀。

师：好了很多。可不可以像老师那样来吟一下？

生：碧玉妆成一树高，万条垂下绿丝绦。不知细叶谁裁出，二月春风似剪刀。

师：谁有了自己的调了？（指名吟诵）

师：非常好，基本调子非常好，再带上自己的调就更好了，现在自己试一试。

师：谁还愿意试一试？（指名吟诵）

生：碧玉妆成一树高。

师：听老师读，碧玉妆成一树高，万条垂下绿丝绦。带上调。

生：碧玉妆成一树高，万条垂下绿丝绦。不知细叶谁裁出……

师：这样的地方要转折一下。“不知细叶谁裁出，二月春风似剪刀。”每一部作品都是一本书，每一篇文章，每一个作者也是一本书。如果这些都是书的话，看，我们要这样读，自己先读一读，看看了解到了什么，然后抓住它的特点，比如它是古诗就要抓住古诗的特点去读，学习古诗要在读的过程中体会平仄、入声字以及韵的特点，联系作者及作品体会诗中的情感。还要边读边想边问问题。怎么解决这些问题呢？要联系你以前学过的知识，联系作者解决这些问题。每读完一篇文章，每读完一个作者，你都会有收获，这个收获可能是知识上的收获，也可能是人生哲理上的收获！

在以上教学环节中，Y 老师先示范吟诵，学生练读，再指名读，根据学生吟诵的情况，Y 老师又适当做了指导。对于老师吟诵的要求，课堂上仅有几个学生跃跃欲试，其他学生看上去面有难色，这是可以理解的，毕竟吟诵不同于一般的朗读，而学生各自的喜好和音乐天赋是有差别的。再者，把吟诵法运用到古诗教学中，还没有得到一线小学语文教师普遍的关注，从当地小学语文教师的古诗教学来看，还没有别的教师运用过吟诵法。教师在古诗教学中用得比较多的是诵读法、比较法、表演法等，也收到了比较好的教学效果。Y 老师认为，吟诵法能起到帮助学生更好地理解诗意和体会诗情的作用，因为古诗的音韵美、节奏感等特点，可以通过吟诵来更好地体现。Y 老师举例说，2018 年春节后，中央电视台推出了一个栏目——《经典咏流传》，这个栏目很快吸引了人们的眼球，走进了人们的心里。当大山里的支教教师梁俊和他的学生唱清代诗人袁枚的《苔》时，是什么感动了我们？当然，其原因不是单一的，但这种古诗入歌再唱出来的形式让我们觉得耳目一新，听的时候，诗词入了我们的心，而那富有韵律的诗句似乎有了新的含义。在课堂上吟诵古诗，上海的特级教师戴建荣在古诗教学方面已积累了不少的经验，我们可以从中借鉴。另外，还可以通过“中华吟诵网”等途径，更全面地了解吟诵的相关知识。吟诵这种方法还没有普遍地进入小学语文课堂，吟诵法能否进入古诗教学的课堂成为一种带有普遍性的古诗教学方法呢？在此需要探讨的问题是：语文教师需要具备哪些知识和能力，才能够自如地运用吟诵法。

近几年，我们发现对吟诵感兴趣的教师越来越多，而 Y 老师的《咏柳》这节课确实给学生带来了一些惊喜，虽不能保证所有的学生都能喜欢上吟诵，但学习兴趣是可以培养的。再者，学生之间互相学习的作用也是非常大的，慢慢熏陶，吟诵法在小学语文古诗教学中也会慢慢开花、结果。课后，笔者对 Y 老师班里的学生进行了访谈，有一些学生直言对吟诵法非常感兴趣，以后会主动运用吟诵法来学习古诗。

（五）拓展延伸，品读回味

Y 老师在日常教学中养成了查阅资料的好习惯，她收集了很多写柳树的古诗，并在课堂上给学生做了推荐，这样可以适当加深学生对柳树的总体印象。Y 老师给学生出示了其他诗人写“柳”的古诗。

片段五

师：柳树是早春最先发芽、长叶的一种树木，是历代诗人所咏之物。来读一读宋代诗人杨万里的《新柳》：

柳条百尺拂银塘，且莫深青只浅黄。未必柳条能蘸水，水中柳影引他长。

师：这首诗中的柳树什么样的？

（生说大概的诗意）

师：百尺长的柳条轻拂过闪耀着银光的水塘，柳色还不是深青的，只是浅浅的黄，这浅黄给人嫩嫩的感觉，未必柳条能蘸到水，那是因为水中的柳影将它拉长了。诗人漫步赏柳，由远而近，视线也由上而下，从岸上柳条写到水中柳影。“引”字描绘出微风吹动、柳枝轻扬、水上水下连成一片的优美画面，真是把早春的柳树写活了，表现了作者对新春的喜爱之情。你觉得贺知章和杨万里笔下的这两首诗有什么异同点？（生回答略）同学们自己试着用吟诵的方法读一读《新柳》这首诗。（学生练读）

师：大自然是壮丽、神奇的，而敏感的诗人善于捕捉这些普通、平凡的自然物，并使其成为笔下的所咏之物。风、雨、花、草等都可以出现在诗人的作品中。在此，老师再给你们推荐一下别的咏物诗，请同学们也用吟诵的方式来品一品李峤的《风》、王冕的《墨梅》。

咏物诗也有不同的特点。有些咏物诗直接描写事物，而借景抒情是古诗最基础的表现手法。诗情并非明白说出，而是自然蕴含在景中，最终寄寓作者诗情的是意境，其中的意象直观呈现在我们面前。有些咏物诗表面上写物，实际上是托物言志。这些知识不必跟学生多讲，让他们在记忆的黄金阶段多背诵一些古诗，这是符合语文课程标准的相关要求的。语文课程的理念之一就是全面提高学生的语文素养，学生语文素养的形成自然离不开平时的日积月累。拓展教学环节有利于学生把所学知识进一步运用到自己的学习过程中，也能够更好地落实吟诵的任务。

Y 老师在古诗教学中运用吟诵法，这是一次尝试。Y 老师所在学校的其他语文教师对吟诵法了解甚少，除了她以外，还没有教师采用吟诵法来教古诗。但对 Y 老师来说，她个人喜欢吟诵法，并且对古诗研究有浓烈的兴趣，她喜欢完成这样有挑战性的任务，只有经历了才可能有新的发现。她有信心在以后的教学中进一步探讨吟诵法在教学中的应用策略，也希望有志于诗词研究的语文教师结合自己的教学实践来思考古诗教学和传承中华优秀传统文化的关系。Y 老师所在学校的其他语文教师在 Y 老师的带动下对吟诵也有了进一步的认识，有团体的共同研究，吟诵之路也会越走越远吧。

【结语】

古诗这种特殊且最具汉语言特点的文学体式，视觉上让人觉得整齐、简洁，听觉上让人觉得悦耳动听，最重要的是成千上万首古诗承载了中华优秀的传统文化。部编版小学语文教材中选编的古诗词数量进一步增加，语文教师怎样教古诗也将成为一个亟待研究并予以解决的问题。在近两年时间的学习中，Y 老师班里不少学生不仅在古诗学习中运用吟诵法，在读其他经典小古文时也喜欢用抑扬顿挫的声调来读，由此可见，Y 老师的吟诵法对学生的学习起到了很好的促进作用。古诗教学可以引导学生诵读、品赏诗句，抓住古诗的特点感受诗句的表达效果，教师也可以尝试把吟诵法运用于古诗教学中以帮助学生更好地体会古诗所表达的情感。

【案例思考题】

1. 在本案例中，Y 老师向学生讲了古诗的特点，你对此有什么看法？

2. 你对本案例中的吟诵教学法有什么看法？你认为在教学中运用吟诵法需要具备哪些知识和能力？

3. 你认为本案例中哪些教学环节和传承中华优秀传统文化有关？

4. 结合本案例和戴建荣老师《送元二使安西》的教学过程，说一说你对古诗教学的总体看法。

5. 结合掌握的知识，从小学语文教材中选择一首古诗设计出教学程序，并说一说用到了哪些教学方法。

【案例使用说明】

1. 适用范围

适用对象：小学教育专业的研究生或本科生、教师教育专业的研究生或本科生，以及小学语文教师。

适用课程：“小学语文教学设计与实施”“小学语文教学论”等。

2. 教学目的

（1）借助案例了解吟诵法的含义，能对吟诵法在古诗教学中的运用有自己的看法。

（2）通过对案例的分析，提高学生对小学古诗教学内容的设计能力。

（3）在理解课标中有关古诗教学要求的基础上，掌握基本的古诗教学方法，能够独立设计一首古诗的教学过程。

3. 要点提示

相关理论：

教学设计、语文课程与教学、古诗阅读理论与方法。

关键知识点：

古诗的特点、吟诵的基本含义、语文课程标准中有关古诗教学的要求、部编版小学语文教材古诗的编排情况等。

关键能力：

教材分析能力、学情分析能力、教学设计与实施能力。

案例分析思路：

对 Y 老师《咏柳》教学的分析基本按照其教学流程的时序展开，并围绕这一节课上 Y 老师如何指导学生读诗、如何示范吟诵来展开讨论。以此引导学生思考吟诵教学法能否进入小学古诗教学的课堂并成为一种普遍性的教学方法，同时思考如果自己运用吟诵法教学古诗需要掌握哪些相关的知识和能力。还需引导学生思考本案例中 Y 老师在示范吟诵之前的教学环节有什么作用。

4. 教学建议

时间安排：布置预习任务，学生课余时间完成预习，汇报和讨论 2 节，课余时间写一份心得体会。

环节安排：布置预习，了解古诗的特点，自主设计出《咏柳》的教学过程，观看 Y 老师《咏柳》的教学实录→小组研读案例并围绕案例思考题的相关内容进行汇报→结合本案例讨论、交流对“吟诵法”的理解→结合本案例的教学和自己的思考提炼一个值得自己研究的问题→教师点评。

人数要求：30 人以下的班级教学。

教学方法：参与式教学、小组合作教学等方式，以师生讨论为主、以讲授为辅。

工具选择：多媒体、案例打印资料。

组织引导：教师布置任务，明确预习要求；为学生提供必要的参考资料；教师对学生课下的讨论予以必要的指导和建议。

活动设计建议：

课前阅读语文课程标准，理解语文课程的基本理念，理解课标中有关古诗教学的要求。

课前要求学生搜集古诗特点的相关资料，自己设计出《咏柳》的教学过程。

上课前做好教学准备。提前阅读 Y 老师《咏柳》一课的教学实录。将学生分组，做好小组讨论记录表，做好课堂上的讨论发言记录。

指导学生课下完善自己的教学设计，并找机会试教，进一步体会设计的可行性。

教师对小组的汇报进行及时点评，适时地提升理论，把握整体的教学进程。

5. 推荐阅读

[1] 张平仁. 古诗理论与小学古诗教学 [M]. 北京：人民教育出版社，2015.

[2] 赖瑞云. 文本解读与语文教学新论 [M]. 北京：北京师范大学出版集团，2013.

[3] 李振村，杨文华. 教语文，其实很简单：小学语文名师讲演录 [M]. 福州：福建教育出版社，2012.

[4] 夏家发. 小学语文教学设计与案例研究 [M]. 北京：科学出版社，2012.

[5] 蒋蓉，李金国. 小学语文教学设计 [M]. 北京：高等教育出版社，2016.

《咏柳》教学实录①

生：老师好。

师：同学们好，今天我们来学习《咏柳》。

师：古诗是古人的作品，那么，我们该怎么读才能读懂它？昨天同学们已经预习了，请同学们打开书。

师：能把诗正确读出来的同学举手我看看。(生举手)

师：很好。(顺势点一位同学读)

生单独读：《咏柳》，贺知章，碧玉妆成一树高，万条垂下绿丝绦。不知细叶谁裁出，二月春风似剪刀。

师：很准确，我们一起来读一下。《咏柳》，贺知章——

生齐读：碧玉妆成一树高，万条垂下绿丝绦。不知细叶谁裁出，二月春风似剪刀。

师：读得非常准确，预习做得很好。那么，同学们通过读这首诗，读懂了什么呢？我们一行一行地来看一看。

(师出示 PPT)

师：先看第一行，谁有自己的发现？哪一点写得好？这一句是什么意思呀？都可以说。谁来说说？

生：我觉得“妆”用得好，“碧玉妆成一树高”的意思就是碧玉不知道怎么打扮成柳树的高度。

师：很好，他发现了“妆”字用得好，谁还觉得“妆”字用得好？

(生举手)

师：非常好，预习的时候有没有在书上做标记？

生：有。

师：“妆”字是打扮，女孩子才打扮，对吧？第一行，还有哪个字用得不错？

生：“碧”字。

师：“碧”字哪里用得好？

生：他说的是“碧”，而不是“绿”。

师：嗯，前面是“碧”，后面是“绿”，不重复，请坐。

师：谁还有自己独到的见解？在昨天的预习中还有哪些发现？

生：“妆成”，柳树是绿色的，为什么能和碧玉是一个颜色呢？

师：这位同学说的和大家说的不一样。她提了一个问题，请把你的问题再说一遍。

生：虽然柳树是绿色的，但是为什么它和玉是一个颜色呢？

---

① 执教者为内蒙古自治区包头市原青山区一机集团基础教育中心第三小学（现青山区自由路第三小学）杨美云。

师：谁能解释一下？树的颜色是绿色的，为什么和玉是一个颜色？谁能解释一下？试试看。(点了一个学生的名字)

生：碧玉，就是绿色的玉，和树差不多是一个颜色。

师：玉在古代是一种礼器，非常高贵。作者在这里用来比喻树，说明他对树怎么样？

生：说明树很高贵。

师：说明树也很高贵，让人喜欢。树的颜色是绿色的，绿色的玉是非常好看的。这是一个什么句？

生：比喻句。

师：把什么比喻成什么？

生：把柳树的柳条比喻成碧玉。

师：我们发现它是一个比喻句。(师板书“比喻”）是把——

生：把柳树比喻成了碧玉。

师：把柳树比喻成了碧玉，非常好，我们发现了一个比喻句。树和玉颜色相似，这里的比喻还有一点高妙的地方就是，玉在阳光下会怎么样？

生：发光。

师：那么，在这里，树也会怎么样？

生：发光。

师：发光的树，是一种什么样的树？

生：是一种很特别的树。

师：因为什么才会发光？

生：因为这是比喻句，作者觉得树很高贵，像玉一样，会发光。(师板书“光”）

师：我写了一个“光”，树为什么会发光呢？

师：我们接着看第二行，看看你们有什么发现。来说说，先解释一下第二行的意思。(让某位同学回答，但学生没有回应)

师：别紧张，好好思考，争取每位同学都可以发言。

生：那个“万条”让我想到另一首诗《望庐山瀑布》，“日照香炉生紫烟，遥看瀑布挂前川。飞流直下三千尺”，这个就相当于“万条”。

师：你怎么想到的？它们之间有什么联系？

生：就是都用到了夸张。

师：夸张？你怎么会因为“万条”而想到瀑布呢？还有谁想到了瀑布？从哪想到瀑布的？

生：“垂下”。

师：由树的怎样的“垂下”想到了瀑布呢？怎样“垂下”才有瀑布的感觉呢？这是一棵什么样的树？(指名回答)

生：柳树。

师：什么样的柳树？

生：茂盛的柳树。

师：茂盛的，像瀑布一样的柳树，还是一棵什么样的柳树呢？

生：轻盈的柳树。

生：高大的柳树。

师：很好，高大的柳树，在旁边写上。感谢（某同学）和我们分享他的发现。高大的柳树，谁能读出来？

生：万条垂下绿丝绦。

师：有点感觉，两句连起来读。

生：万条垂下绿丝绦。

师：两句连起来读。

生：碧玉妆成一树高，万条垂下绿丝绦。

师：有点腼腆，是正在成长中的小树，再来一位同学。(指名)

生：碧玉妆成一树高，万条垂下绿丝绦。

师：真好，不仅读出了高，还读出了绿。读得真好。(再次指名)

生：碧玉妆成一树高，万条垂下绿丝绦。

师：真好，这一行哪个字用得好？

生：我觉得“绦”字用得好，在书的下面有解释，诗人竟然把千条万条垂下的绿色的柳丝比喻成绿色的丝带。

师：她能结合注释来解释诗句，特别好。(指名) 你说。

生：一棵柳树，没有几万条柳丝。作者把柳树比喻成几万条。

师：是夸张，你和×××（前面说瀑布的同学）的意见一样。刚才的同学说“绦”字用得特别好。谁还觉得“绦”字用得特别好？好在哪儿？

生：因为这里的“绦”是用绿丝编成的带子，柳树上垂下了用丝编成的带子，就是形容柳树的柳丝非常绿。

师：非常绿，非常多，多美呀！好，自己读一读这两个句子。读出高，读出绿，读出美，读出你要表达的感觉。

生：碧玉妆成一树高，万条垂下绿丝绦。

师：你发现了什么问题？

生：我发现作者把柳树比喻成了化了妆的小女孩，只有小女孩才会化妆，“万条垂下绿丝绦”，古时候小女孩的头发上就会挂一些用布做成的小带子。

师：谁还发现他说的这个问题了？

师：这是我们的新发现，我们反复地读，边读边想，就会有收获。我们再往下看。(PPT 出示：不知细叶谁裁出)

生：我觉得“裁”比较好，不知道柳树那种细细的叶子是谁裁出来的。

师：好在哪里呢？

生："裁"，柳树没人去裁剪，它自己长成那样的，是作者把它比喻成那样的。

师：又发现了一个方法，是比喻。最后一行。

生：把春风比喻成剪刀啦。

师：你说得真好，这个发现很重要。（点名）

生：春风像一把剪刀，上一句，细叶不知道是谁裁出的，一看第四句，就知道是春风把细叶裁成这样的。

师：嗯，有自己的想法。

生：我感觉是把春风拟人化了，又把春风比喻了。诗人把春风比喻成剪刀，第四句说了"谁"，"谁"一般都是指人，然后他把柳树说成"谁"了。

师：说得真好（板书：比喻、拟人）

生：还有第三句是个问句，然后就是让第四句来解释。

师：不错。（板书：问句）

生：我提个问题，他为什么要把春风比喻成剪刀？

师：这个问题提得好。×××能回答吗？谁能回答？问得好，为什么把春风比作剪刀？

生：因为万条垂下绿丝绦，绦是用丝编成的带子。柳树自己不会编，所以只能把春风比作剪刀，用春风把它剪出来。

师：春风真有本事，咱们学过一句"春风放胆来梳柳"，春风还能变成剪刀。说得不错，谁还想说？

生：我觉得后两句像是自问自答。第三句是不知细叶谁裁出，问细叶是谁裁出来的呀，然后第四句说出，就是二月的春风像剪刀一样把柳树剪得那么漂亮。

师：说得真好。

生：我觉得春风"唰唰"地就像剪刀一样，"嚓嚓嚓"地把叶子剪齐了。

师：声音是"嚓嚓嚓"的，说得挺形象的。（点名）

生：我提出一个问题。不知细叶谁裁出，为什么不是问号，而是逗号呢？

师：谁来回答。

生：第三句的不知细叶谁裁出和二月春风似剪刀，后面已经答了，所以这个相当于数学题里自问自答的形式。不知细叶是谁裁出的，下面回答了是二月的春风裁出的。

师：满意吗？

（生点头）

师：如果不满意的话，下来查查资料，老师对这一部分也有疑惑，但是还没找到相关的证据，你给我们提供了一个很好的思路，和数学题联系起来，非常好。到此，我们的预习就全部结束了。下面大家齐读古诗。

生：碧玉妆成一树高，万条垂下绿丝绦。不知细叶谁裁出，二月春风似剪刀。

师：同学们读得感情很投入，那么，怎样读感情会更深刻呢？通过预习，你们找到了比喻、拟人、设问这些手法。读诗还可以更进一步。要想更深入地读这首诗，更深刻地了解这首诗，我们应该怎么做？谁有办法？

生：学会吟诵。

师：用吟诵的方法学古诗，更有助于我们理解这首诗，好，我们再来，用边读边想的办法，利用古诗的特征，古诗有什么特征呢？吟诵是它的朗读方法，古诗本身有什么特征？（点名）

生：押韵。

师：说得真好。韵是中国古诗的一个非常重要的特点，还有什么特点是古诗独有的？（点名）

生：它不是大白话。

师：还有什么？

生：一个字代表很多意思。

师：和刚刚的同学意思一样。你们有没有注意到，诗是有平仄的？

生：嗯。

师：字还有入声，是不是？

生：是。

师：哪些字是入声？（点名）

生：不知细叶谁裁出的“不”。

师：“不”字。

生：第一行的倒数第三个字“一”。

师：“一”。我们学过一些入声字，你标一标平仄，把入声字标出来。注意这首诗的节奏点。我来先读一读，同学们注意感受。

师：碧玉妆成一树高，万条垂下绿丝绦。不知细叶谁裁出，二月春风似剪刀。（带节奏）谁来说一下它的节奏点在哪儿？老师刚才读的时候谁听了？（点名）

生：第一行是“妆”。

师：再听，碧玉妆成一树高。

生：第一行是“成”。

师：非常好。

师：再听，万条垂下绿丝绦。

生：第二行是“条”。

生：第三行是“知”。

师：不知细叶谁裁出，最后一行，二月春风似剪刀。

生：是“风”。

师：非常好。

生：老师，我觉得“二月”应该短一点。

师：入声短促，非常好。像老师的样子读一读。像刚刚的同学提到的，要把节奏点拖长，把韵拖长。自己读读。

师：为了对古诗有更深刻的理解，我们再一行一行地来读一下。谁来读一下第一行？（点名）

生：碧玉妆成一树高。

师：注意“碧玉”是入声字，“碧玉”这两个入声字是什么感觉？是突然的。为什么是很突然的呢？哪一首诗也是这样的？咱们学过的。

生：《春日》。

师：“胜日寻芳……”这首诗还不够特别。是“月落乌啼霜满天”中的“月落”两个字。这两个入声字给人很突兀的感觉。为什么呢？因为作者张继一睁眼，天要亮了，“月落乌啼”，天要亮怎么了，他落选了，第二天他要把这个消息告诉自己的爸爸妈妈了，他心里面很忐忑，一看天就要亮了，所以“月落乌啼”中的前两个入声字很突然。那么，“碧玉”这两个字这么突然，作者是要表达什么感情啊？

生：失望。

师：“碧玉妆成一树高”表达什么感情？贺知章，“碧玉妆成一树高”。

生：惊讶。

师：惊讶！啊，惊讶。来，接着说。

生：赞叹柳树漂亮。

师：哎，好，自己读一读，把这个入声字读出来（生读）听听，谁来读一读，第一行，入声。

师：“碧玉”！“碧玉”！再来试试。

师：真好，这“一树高”就感觉，凛凛然，有玉树临风的感觉。来，接着读。

师：非常好，压得是什么韵？

生：ao。

师：ao是下平四豪韵，什么时候才押这样的韵？押四豪韵的诗，想一想？

生：《春晓》：春眠不觉晓，处处闻啼鸟。

师：《春晓》是古体诗，近体诗里面哪一着押的是四豪韵？

生：《乞巧》：七夕今宵看碧霄，牵牛织女渡河桥。

师：这个我们还没学，这首诗押的是四豪韵。

师：还有一首诗。“月黑雁飞高，单于夜遁逃。欲将轻骑逐，大雪满弓刀。”押这样的ao韵是什么样的特点？你们自己读一读。

生：有激情。

生：因为前面写的是它的漂亮，后面才会有对美好事物的惊叹。

师：你觉得他写这首诗的时候是出于对美好事物的惊叹？（板书：美）他觉得什么美？

生：柳树。

师：柳树哪儿美？

生：柳枝。

师：柳枝美，“万条垂下绿丝绦”，还有哪儿美？

生：颜色。

师：颜色美，绿色的，还有哪儿美？

生：柳条。

师：柳条也美，还有？

生：细叶。

师：细叶也美，“碧玉妆成一树高”，树也美，是吧？我这要画一个问号，（板书“？”）他是因为美而赞颂它还是因为别的？我们再往下看，第二行，谁来读？（生读）

师：不错，“绦”字要拖长，再试试。

生：万条垂下绿丝绦。

师：这遍更好了，谁再来读？（找多位学生读）

师：边读边想，作者为什么要这样写呢？为什么是这个韵呢？为什么要押这个韵呢？第三行，谁来读？

师：“不知”，这么长的时间作者在干什么？

生：想。

师：想，不知细叶谁裁出，“出”是个入声字。看，我们牢牢地把握住入声字，因为它很特别，能表达强烈的感情。“出”是个入声字，“出”读得怎么样？快。谁来读读？（板书：快）

师：非常好，读得快，你觉得除了音快，除了“出”这个音快，意思上还有什么让你感觉快？来读读。

生：最后一句是“二月春风似剪刀”，春风吹得非常快。

师：春风吹得快，吹得快能看出来吗？刚才有人就说得很好啊，我听见了，什么快？你说。

生：剪刀。

师：剪刀快，“唰唰唰”就把树给剪了。还有什么快？我们放在这儿一起想。（板书：在“快”下面写“？”）这首诗，我们又读了一遍，又有了好几个问题，自己读，想一想，你会不会有问题？

师：读得不错，我听见了，读得很好。遇到这样的情况，当我们对文本，对诗，一读再读，在读出的问题很多的情况下，该怎么办呢？我们要联系——（板书：联系）刚才有人说要联系生活，读诗的时候先要联系——

生：作者。

师：联系作者，他是怎么写出这首诗的。昨天预习的时候有没有人查一下作者——贺知章。没有，这一点希望同学们注意。我查了一下这首诗的写作背景（出示PPT），字小，老师给同学们念：唐天宝三载，贺知章奉诏回乡，百官送行。坐船经南京、杭州，顺萧绍官河到达萧山县城，越州官员到驿站相迎，然后坐船去南门外潘水河边的旧宅，其时正是二月早春，柳芽初发，春意盎然，微风拂面。贺知章如脱笼之鸟回到家乡，心情自然格外愉悦。忽然，他见到了一株高大的杨柳，在河岸边如鹤立鸡群，英姿勃发，一时兴发，就提笔写了《咏柳》一诗，成为千古绝唱。名家评说，贺知章的《咏柳》是千百年来最好的一首咏柳诗。

这些对你解决问题有帮助吗？

生：他看到一株高大的杨柳突然诗兴大发，把高兴的心情写了出来。

师：刚刚她联系背景说诗人把高兴的心情写了出来。

生：他把柳树写得美是因为他心情美。

师：看到柳树好美，我回到家乡了，是不是心情美？两位同学都动脑筋了，值得表扬。看看谁还动小脑筋了？

生：杨柳鹤立鸡群，因为杨柳高大它才美。

师：老师再为同学们提供一个线索，我看看谁还动脑筋想了。我们学过贺知章的诗，学过吗？学过哪首诗？联系作者，联系他的作品，哪首诗？谁知道，告诉我。

生：《回乡偶书》。

师：来一遍——

生：少小离家老大回，乡音无改鬓毛衰。儿童相见不相识，笑问客从何处来。

师：老师告诉你们，贺知章30多岁考上状元就入朝为官了，此后一直没有回家乡，等到他86岁的时候才奉召回乡，这是唐天宝三载，我对照了他的生平，这些在网上都能查到。这个唐天宝三年，这个“载”和“年”是一个意思，是744年。注意看，他生于659年，卒于744年，谁有什么发现？这一年是744年，贺知章终于告老还乡，踏上了回乡的路。有什么发现呢？谁的小脑筋在动呢？

生：他年纪这么大了回到家乡，肯定很高兴，见了什么都感觉很好。

师：他说的这个意思很重要，他说年纪大了看见什么都觉得很好。谁还有别的想法。我请一位同学来读一读《咏柳》，谁来？你来读，其他同学想一想贺知章的心情。

（生读）

师：看看谁的小脑袋动了，谁理解贺知章这个时候的心情。

生：他现在年龄这么大了，还把柳树比喻为欢快的小姑娘，可以看出他心情比较好。

师：对啊，那象征着什么呢，欢快的小女孩在他眼里象征着什么呢？

生：以前家乡的美好。

师：以前岁月的美好，以前家乡的美好是地点，以前岁月的美好是时光，对吧？以前的时光那么美啊，这是什么样的时光？来吧，同学们自己再读一读，这是什么样的时光？

师：谁来说一说？

生：我觉得是快乐的，它能和美好联系起来，因为他想快点回乡，再次享受那些美好的时光。

师：对他而言，“不知细叶谁裁出，二月春风似剪刀”，时光一去不复返，什么很快啊？

生：时间。

师：时间过得很快。（板书：时间）除了柳树的外形美，还有什么美？来看，“碧玉”，闪着光的啊，这是一棵什么样的树啊？“碧玉妆成一树高”，什么样的树？

生：神奇的树。

师：生机勃勃的树，是充满生命力的树。（板书：生命力）这个美，也不仅仅是它外形的美，更是对生命力的赞美。好，我请一位同学来读一读。我来读吧。

（师范读吟诵）

师：照着老师的样子读一读。

师：谁愿意来读一读，一起来吧。

生：碧玉妆成——

师：停，碧玉，来。

生：碧玉妆成一树高。

师：停，重来。不能懒散地读。起立。突然看到一棵柳树，路转溪桥忽见……

生：碧玉妆成一树高，万条垂下绿丝绦。不知细叶谁裁出，二月春风似剪刀。

师：好了很多，请坐。可不可以像老师那样来吟一下？碧玉，试一试。

生：碧玉妆成一树高，万条垂下绿丝绦。不知细叶谁裁出，二月春风似剪刀。

师：谁有了自己的调了？（指名吟诵）

生：碧玉妆成一树高，万条垂下绿丝绦。不知细叶谁裁出，二月春风似剪刀。

师：非常好，基本调子非常好，再带上自己的调就更好了，现在自己试一试。

师：谁还愿意试一试？（指名吟诵）

生：碧玉妆成一树高。

师：听老师读，碧玉妆成一树高，万条垂下绿丝绦。带上调。

生：碧玉妆成一树高，万条垂下绿丝绦。不知细叶谁裁出……

师：这样的地方要转折一下。“不知细叶谁裁出，二月春风似剪刀。”每一部作品都是一本书，每一篇文章，每一个作者也是一本书。如果这些都是书的话，看，我们要这样读，你自己读一读，看看了解到什么，然后抓住它的特点，比如它是古诗就要抓住古诗的特点去读，边读边想边问问题，怎么解决这些问题呢？要联系你以前学过的知识，联系作者解决这些问题。每读完一篇文章，每读完一个作者，你都会有收获，这个收获可能是知识上的收获，也可能是人生哲理上的收获！大家都知道了，我就擦了，这是关于这首诗我们所学习的内容。

师：柳树是早春最先发芽、长叶的一种树木，是历代诗人所咏之物。来读一读宋代诗人杨万里的《新柳》：

柳条百尺拂银塘，且莫深青只浅黄。未必柳条能蘸水，水中柳影引他长。

师：这首诗中的柳树什么样的？

（生说大概的诗意）

师：百尺长的柳条轻拂过闪耀着银光的冰塘，柳色还不是深青的，只是浅浅的黄，这浅黄给人嫩嫩的感觉，未必柳条能蘸到水，那是因为水中的柳影将它拉长了。诗人漫步赏柳，由远而近，视线也由上而下，从岸上柳条写到水中柳影。“引”字描绘出微风吹动、柳枝轻扬、水上水下连成一片的优美画面，真是把早春的柳树写活了，表现了作者对新春的喜爱之情。你觉得贺知章和杨万里笔下的这两首诗有什么异同点？（生回答略）同学们自己试着用吟诵的方法读一读《新柳》这首诗。（学生练读）

师：大自然是壮丽、神奇的，而敏感的诗人善于捕捉这些普通、平凡的自然物，并使其成为笔下的所咏之物。风、雨、花、草等都可以出现在诗人的作品中。在此，老师再给你们推荐一下别的咏物诗，请同学们也用吟诵的方式来品一品李峤的《风》、王冕的《墨梅》。

师：这节课就上到这儿，好，下课。

生：老师休息，谢谢老师！

案例五：一次游走于神话世界的深度悦读之旅

——部编版小学语文四年级上册《快乐读书吧》阅读分享

【背景信息】

语文课外阅读是小学语文教学中非常重要的一个组成部分，课外阅读能力不仅是小学生应该具备的一种能力，也是小学生应当具备的一种素质。语文课外阅读教学作为小学语文教学中较为重要的一项教学工作，可以在很大限度上助推学生语文核心素养的形成，因而在“核心素养”备受关注的今天，小学语文课外阅读越来越受重视。《义务教育语文课程标准（2011 年版）》明确指出：“要重视培养学生广泛的阅读兴趣，扩大阅读面，增加阅读量，提高阅读品位。提倡少做题，多读书，好读书，读好书，读整本的书。关注学生通过多种媒介的阅读，鼓励学生自主选择优秀的阅读材料。加强对课外阅读的指导，开展各种课外阅读活动，创造展示与交流的机会，营造人人爱读书的良好氛围。”可是，读什么书好、怎么读好书，却是长期困扰着老师、家长的大问题。如何读书，如何阅读整本书，成为语文教师绕不开的难题。如何引导学生多读书、读好书，也成为语文课程改革成功的关键。

自 2016 年 9 月起，全国许多省市开始使用部编版小学语文教材。这套语文教材的创新点之一就是积极构建“教读”、“自读”和“课外阅读”组成“三位一体”的教学结构，亮点是部编版小学语文教材将课外阅读纳入教材体系，以便更好地实现课外阅读课程化的目标。部编版小学语文教材的执行主编陈先云在《增强六个意识，教好部编小学语文教材》一文中明确指出：部编版小学语文教材设置《快乐读书吧》专栏，就是要“克服课外阅读的边缘化，促进儿童阅读进教材、进课程，使课外阅读课程化，给学生如何读课外书以全方位的指导”①。由此不难看出，部编版小学语文教材《快乐读书吧》栏目的设置不仅仅是给教材增加了一个全新栏目，还是部编版教材实现将“课外阅读纳入课程体系”的一个创新点，更是对语文课程标准阅读相关要求的具体落实。从这个意义上讲，《快乐读书吧》对于小学阶段的语文课外阅读是具有明确的指导意义的。随着部编版小学语文教材的陆续面世，语文教师对课外阅读的认识日渐明晰：小学阶段的语文课外阅读，主要是在课内阅读教材的基础上，实现由课内向课外内容的有效延伸，从而指导小学生合理使用课外时间更好地阅读文本内容，养成良好的阅读习惯，在丰富学生精神世界的同时促进其智力的发展和语文素养的提升，进而为学生一生的发展打下坚实的基础。

---

① 陈先云. 增强六个意识，教好部编小学语文教材［J］. 小学语文，2017（Z1）：4-9.

尽管有了这样的认识，但 2019 年 9 月当部编版小学语文四年级上册的教材摆在 Z 老师面前的时候，她还是有些不知所措。虽然之前曾经接受过部编版教材的相关培训，也从同事手中借阅过几本部编版教材，但这毕竟是自己第一次教手中的这本新教材，学生也是第一次以这本新教材为教科书。如何实现人教版教材与部编版教材的衔接，如何用好手中的这本部编版教材，是压在 Z 老师心头的一个待解的难题。

恰逢 Z 老师所在的 B 市教育局教学研究中心为了进一步推进课程研究，小学语文学科成立了 B 市小学语文新教材教学研究名师工作坊，主要研究部编版小学语文教材的设计理念、编排体系及教学实施。按照工作安排，本学期重点研究的是四年级的教材和教学，而且为了展示本学期的研究成果，交流新教材新教法，市教研中心同时下发了《关于组织 B 市小学语文四年级教学研究展示活动的通知》（以下简称《通知》），拟定于 2019 年 11 月中旬组织进行小学语文四年级教学研究展示活动。按照《通知》的安排，Z 老师所在的区教育局教研中心承担的是四年级上册《快乐读书吧》栏目的展示任务。本案例便是选自 Z 老师在这次教学研究展示活动中执教的部编版小学语文四年级上册的《快乐读书吧》阅读交流课的教学录像。

Z 老师任教于 B 市 G 小学，是一位拥有近十年教龄的青年骨干教师。曾荣获 B 市小学语文第十六届青年教师基本功竞赛一等奖、B 市 D 区小学青年教师基本功比赛语文学科特等奖。Z 老师始终坚持立足于语文课堂，努力实践“教学评一致性”的课改要求，尝试向学生渗透丰富的阅读方法和策略，努力为学生创设和提供丰富的阅读实践机会，将课内阅读引向课外，在阅读中丰富学生对于世界的认识，形成良好的阅读习惯，使学生受益一生。在本节课中，Z 老师和学生一起为大家呈现了一节有关中国古代神话传说的深度阅读交流课。

【案例正文】

一、走向神话的阅读，该从哪里起步？

接到任务后，Z 老师用心梳理了部编版小学语文教材中《快乐读书吧》栏目的编排情况，她发现：部编版小学语文教材在每一册中均编排了《快乐读书吧》栏目，而且该栏目从一到六年级推荐的书目题材广泛，数量较多，既有传统篇目，又有中外经典，涵盖童谣、童话、神话、科普文、民间故事、小说等多种文体。而且，从《快乐读书吧》的阅读主题、阅读导引、阅读推荐的编排中我们不难看出，编者的用意就是要通过这个栏目来培养学生广泛的阅读兴趣，增强其读书意识，进而指导学生掌握整本书阅读的方法，引导学生学会科学、合理地选择阅读内容，养成良好的阅读习惯。

Z 老师又认真研读了部编版小学语文四年级上册的教材，她注意到，这册教材第四单元选入四篇神话，以“神话，永久的魅力，人类童年时代飞腾的幻想”作为单元导语，将“感受神话中神奇的想象和鲜明的人物形象”作为单元训练点之一。紧随单元之后编排的《快乐读书吧》栏目以“很久很久以前”为话题，引导学生了解“我们的祖先对世界的许多问题都抱有强烈的好奇心，他们尝试着用神话的方式给出解释，并依靠口头讲述使其代代相传”，并从对中国古代神话传说的阅读中发现世界是如何起源的，人类是怎样产生的，神和英雄又是怎样生活的。面对指向神话故事的《快乐读书吧》的编排，基于课外阅读课程化的教学又该从哪里起步呢？

通过查阅相关资料Z老师发现，神话是一个源于民俗学的概念，指的是关于人类和世界变迁的神圣故事。广义上，“神话”可以指任何古老传说，包括神话与传说两个部分，一个偏重于关于人神起源、万物初始的来历，一个偏重于口头流传的关于世界来源及英雄故事的说法。由于这时的人类认识水平非常低下，原始社会时期人类通过推理和想象对自然现象做出解释的这些神话故事便常常笼罩着一层神秘的色彩。不难发现，作为人类童年时期产物的神话，不仅反映了人类征服自然、改造自然的强烈愿望，而且反映了古代先人对自然现象进行理解的最大想象，反映了远古人民对自然力的抗争和对提高人类自身能力的渴望。

神话是远古初民对周围世界自然现象和社会生活的解释，其用虚幻的想象和夸张的手法，采取艺术的方式，反映人民战胜自然的愿望。这一阐述不仅说出了神话的源起，还道出了神话所具有的文本特征。神话不仅表达着人们美好的愿望，而且诠释了真善美的主题，传承了优秀的民族精神和民族文化。这些主题蕴含在故事里，体现在人物形象上。阅读神话，就是要让流淌在孩子血液中的这些民族传统精神重新被唤醒，并得到继承。作为教师，只有从文化、思维、语言、审美几个方面来思考我们的神话教学，其才会更有深度和魅力。而《快乐读书吧》中的神话教学的深度和魅力要建立在“读什么？”“怎么读？”的基础上。阅读神话的价值取向在哪里？学生阅读的提升点在哪里？为了更好地实现阅读神话的价值取向，Z老师经过慎重的思考，决定指导学生读读在情感上离他们更近的中国神话故事。然而，中国神话故事书数量、版本众多，选择哪本书进行教学更适合呢？

（一）选书——慎重挑选，拒绝“信手拈来”

开展阅读的第一步就是选书。经过对比，有两个版本的图书进入了Z教师的视野，一本是由人民教育出版社出版的曹文轩、陈先云主编的《中国神话传说》，一本是由北京教育出版社出版的刘敬余主编的《中国古代神话》。两个版本的图书比较之后，她选择了前者。关于选书的经历，Z老师是这样陈述的：当拿到这本书，初读其中的故事时她发现，故事如同聊家常一般，很少有大段生动细致的描写。她并没觉得这本书有多吸引人，甚至觉得这本书稍显无聊。然而，书中讲究的文字、精练的语言又让她有些不舍。

放下书后，Z老师忽想起一位阅读推广达人说过的话：对人发生深刻影响的阅读，往往从第二遍开始。因为读者只有摆脱了对情节的牵挂，才可以静心品味文字深处的东西。抱着试试看的态度，Z老师开始了第二次静心阅读。这一次，她从目录开始读起，这么仔细一读，她发现整本书的编排非常有结构，是将一个个神话故事结构化，而不是散见，这是在其他版本中不曾看到的思路。这样的结构非常适合读者阅读，也更适合小读者。

Z老师又读了这本书的内容，图文结合，恰当的配图，经典的画面，没有丝毫随意性。该书还不断将希腊神话的内容穿插其间，进行对比，既能引起读者的阅读期待，又丰富着文本内容。而且，这本书并没有把《封神演义》和其他的宗教故事收录在内，是地道的上古洪荒神话集。更难能可贵的是，该书“把情节相关的各个作品安排在合适的位置，便于读者整体上的把握”①，书中的阅读指导，有策略，有举例，让经典蹲下身子和儿童对话。

Z 老师在阅读手记中这样写道：“这一遍阅读，我读出了古人对于世界的认识，读出了神话与我们现在生活的联系，感受到了古人的想象力。这样一遍又一遍的阅读不仅仅丰厚了我对神话的认识，还让我渐渐地对神话有了一份敬畏之情，因为它记录的是中华民族生生不息的精神。此时，我觉得这本书真好啊！我想，这也是能与孩子们聊好书的情感基础，有了这样的阅读感受，我迫不及待地想与孩子们来交流、分享这本书。”有了这样的感情基础，有了整体把握，Z 教师着手设计了整体的阅读规划。

（二）阅读规划——凡事预则立，不预则废

Z 教师认为，整本书的阅读应该是一个与生共读、有目的、有规划的过程。于是，在阅读初期，教师做了如下的阅读规划。

表 5-1　《中国神话传说》阅读规划

时间	阅读内容	导引单使用	着重关注点
20 分钟	荐读课		初步了解创作背景，激发学生的读书兴趣
第一周	自由读完全书		让学生自由、畅快地读书，不带有任何任务地享受读书的快乐
第二周	以单元为例，用思维导图梳理出人物、事件图，统整地把握有关女娲的诸多故事。学生自己选一个单元尝试进行梳理。推进课进行讲解	完成导引单一（第一次推进课）	渗透统整的阅读策略
第三周	根据任务有目的地阅读	完成导引单二（第二次推进课）	渗透视觉化等阅读策略
第四周		班级读书交流课	交流碰撞、提升认识

从这份阅读规划我们可以看出，Z 教师遵循阅读的规律，引导孩子们由素读到有目的地阅读，在反复阅读、不断交流碰撞中，逐步加深对中国古代神话的认知。前期的系统阅读为后续的深入交流奠定了基础，为交流、分享提供了条件。

① 曹文轩，陈先云. 中国神话传说［M］. 北京：人民教育出版社，2019：9.

二、探寻密码，让孩子发现“神话从未远离”

中国神话中有什么呢?

中国神话中蕴藏着古人飞腾的幻想!

深藏着古人从未停止探索的勇气!

珍藏着中华儿女宝贵的精神与品质!

这就是神话传说的密码。

基于此，Z 老师确定了如下学习目标：

1. 将书中具体描写的文字转化为图画或是头脑中出现的画面，用自己的语言讲述图画或画面的内容，讲出神话的神奇之处，形象地感受古人飞腾的幻想。

2. 以小组合作的形式，多角度发现并描述古人眼中的世界，发现神话中凝聚的古人的科学观，发现古人对世界和未知事物的探索从未停止。

3. 结合神话人物的事迹，说出神话人物身上具有的精神与品质，发现中华民族共同的精神与品质特性。

板块一：神话从未远离

感受古人飞腾的幻想，发现古人对世界和未知事物从未停止探索的勇气，发现中华民族共同的精神与品质特性，这就是解开中国神话的密码。这就是小学生阅读中国神话传说的意义和价值。Z 老师以这样的文化认知构想班级读书交流课，以期将前期的阅读提质，将经典形象、精神品质传播到孩子们心中。本节课以“神话并未远离”导入开启，并贯穿全课。

片段一

师：咱们中国人见面都爱问“你吃了吗?”老师今天也来问问你，今天早晨，你吃了吗? 吃的什么呀?

生：吃了，我今天早晨喝的是牛奶。

生：我也吃了，吃的是面包。

师：怎么没有人问我吃了吗?（生笑）

生：老师，您吃了吗?

师：老师也吃了，我吃的是——煎饼。（课件出示煎饼的图片）煎饼太美味了，你看好多同学都流口水了。同学们，看到煎饼，你想到了关于谁的神话故事呢?

生：我想到了女娲的故事。女娲补天以后，人们为了纪念她，就把煎饼铺在房顶或是放在地上，模仿女娲补天、补地的情景。

师：这个又是什么物品呢?（课件出示玉饰图片）中国人对于玉饰情有独钟，看到它，你想到了关于谁的神话故事呢?

生：我想到了黄帝，他爱吃玉膏。玉膏是神仙的食物，流落人间后，就被人们当作一种佩戴的装饰品，用来祈福、辟邪。

心理学研究表明，兴趣是人们积极探索客观事物的一种认识倾向，它不仅能极大地提高大脑皮质的兴奋程度，而且能够激发快乐的情绪。在这一板块的设计中，Z 老师通过片段一的设计，从人们在生活中见面先问“吃了吗?”的习惯聊起，通过唤醒、回忆，激发学生的阅读兴趣，让孩子感受到神话与我们生活的联系，缩短了现实生活与神话故事之间的距离，让兴趣成为学生阅读最好的老师，拉近了学生与书本的关系。但是，Z 老师课后又觉得这样从“吃”聊起的话题虽然起到了预期的效果，但未免有点儿“俗”，似乎并不是最佳选择。

片段二

师：一首词中说：“问君能有几多愁，恰似一江春水向东流。”（课件出示“一江春水向东流”）有一首歌词里还唱道：“大河向东流呀……”这就奇怪了，从古到今，无论是词中还是曲中，咱们中国的河水怎么都向东流，而不向西流呀？由此，你想到了哪个神话故事？

生：我想到了《共工怒撞不周山》的故事。不周山是撑天的柱子，被共工撞断后，天空发生了倾斜，东南方的地维也被弄断了，这样，大地就向东南方倾斜，从此中国的河流就从东南方流入大海了。

师：（出示正月十五灯展的图片）猜一猜这是中国的哪个传统节日呢？你想到了关于谁的神话故事呢？

生：帝喾的大女儿是一个非常美丽的女孩，每天四处游玩，但是她的生命比较短暂，于是，在死前，她许愿希望每年的正月十五这天人们都来祭奠她的灵魂，这样她就能继续来人间游玩，所以，正月十五也叫紫姑节。

师：好呀！聊着聊着，我们发现一张张煎饼、一盏盏漂亮的花灯，以及我们喜爱的每一个传统节日，背后联系着的都是中华民族丰厚的神话故事，而这些神话故事又变成了一种习俗、一种习惯，融入了我们的日常生活。

师：同学们，你们发现了吧，神话其实从未远离！

师：随着这段时间的阅读，我们通过一系列的研究，走进了《中国神话传说》的故事中。这节课，我们来开一个阅读分享会，边交流边思考：神话传说中还有什么呢？

在片段二中，Z 老师继续从提升兴趣着手，由生活习惯聊到诗词，聊到传统节日，聊到民俗，很自然地将学生熟悉的事物和神话故事关联起来，穿越时空，不着痕迹地由现实追溯着源头，让学生真切感受神话与现实生活间的密切联系，真正感受到“神话从未远离”。Z 老师觉得，这样的设计一方面可以创设情境让学生轻轻松松地先聊起来，通过这个“破冰”活动营造一种轻松、愉悦的课堂交流氛围，帮助学生克服不敢聊神话这么一个大话题的心理障碍；另一方面又可以使学生将已有的生活经验和神话故事自然建立联系，进而与后续活动相关联、相呼应。情境的创设让原本零散的、不相关的事物之间建立了联系，为后续阅读交流的深化奠定了基础，为课堂的逐步深化提供了条件。Z 老师给这样的设计思路起了一个颇有意趣的名字，叫“未成曲调先有情”。

板块二：文学与绘画融通，“画”说神奇

片段三

师：说到神话，扑面而来的感觉就是神奇，太神奇了！接下来咱们一起“画”说神奇。（活动简介：结合书中具体的文字描写画图画或是在头脑中想象画面，并用自己的语言讲述图画或画面的内容，讲出神话的神奇之处）哪位同学先来“画”说神奇？

生：老师们，同学们，请看我的这幅画，你们能猜到我画的是什么吗？我画的是“建木”，“建木”是连接上天和人间的一座天梯。天上的太阳照下来，所有的树都有影子，可是这种树却没有影子。如果一个人在树下大喊一声“啊——”，在虚空中这个声音就消失了。（学生根据自己的图画介绍“建木”的神奇之处）

师：老师想跟你击一下掌可以吗？（与刚才回答的学生击掌）为什么要击掌呢？不仅仅因为他是第一个举手回答问题的同学，还因为我俩很可能会因这本书而成为忘年之交。大家看，这是张老师画的。我画的也是“建木”，没有他画得好。（老师出示自己画的关于“建木”的图画，并根据图画内容与学生一起聊“建木”的神奇之处）我的感受与他相同，这“建木”真的是太神奇了，站在树下大吼的声音居然就化为了虚无，它还是天神专用的天梯，无比神圣，普通的人可是上不去的。

孩子们笔下的“画”说神奇：

图 5-1　建木

图 5-2　《精卫填海》

Z 老师认为，神话必须要聊得神奇。学生聊神奇不难，难就难在运用什么样的阅读策略才能更加有效地感受神奇，进而感受神奇背后古人那飞腾的幻想。最初，Z 老师设计的聊神奇仅仅停留于文字的层面，试讲后发现，学生虽然聊得热闹但是总觉得不够深入。但当找到视觉化这一恰当的阅读策略，设计了与之相匹配的学习活动——“画”说神奇之后，神话故事中事物的神奇之处就被体现出来了。在这一片段中，Z 老师也和学生一起亲手画了一幅她自己认为最神奇事物的图，不仅让学生感受到与老师平等对话的兴奋与喜悦，而且通过这种“画”说神奇的过程，Z 老师也真切地感受到：当把一串串的文字变成多彩的图画，又从图画变成生动传神的语言，与其说是在“画”说神奇，不如说是在尝试真实地感受古人飞腾的幻想，感受神话故事的神奇之美。

片段四

师：哪位同学还想接着来“画”说神奇呢？

生：老师们，同学们，早上好！我画的是仓颉。我觉得仓颉造出了文字，促进了人类的沟通，黄帝因此任命他为史官。鬼魂担心人类用文字记述他们的恶行向天帝告状，所以就不敢到处残害人类了。

生：老师们，同学们，你们好！大家都猜到了，我画的是“刑天舞干戚”。黄帝已经把他的头砍断了，他的生命还特别顽强。他的两个乳头变成了两只眼睛，肚脐眼变成了一张嘴，继续与黄帝做着顽强的斗争，我觉得太神奇了！

师：的确神奇，哪位同学还想接着来“画”说神奇？

……

师：同学们，神话中的一人一物，一木一景，一山一水，处处都是神奇，当一串串的文字变成多彩的图画，又从图画变成语言，与其说我们在“画”说神奇，不如说我们在尝试真实地感受古人那飞腾的幻想。（课件出示：神话中蕴藏古人飞腾的幻想）

Z 老师说，这个板块提供的阅读策略主要是视觉化，课后与学生进行交流时，孩子们觉得画图的过程还是挺有难度的，不仅需要从文字阅读中去理解，还需要静下心来去想象、描绘，最难的是如何将古人头脑中想象的事物用图画呈现出来，用语言描绘出来。孩子们的感受是真实的，因为我们可能很容易就能通过叙述去复制古人神话中的语言，却很难去模仿甚至复制古人的想象，而这艰难的过程恰恰是真实地去感受古人那飞腾幻想的过程。Z 老师认为，这种视觉化的阅读策略产生的效果是不错的，因而在这节课的教学设计中，这种方法不仅仅在“画”说神奇板块有体现，在“古人眼中的世界”这一板块也有运用。Z 老师试图通过这种反复运用实现逐步掌握，进而丰富课外阅读之旅。

板块三：小组汇报交流，描绘古人眼中的世界

片段五

师：古人用他们飞腾的幻想、用神话的形式为我们描绘了一个怎样的世界呢？小组汇报交流时，每个小组要尝试借助你画出的内容，从多个角度去解释清楚古人眼中的世界。（现场两分钟讨论、交流，为小组汇报、交流做好准备）

小组汇报 1：（组长）尊敬的各位老师，亲爱的同学们，大家早上好！我们是第一小组，我们小组通过研究发现，古人是从天地关系和气候规律这两个方面来解释他们眼中的世界的。

（组长）大家请看我手中的这幅画：古人认为天在地的上方，从天上垂下来四根极粗的绳子，这就是地维，它们分别捆住了大地的四角，把它吊起来，使大地不会沉没于大海之中。还有八根天柱，它们共同支撑起了我们头顶上的这片蓝天。

（组员 1、2、3）……

（组长）同学们，这就是我们小组的研究成果，我们汇报完了，谢谢大家，欢迎其他小组来做补充。（组长分类粘贴组员画出的古人眼中世界的图画，其他同学和在场的老师们鼓掌以示鼓励）

小组汇报 2：……

师：这是他们小组的研究成果，还有其他小组来补充吗？

小组补充：……

师：同学们，通过阅读我们发现在古人眼中的世界原来是这样的。通过归类我们发现，古人从天地关系、日月诞生、气候规律、四季变化等方面详细地描绘了他们对于这个世界的认识。

Z 老师认为，四年级学生的阅读交流课不能只停留在兴趣层面，学生对于神话阅读的关注点也应该从关注神话的故事情节及人物超越凡人的神力之中跳出来，可以尝试在教师的引领下整合文本内容，去挖掘中国神话传说的意义和价值。在 Z 老师看来，四年级学生已经有了一定的阅读经验，有些阅读能力强的孩子还积累了丰富的课外知识，具备了初步探究的基础。至于小组合作的基本素养，四年级学生也能够比较顺利地展示小组前期的研究成果。

这一片段主要在落实目标 2——以小组合作的形式，多角度发现并描述古人眼中的世界，发现神话中凝聚的古人的科学观，发现古人对世界和未知事物的探索从未停止。达成这个目标的策略是“小组合作，引入科学观点”。Z 老师充分相信学生，发挥好他们对待课外阅读的主动性和积极性，发挥好小组合作的作用，放手让他们带着阅读任务在阅读中

继续巩固、运用已有的阅读方法，教师只需在关键处推一把，鼓鼓劲，评一评，营造宽松的交流氛围，在对话中共同丰富阅读感受，挑起认知冲突引发思考。这应该是比较理想的交流课堂。

片段六

师：古人用他们的想象解释着这个世界，随着科技的进步，你们能用今天的眼光来谈谈古人的哪些观点是科学的，哪些观点是不科学的吗？谁先给大家来个科普小播报？

生：古人认为，宇宙原来像一颗大鸡蛋，是混沌一片的。我觉得这个观点是有科学依据的，因为这正符合现在的宇宙爆炸说。宇宙原来有一段时期是从冷到热变化的。在这段时期，宇宙不断膨胀，所以像一次规模巨大的爆炸。

师：你真了不起，感谢你给我们带来这么精彩的科学小播报。（老师边说边与孩子握手）

生：古人认为一年有春、夏、秋、冬这四个季节，而且四季是轮回的，这个观点是有科学依据的。就和我们现实生活中的一样，春天是一年中的第一个季节，冰雪初融，万物复苏，春风明媚，春草如丝，春天是播种的季节，播种新的生机，新的希望；夏天是一年中的第二个季节，骄阳似火，激情澎湃；秋天是一年中的第三个季节，秋风习习，秋高气爽，秋天是丰收的季节，五谷丰登，金桂飘香，金秋时节，满山红叶，层林尽染，景色宜人；冬天是一年中的最后一个季节，千里冰封，万里雪飘，银装素裹。所以，我觉得古人认为一年有春、夏、秋、冬这四个季节，而且这四个季节是轮回的，这个观点是有科学依据的，谢谢大家！（同学和老师们给予热烈的掌声）

师：最文艺范的科学小播报，感谢你！真精彩！

……

师：在今天看来，古人的观点也许是有很多让人觉得可笑的地方，但是，古人却努力探索着“天地是怎样形成的？日月星辰为什么这样运行？大地的尽头在哪里？”对于生活的这个世界，他们从未停止过探索的脚步。（课件出示：神话中深藏从未停止探索的勇气）

“任何学科知识，只有被转化为学习者的‘情境存在’，它对学习者才是有意义的，也才有可能帮助学习者提出问题、生成探究性主题。否则，学科知识就可能沦为抽象的、‘封闭性实在’，学习者只能储存而不能探究。”[①] Z 教师在这个板块设计了两个话题：“古人用他们飞腾的幻想、用神话的形式为我们描绘了一个怎样的世界呢？”“古人用他们的想

① 张华. 研究性教学论［M］. 上海：华东师范大学出版社，2010：11.

象解释着这个世界，随着科技的进步，你们能用今天科学的眼光来谈谈哪些观点是科学的，哪些是不科学的吗？谁先给大家来个科普小播报？”第一个话题指向统整策略，通过话题引导学生合作完成上古先人对世界现象解释的梳理。第二个话题是联结策略的渗透，话题贯通古今，联系当下，引发学生的审辩、思考。两个话题都在将学生的阅读体验转化为“情境存在”，以便帮助学生提出问题，进而生成探究性主题。

为了能在课堂上进行充分的分享、展示，Z老师课前设计了三个学习活动：“‘画’说神奇”“建立你最崇拜的神话人物档案”“科普播报员”，学生可自由选择其中之一完成。这些学习活动都是基于学情的考量，充分尊重学生已获得的知识，让他们在共同的话题下充分展示自己的阅读成果，在交流中丰富自己的阅读感受。通过阅读交流，孩子们可以感悟到：在今天看来，古人的观点也许有很多让人觉得可笑的地方，但是，古人却努力探索着“天地是怎样形成的？日月星辰为什么这样运行？大地的尽头在哪里……”对于生活的这个世界，古人从未停止过探索的脚步，后人也一直在沿着古人的足迹勇敢前行。

板块四：解开神话人物身上的密码

片段七

师：聊到这里，老师对古人产生了满满的崇拜之情。古人把他们的情感和许多值得我们细细品味的东西放在了一个个神话人物的身上。课前，我们建立了“你最崇拜的神话人物”档案，经过认真地整理，我来看看同学们选出的神话人物有哪些？（课件滚屏出示神话人物的名字）请同学们带着崇拜的心情，大声地读出这些神话人物的名字。

生：女娲、炎帝、后羿、盘古、大禹、黄帝……

师：同学们，你们想先来聊一聊哪一位神话人物？请说出你崇拜的理由。

生：我崇拜的神话人物是后羿。因为以前十个太阳一起出来，后羿跨过九十九条大河，翻过九十九座大山，射下了九个太阳，所以我很崇拜后羿。

生：我崇拜的神话人物也是后羿。我觉得他敢作敢当，因为他射下了九个太阳，完全是为老百姓服务，即使受到任何惩罚也没有怨言。

师：这样一说，我们就明白了，你们崇拜他的理由，是他的身上有一种奉献的精神（教师随机板书：奉献）。

生：我最崇拜的人物是大禹。我觉得他是一个聪明、勇敢的人。

生：我也特别崇拜大禹，大禹治水时几次路过家门，可是他为了百姓们生活得更好都没有进去。他自己为老百姓做了这么多也不骄傲，还把自己的功劳全部归于天帝。他不怕吃苦，真心为老百姓造福，还铸造了九个大鼎记录了各地猛兽的情况，这样，老百姓就不用再受这些猛兽的残害了。他为了让天下太平还制定了新的制度。

师：你真是读懂了大禹，他勇敢坚韧，不怕吃苦，心系百姓，有智慧。你结合他的事迹说出了崇拜他的理由。（教师随机板书：智慧）

Z 老师认为，神话阅读不应该仅仅停留在表面意义上，其更是一种潜移默化的影响与教育。在这一片段中，Z 老师便尝试着引领学生去探寻精神之源。Z 老师基于数据，先将学生最崇敬的神话人物呈现出来，接着以“聊聊英雄”为话题，请学生结合神话人物的事迹，聊聊自己喜欢的神话中的英雄人物。自然而然地，学生就聊到了神话人物身上具有的精神与品质。每一个神奇的人物都有一种神奇的力量，都有一种神秘的色彩，同时体现着一种无穷的精神张力。而这些精神张力便是经典的魅力、经典的精髓，这些代代相传的精神成为中华民族共同的精神与品质特性。

片段八

师：大家还想聊一聊哪个神话人物？

生：我想聊一聊女娲，她是我最崇拜的神。她造过人，所以才有现在的我们；她补过天，所以才有现在这个完整的世界；因为女娲订立了婚姻制度，才能一代代延续人类的生命。干完一切后，她累得倒下了，还不放心，她的肠子变成了十个守护神。所以，我要学习她那种舍己为人的精神，这就是我崇拜她的理由。

师：你归纳得真好！同学们看，在女娲补天当中我们看到了她那种坚毅的品质，跑遍了名山大川去找五色石。她还非常有智慧，想到了补天补地的方法，而且为人类奉献了一生。这是同学们从这些神话人物中读出的精神与品质。

师：老师还读出了一种抗争的精神（教师板书：抗争）。你看，从炎帝开辟土地，让一块块长满杂草的土地变成能够耕种的沃土，到大禹治水，疏通河道、开山挖渠、引水入海。我们的古人一直在同强大的自然界进行着抗争，改造着这个世界。感兴趣的同学也可以从这个角度来读一读，相信你们会有很多新的收获。

师：同学们不约而同地选择了具有坚韧、智慧、奉献、抗争品质和精神的神话人物。这些精神和品质也是我们中华儿女代代崇拜、代代传承的。神话从未远离，它已化成这样的品质和精神，融入了我们每一个人的血液中，生生不息！（课件出示：神话中珍藏着中华儿女可贵的品质与精神）

Z 教师认为，教学进行到这里，对中国古代神话的认识已经从人物形象、神奇故事提升了层次，学生对中华民族的精神有了触摸，对中华优秀传统文化有了触摸。这次深度对话也许只是开始，但这样的对话会让孩子感受到真善美，并产生民族自豪感。民族自豪感被唤醒，进而注入学生的血液中，这便是解开神话密码的精髓所在。

Z 老师读过整套书后通过对比感受到，中国上古诸神所普遍具有的伟大的献身精神，是世界其他民族的神话人物所不具备的。如，希腊神话中的第一代主神被儿子克洛诺斯推翻，克洛诺斯害怕他的儿女像他推翻父亲一样来推翻自己，便将所有的儿女都吞进了肚子里。这时宙斯还未出生，他的母亲逃到克里特岛生下了他，这才幸免于难。不独希腊神话如此，巴比伦神话和北欧神话同样带着浓浓的血腥味儿。在西方神话中，普罗米修斯这样的神只是极少数的存在。中国神话中的创世神盘古牺牲自己的肉体，完成开天辟地和万物创造，神农氏不顾自身安危尝尽百草……智慧、奉献、抗争这些民族精神已经深深地刻在中华民族的基因里。Z 老师想着，应该让学生通过比较阅读，更真切地感受这种精神的力量。

板块五：比较阅读，丰富阅读之旅

片段九

师：现在有没有同学还想读回头书呀？都说“好书不厌千遍读”，我们可以再将它与世界神话传说故事进行比较阅读，相信更丰富的阅读之旅在等着你。比如，在《中国神话传说》中，我们人类是怎样诞生的呢？

生：我们是被女娲造出来的。

师：对，那你知道在《世界神话传说故事》中，人类是怎样诞生的吗？(生沉默)

师：还有，中国的神外貌都是什么样子的呢？

生：中国的神都是半人半兽的形象。

师：那外国的神是不是跟中国的神一个样子呢？

师：在《中国神话传说》中，人类是通过燧人氏钻木取火这样的方式获得了火种，但是在《希腊神话》中则是天神普罗米修斯通过盗火的方式让人类获得了火种。这两种不同的获得火的方式背后又有着怎样的秘密呢？带着疑问和好奇，请同学们运用这样的方法继续我们的阅读之旅吧。(教师手拿《世界神话传说故事》做推荐)

Z 老师对汇报交流分享课的定位为：引领学生对整本书进行全面回顾、总结和提升，让它与学生的生命发生碰撞，让它触及学生的心灵，引发学生思考，带给学生启迪。课外阅读要求教师要站在整本书的角度思考，这对教师是挑战，但也能带给师生更为宏大的视野，更具空间的对话，更多元的思维碰撞。因而，只有目标明晰，策略灵活，活动渐进，才能产生情感共鸣，进而实现共鸣共振、共识互促之效。

Z 老师认为，课堂教学的结束并不意味着阅读、思考的终结，而是开启了另一次阅读之旅。从任务来看，很显然，下一阶段的学习会更高阶、更宏阔。教师运用了短短的时间，用事例和存疑的方式，有效地激发起学生的阅读期待，让阅读进入了新天地。

神话并没有远离，也从未走远，今后也必将陪伴着一代又一代的读者成长！

【结语】

钟启泉说："核心素养不是直接由老师教出来的，而是需要学生在具体的问题情境中借助问题解决的实践而逐步培养和发展起来。"① 在这节课中，Z 老师在激发学生阅读兴趣的基础上，试图巧妙运用多种阅读策略，引领学生告别浅阅读，向有深度的阅读漫溯，为我们展示了一节具有挑战性的阅读交流分享课。这也是 Z 老师关于《快乐读书吧》教学的一次认真思考与尝试，不仅体现着她对课外阅读课程化的理解和大胆实践，更承载着她弘扬民族精神、培养学生语文核心素养的理想和热情。

Z 老师一直仰慕叶圣陶老先生描绘的教育境界："给指点，给讲说，却随时准备少指点，少讲说，最后做到不指点，不讲说。这好比牵着手走，却随时准备放手。在这上头，教者可以下好多功夫。"② 在两次研磨课的讨论过程中，Z 教师在不断思考并力求厘清这样的问题：阅读神话的价值在哪里？学生阅读的起点在哪里？课堂上的提升点在哪里？面对新教材中的课外阅读板块，Z 老师仍在思考：如何才能更深入领会《快乐读书吧》栏目的编排意图，准确把握教学要点？如何才能更好地以部编版小学语文教材课外阅读板块为载体开展课外阅读教学？如何更好地激发学生的阅读兴趣，培养学生的阅读习惯，引导学生进行深度阅读？如何引导学生读好书，好读书，会读书，让阅读真正实现提升语文核心素养的目标？如何才能准确评价学生的课外阅读情况？对于浩如烟海的书籍，教师自身该具备怎样的眼光、拥有怎样的阅读体验，才能承担起向学生推荐书籍、传播文化的重任？这"牵着手走，却随时准备放手"的每一次实践，都让 Z 老师于困惑、思考与提升中获得了前行的动力。这"牵着手走，却随时准备放手"的探索，仍将继续走在路上，不断向前，永不停歇……

【案例思考题】

1. 收集第二学段《快乐读书吧》的教学实录，结合本案例，请思考：第二学段《快乐读书吧》的编排有哪些特点？教学指向有哪些基本特征？

2. 在本案例中，Z 老师运用了哪些阅读指导策略？这些策略是否符合四年级学生的学情？是否实现了她的教学目标？

3. 在本案例中，你认为 Z 老师对阅读分享交流课的定位合理吗？为什么？

4. 以下为《安徒生童话》整本书阅读分享课的教学设计，与本案例的教学设计有哪些异同？通过比较分析，你得到了哪些启示？

一、畅所欲言，交流阅读收获

交流话题：读完《安徒生童话》，你从这些童话故事中读出了什么？

二、选择话题，小组合作探究

---

① 钟启泉. 基于核心素养的课程发展：挑战与课题［J］. 全球教育展望，2016，45（1）：3-25.

② 蒋蓉，李金国. 小学语文教学设计［M］. 北京：高等教育出版社，2016：11.

出示探究性话题（安徒生童话里的动物、女子、男子、哲理）选项，小组自主选择；

出示合作学习导学单，明确探究任务；

小组合作，完成探究性话题学习。

三、分组汇报，集体统整汇报

四、延伸话题，文学审美鉴赏

从安徒生笔下的故事和角色中，你读出了什么是真正的美？

怎样才能拥有真正的美？

五、总结升华，彰显童话魅力

5. 通过Z老师的教学设计，可以引发你对部编版小学语文教材《快乐读书吧》栏目教学的哪些思考？

【案例使用说明】

1. 适用范围

适用对象：小学教育专业的研究生或本科生、教师教育相关专业的研究生或本科生、小学语文教师。

适用课程：“小学语文教学设计与实施”“小学语文教学专题研究”“课例分析（小学语文）”等。

2. 教学目的

（1）通过对课堂实录材料的学习，关注部编小学语文教材《快乐读书吧》栏目的编排思路和教学要求，了解小学语文教师对《快乐读书吧》栏目的理解与认识。

（2）分析课堂实录材料或相关教学设计、教学录像，形成个人观点与认识，在与他人交流的过程中，审视各自不同的观点、评价依据、评价方式，进行分析与综合，提升教学研究能力。

（3）通过对相关学习材料的研究，加强对课程标准及部编版小学语文教材的纵深思考，准确定位课外阅读课程化的年段目标及学习要求。

（4）在研究的基础上进行部编版小学语文教材《快乐读书吧》栏目的教学设计，提升教学设计能力。

3. 要点提示

相关理论：

教学设计、语文课程与教学、阅读教学的理论与方法。

关键知识点：

小学语文阅读教学的目标要求、阅读教学的方法、部编版小学语文教材的编排特点。

关键能力：

研读教材的能力、分析学情的能力、教学设计的能力。

案例分析思路：

首先，通过对《快乐读书吧》栏目内容的梳理和部编版小学语文四年级上册教材的研读，引导学生发现部编版教材的变化，领会教材编写者的意图，厘清学生对该栏目的认识；其次，引导学生运用相关教育教学理论，结合四年级学生的学情和案例教学设计，对阅读教学的方法进行多层面、多视角的讨论、分析、点评；再次，在讨论中继续探究适用于小学第二学段的阅读教学方法和课堂实施策略，引导学生合理进行教学设计；最后，以对《快乐读书吧》栏目的思考为引领，结合更多小学语文阅读教学案例，开展部编版小学语文教材研究，架构小学语文阅读教学的新体系，思考课外阅读课程化的新路径。

4. 教学建议

时间安排：大学标准课 4 节，180 分钟，布置和预习 1 节，汇报讨论 2 节，反思总结 1 节。

环节安排：提前 1~2 周利用 1 节课布置预习内容，对《快乐读书吧》的教学目标和内容进行梳理→学生分组研读案例和部编版小学语四年级上册教材→课下进行讨论和交流→各组形成主要观点→学生课上汇报、研讨 →学生小组互评、教师点评。

人数要求：40 人以下的班级教学。

教学方法：参与式教学、小组合作教学等方式，以师生讨论为主，以讲授、点评为辅。

工具选择：案例打印资料、多媒体录播教室、录音笔、记录表等。

组织引导：教师布置任务清晰，案例讨论要求明确；教师要为学生提供必要的参考资料；教师需要对学生的课下讨论予以必要的指导，并及时给出建议，便于课上交流；学生课上讨论注意理论支撑与观点生成；教师点评注重提升，肯定每组的亮点，不应给出最终结论。

活动设计建议：

搜集跟《快乐读书吧》教学相关的资料，有条件的可以深入小学中段的课堂听 1~2 节阅读指导课，并对任课教师进行随机采访，以便获得实际资料。

案例的背景分析不宜在文本中直接出现。教师可以使用图片、视频、文字等多种形式来呈现背景信息，这样不仅可以调动学生的阅读经验，也可以加深学生对案例主题的认识，为后期案例的研讨做好准备。

上课前做好教学准备。课前要求学生完成案例阅读，有条件的可观看视频，独立思考，并及时记录讨论要点；根据学生的情况将学生分组，每个小组提供一张小组讨论记录表，讨论记录表需要注明讨论的时间、地点、人员、讨论流程、个人聚焦问题和小组聚焦问题，以及确定聚焦问题后的现有知识分析和拟查阅资料。

案例讨论后的汇报形式应鼓励多样化，注重成员间的明确分工和配合，不能总是由组长或一个成员承担汇报任务，要多给其他同学参与的机会；小组汇报前要做好汇报的 PPT，小组汇报后现场进行小组间评价和教师点评；教师点评要及时进行，注意适时，适度提升理论，把握整体教学进程；下课后，教师应及时总结得失，以便调整后续的教学内容，及时改进教学设计。

5. 推荐阅读

［1］杨再隋. 语文课程的目标・理念・策略：《义务教育语文课程标准（2011 年

版）》导读［M］. 长沙：湖南教育出版社，2012.

［2］温儒敏. 温儒敏论语文教育［M］. 北京：北京大学出版社，2010.

［3］陈先云. 国家统编小学语文教科书教学指导：与其他版本教科书比对研究［M］. 北京：语文出版社，2019.

［4］王荣生. 阅读教学设计的要诀［M］. 北京：中国轻工业出版社，2014.

［5］蒋蓉，李金国. 小学语文教学设计［M］. 北京：高等教育出版社，2016.

［6］薛瑞萍. 薛瑞萍教育教学问答［M］. 南宁：广西师范大学出版社，2014.

［7］支玉恒. 小学语文课堂教学亮点［M］. 北京：教育科学出版社，2016.

《中国神话传说》阅读交流课教学实录[①]

一、学习目标

1. 将书中具体描写的文字转化为图画或是头脑中出现的画面，用自己的语言讲述图画或画面的内容，讲出神话的神奇之处，形象地感受古人飞腾的幻想。

2. 以小组合作的形式，多角度发现并描述古人眼中的世界，发现神话中凝聚的古人的科学观，发现古人对世界和未知事物的探索从未停止。

3. 结合神话人物的事迹，说出神话人物身上具有的精神与品质，发现中华民族共同的精神与品质特性。

二、教学重难点

教学重点：以小组合作的形式，多角度发现并描述古人眼中的世界，发现神话中凝聚的古人的科学观，发现古人对世界和未知事物的探索从未停止。

教学难点：结合神话人物的事迹，说出神话人物身上具有的精神与品质，发现中华民族共同的精神与品质特性。

三、教学过程

（一）神话从未远离

师：同学们，早上好！做好准备了吗？

生：做好了！

师：今天这么多老师来听大家上课，紧张吗？

生：不紧张。

师：那太好了，既然不紧张，咱们就从生活化的话题聊起，怎么样？

生：好！

师：咱们中国人见面都爱问："你吃了吗？"老师今天也来问问你，今天早晨，你吃了

① 执教者为内蒙古自治区包头市东河区公园路小学张慧。

吗？吃的什么呀？

生：吃了，我今天早晨喝的是牛奶。

生：我也吃了，吃的是面包。

师：怎么没有人问我吃了吗？（生笑）

生：老师，您吃了吗？

师：老师也吃了，我吃的是——煎饼。（课件出示煎饼的图片）煎饼太美味了，你看好多同学都流口水了。同学们，看到煎饼，你想到了关于谁的神话故事呢？

生：我想到了女娲的故事。女娲补天以后，人们为了纪念她，就把煎饼铺在房顶或是放在地上，模仿女娲补天、补地的情景。

师：这个又是什么物品呢？（课件出示玉饰图片）中国人对于玉饰情有独钟，看到它，你想到了关于谁的神话故事呢？

生：我想到了黄帝，他爱吃玉膏。玉膏是神仙的食物，流落人间后，就被人们当作一种佩戴的装饰品，用来祈福、辟邪。

师：一首词中说："问君能有几多愁，恰似一江春水向东流。"（课件出示"一江春水向东流"）老师读得没有咱们班同学唱得好，昨天，有一位男同学唱道："大河向东流呀……"这就奇怪了，从古到今，无论是词中还是曲中，咱们中国的河水怎么都向东流，而不向西流呀？由此，你想到了哪个神话故事？

生：我想到了《共工怒撞不周山》的故事。不周山是撑天的柱子，被共工撞断后，天空发生了倾斜，东南方的地维也被弄断了，这样，大地就向东南方倾斜，从此，中国的河流就从东南方流入大海了。

师：猜一猜这是中国的哪个传统节日呢？（出示正月十五灯展的图片）你想到了关于谁的神话故事呢？

生：帝喾的大女儿是一个非常美丽的女孩，每天四处游玩，但是她的生命比较短暂，于是，在死前，她许愿希望每年的正月十五这天人们都来祭奠她的灵魂，这样她就能继续来人间游玩，所以，正月十五也叫紫姑节。

师：聊着聊着，我们发现一张张煎饼、一盏盏漂亮的花灯，以及我们喜爱的每一个传统节日，背后联系着的都是中华民族丰厚的神话故事，而这些神话故事又变成了一种习俗、一种习惯，融入了我们的日常生活。

师：同学们，你们发现了吧，神话其实从未远离！

师：随着这段时间的阅读，我们通过一系列的研究，走进了《中国神话传说》的故事中。这节课，我们来开一个阅读分享会，边交流边思考：神话传说中还有什么呢？

（二）文学与绘画融通，"画"说神奇

师：说到神话，扑面而来的感觉就是神奇，太神奇了！接下来，咱们一起"画"说神奇。（活动简介：结合书中具体的文字描写画图画或是在头脑中想象画面，并用自己的语言讲述图画或画面的内容，讲出神话的神奇之处）哪位同学先来"画"说神奇？每人一分钟时间。

生：老师们，同学们，请看我的这幅画，你们能猜到我画的是什么吗？我画的是“建木”，“建木”是连接上天和人间的一座天梯。天上的太阳照下来，所有的树都有影子，可是这种树却没有影子。如果一个人在树下大喊一声“啊——”，在虚空中这个声音就消失了。（学生根据自己的图画介绍“建木”的神奇之处）

师：老师想跟你击一下掌可以吗？（与刚才回答的学生击掌）为什么要击掌呢？不仅仅因为他是第一个举手回答问题的同学，还因为我俩会很可能因这本书而成为忘年之交。大家看，这是老师画的。我画的也是“建木”，没有他画得好。（老师出示自己画的关于“建木”的图画，并根据图画内容与学生一起聊“建木”的神奇之处）我的感受与他相同，这“建木”真的是太神奇了，站在树下大吼的声音居然就化为了虚无，它还是天神专用的天梯，无比神圣，普通的人可是上不去的。

师：哪位同学还想接着来“画”说神奇呢？

生：老师们，同学们，早上好！我画的是仓颉。我觉得仓颉造出了文字，促进了人类的沟通，黄帝因此任命他为史官。鬼魂担心人类用文字记述他们的恶行向天帝告状，所以就不敢到处残害人类了。

生：老师们，同学们，你们好！大家都猜到了，我画的是“刑天舞干戚”。黄帝已经把他的头砍断了，他的生命还特别顽强。他的两个乳头变成了两只眼睛，肚脐眼变成了一张嘴，继续与黄帝做着顽强的斗争，我觉得太神奇了！

师：的确神奇，哪位同学还想接着来“画”说神奇？

生：我画的是青年时代的舜，他的神奇之处是他的继母和弟弟特别讨厌他，就故意让他去疏通水井，可他刚下去，继母和弟弟就用一块大石头封住了井口，决心要害死他。他的孝心感动了上天，就在这时，水井下方凭空出现了一条通道，他就顺着通道走了出去，因为担心继母和弟弟继续加害他，就没有回家。

生：老师们，同学们，你们知道我画的这把斧子是干什么用的吗？（学生之间互动交流）

生：这是盘古开天地时用的斧子。

生：对了，我这把斧子就是盘古开天地时用的斧子。天地那么大，得有多大的力气，才能把天和地分开呀！我觉得这真是太神奇了！

师：同学们，神话中的一人一物，一木一景，一山一水，处处都是神奇，当一串串的文字变成多彩的图画，又从图画变成语言，与其说我们在“画”说神奇，不如说我们在尝试真实地感受古人那飞腾的幻想。（课件出示：神话中蕴藏古人飞腾的幻想）

（三）小组汇报交流，描绘古人眼中的世界

师：古人用他们飞腾的幻想、用神话的形式为我们描绘了一个怎样的世界呢？小组汇报交流时，每个小组要尝试借助你画出的内容，从多个角度去解释古人眼中的世界。

（现场两分钟讨论、交流，为小组汇报、交流做好准备）

小组汇报1：（组长）尊敬的各位老师，亲爱的同学们，大家早上好！我们是第一小组，我们小组通过研究发现，古人是从天地关系和气候规律这两个方面来解释他们眼中的世界的。

（组长）大家请看我手中的这幅画：古人认为天在地的上方，从天上垂下来四根极粗的绳子，这就是地维，它们分别捆住了大地的四角，把它吊起来，使大地不会沉没于大海之中。还有八根天柱，它们共同支撑起了我们头顶上的这片蓝天。

（组员）同学们、老师们，请看我手中的这幅画，因为我们生活的世界离东海较近，所以古人认为东海是有尽头的，那就是归墟。归墟也是世界的尽头，所有东西流入归墟都会化为乌有。

（组员）亲爱的同学们，我画的是天圆地方。在古人的眼中，天是圆形的，地是方形的，天就像一个大盖子似的笼罩在大地的上方，在大地的四周有着一望无际的大海，而这片地就在大海的正中央。

（组员）敬爱的老师，亲爱的同学们，我画的是南方与北方的气候图。在黄帝与蚩尤的大战中，黄帝的女儿魃和一位大将应龙因为帮助黄帝作战损失了不少神力，无法再次回到天庭，魃来到了北方，北方就越来越干旱，应龙来到了南方，南方就变得越来越潮湿。在古人眼中这就是北方干旱而南方潮湿的原因。

（组长）同学们，这就是我们小组的研究成果，我们汇报完了，谢谢大家，欢迎其他小组来做补充。（组长分类粘贴组员画出的古人眼中世界的图画，其他同学和在场的老师们鼓掌以示鼓励）

小组汇报2：（组长）尊敬的各位老师，亲爱的同学们，大家早上好！我们是第三小组，我们来给第一小组做补充。我们小组发现，古人是从四季变化、天地诞生、仙山漂移、天地四极四个方面来描绘他们眼中的世界的。

（组长）同学们请看，我画的这幅图是四季轮回。在那时，古人已经知道了一年中有四个季节，分别是春、夏、秋、冬，而这四个季节分别由四位天帝掌管。春天由东方天帝伏羲掌管，夏天由南方天帝炎帝掌管，秋天由西方天帝少昊掌管，冬天由北方天帝颛顼掌管，四季往复，这就是古人眼中的四季变化。

（组员）老师们、同学们，大家好！千万不要认为我画得简单，这可是宇宙最初的样子，天地未分开之时宇宙混沌一片，就像这个圆一样，这就是古人眼中天地混沌一片的样子。

（组员）敬爱的老师们，亲爱的同学们，大家好！虽然表面上看我只是画了几座山和一片海，但在东海之上仙山漂浮不定，黄帝就派了十五只巨大的神龟，每三只神龟负责驮一座仙山，每六万年轮回一次。古人认为山没有根，所以漂浮不定，其中还有两座仙山漂到世界的尽头——归墟去了，从此再也没有出现过。

（组员）同学们、老师们，大家好！大家请看我画的这幅图，古人认为，我们生活的家园——陆地是方形的，陆地的四周全部都是海。因为陆地是方形的也就有了四极，它们分别是东极、南极、西极和北极。

（组长）这就是我们组的发现，谢谢大家。（组长分类粘贴组员画出的古人眼中世界的图画，其他同学和在场的老师们鼓掌以示鼓励）

师：这是他们小组的研究成果，还有其他小组来补充吗？

小组汇报3：

（组员）老师们、同学们，大家好！我来自第二组，我代表我们组来给其他小组的观点做补充。先来看图的这边，这边我画的是十个太阳，十个太阳是由帝俊和羲和所生。图的这边画的是十二个月亮，十二个月亮是由帝俊和常羲所生。古人认为太阳和月亮都是由神仙所生的。我的补充完毕，谢谢大家。

（组员）亲爱的老师、同学们，大家好！我是第七小组的组员，我代表我们小组来做补充。请看我手中的这幅图，古人认为天有九重，最高的一层就是九重天，那里是神仙居住的地方，神圣无比，非常美好。我的汇报完毕，谢谢大家！

师：同学们通过阅读发现古人眼中的世界原来是这样的。通过归类我们发现，古人从天地关系、日月诞生、气候规律、四季变化等方面详细地描绘了他们对于这个世界的认识。

师：古人用他们的想象解释着这个世界，随着科技的进步，你们能用今天的眼光来谈谈古人的哪些观点是科学的，哪些是不科学的吗？谁先给大家来个科普小播报？

生：古人认为，宇宙原来像一颗大鸡蛋，是混沌一片的。我觉得这个观点是有科学依据的，因为这正符合现在的宇宙爆炸说。宇宙原来有一段时期是从冷到热变化的。在这段时期，宇宙不断膨胀，所以像一次规模巨大的爆炸。

师：你真了不起，感谢你给我们带来这么精彩的科学小播报。（老师边说边与孩子握手）

生：我认为天圆地方这个观点是不正确的。因为地不是方形的而是圆形的，所以我觉得这个观点是不正确的。

生：古人认为地有四极这个观点是不正确的。有可能古人认为地球是方形的，所以才有四极，可是经过科学证明我们的地球是圆形的，只有南北两极，所以古人的观点是不科学的。

生：古人认为一年有春、夏、秋、冬这四个季节，而且四季是轮回的，这个观点是有科学依据的。就和我们现实生活中的一样，春天是一年中的第一个季节，冰雪初融，万物复苏，春风明媚，春草如丝，春燕归巢，春天是播种的季节，播种新的生机，新的希望；夏天是一年中的第二个季节，骄阳似火，激情澎湃；秋天是一年中的第三个季节，秋风习习，秋高气爽，秋天是丰收的季节，五谷丰登，金桂飘香，金秋时节，满山红叶，层林尽染，景色宜人；冬天是一年中的最后一个季节，千里冰封，万里雪飘，银装素裹。所以，我觉得古人认为一年有春、夏、秋、冬这四个季节，而且这四个季节是轮回的，这个观点是有科学依据的，谢谢大家！（同学和老师们给予热烈的掌声）

师：最文艺范的科学小播报，感谢你！真精彩！

生：我认为古人认为有十二个月亮的观点是错误的，可能是因为月亮时圆时缺，所以看上去好像有许多个月亮，古人才有了十二个月亮的说法。

生：我觉得有科学的地方，科学的地方就是那五座仙山的漂移，可以对应现在的大陆漂移说。可能那五座仙山以前也是连在一起的，那两座仙山也可能是因为地壳运动而沉

没，大陆真的是在海上移动，我推测古人是看到了这一景观才创造了这一神话，谢谢大家。（同学们给予热烈的掌声）

师：你肯定是一个特别爱读书的孩子，才积累了这么多的科学知识。

生：古人认为天上有十个太阳和十二个月亮这个观点是不正确的。因为当时小行星相邻较近，太阳周围有许多的小行星和它们的卫星，这么多的小行星加在一起，古人看见了，就会以为天上有十个太阳。晚上，月球的旁边也有许多小行星，古人才认为天上有十二个月亮。况且，每一个星球都是独立的个体，并不是由神仙所生的。谢谢大家！（同学们、老师们再次给予热烈的掌声）

师：通过你这样一说，我好像跟刚才那个男同学说的宇宙大爆炸联系在了一起。那我也在想，是不是咱们的古人真的经历过这个过程，感受过宇宙越来越膨胀，星系越来越远离，所以才创造了这样的神话传说来描绘他们眼中的世界。

师：在今天看来，古人的观点也许有很多让人觉得可笑的地方，但是，古人却努力探索着“天地是怎样形成的？日月星辰为什么这样运行？大地的尽头在哪里？”对于生活的这个世界，他们从未停止过探索的脚步。（课件出示：神话中深藏从未停止探索的勇气）

（四）解开神话人物身上的密码

师：聊到这里，老师对古人产生了满满的崇拜之情。古人把他们的情感和许多值得我们细细品味的东西放在了一个个神话人物的身上。课前，我们建立了“你最崇拜的神话人物档案”，经过认真地整理，我来看看同学们选出的神话人物有哪些？（课件滚屏出示神话人物的名字）请同学们带着崇拜的心情，大声地读出这些神话人物的名字。

生：女娲、炎帝、后羿、盘古、大禹、黄帝……

师：同学们，你们想先来聊一聊哪一位神话人物？请说出你崇拜的理由。谁先来说？

生：我崇拜的神话人物是后羿。因为以前十个太阳一起出来，后羿跨过九十九条大河，翻过九十九座大山，射下了九个太阳，所以我很崇拜后羿。

师：还有哪位同学也特别崇拜他，想来聊一聊？

生：我崇拜的神话人物也是后羿。我觉得他敢作敢当，因为他射下了九个太阳，完全是为老百姓服务，即使受到任何惩罚也没有怨言。

生：我也最崇拜后羿，因为我觉得他很勇敢，而且非常坚韧，有一种坚持到底的品质。后羿为了得到不死药，就去昆仑山上找西王母，昆仑山外面有一条河，这条河叫弱水，所有的东西进入弱水后都会下沉，即使是一片小小的羽毛也会沉入水里，可他一直凭借自己的勇敢和坚持进入了昆仑山。（教师随机板书：坚韧）

师：后羿，后来怎么样了？

生：后羿留在了人间，被他的徒弟打死了。

师：他是天神，怎么不返回天上呢？

生：因为他全心全意地为老百姓考虑，没有考虑自己，射死了九个太阳，得罪了天帝。

师：这样一说，我们就明白了，你们崇拜他的理由，是他的身上有一种奉献的精神

（教师随机板书：奉献）。同学们还想聊一聊哪个神话人物？

生：我最崇拜的人物是大禹。我崇拜他的理由是，他居然能在大洪水那么大的情况下去治水。

师：你觉得他治水有办法，是吗？

生：我觉得他是一个聪明、勇敢的人。

师：换一个词，智慧吧！

生：我崇拜的也是大禹。他们走过玉山的时候没了办法，看到那里有一个天然的缺口就一直挖下去，通过了龙门山，挖出了一条河道。

师：看来，你也觉得他特别有办法，有智慧。

生：我也特别崇拜大禹，大禹治水时几次路过家门，可是他为了百姓们生活得更好，都没有进去。为了把大洪水治好，他走过了各个名山大川，并对当地的地形进行了详细的了解。他自己为老百姓做了这么多也不骄傲，还把自己的功劳全部归于天帝。他不怕吃苦，真心为老百姓造福，还铸造了九个大鼎记录了各地猛兽的情况，这样老百姓就不用再受这些猛兽的残害了。他为了让天下太平，还制定了新的制度。

师：你真是读懂了大禹，他勇敢坚韧，不怕吃苦，心系百姓，有智慧。你结合他的事迹说出了崇拜他的理由。（教师随机板书：智慧）同学们还想聊一聊哪个神话人物？

生：我最崇拜的是炎帝。因为古时候人们的食物比较单一，炎帝就教导人们种植谷物，他还尝各种草药，帮人们消除病痛，所以，我特别崇拜炎帝。

生：我想聊一聊女娲，她是我最崇拜的神。她为人类做过许多事，她这一生都在为人类造福。她做过的事情有补天，还造出了我们人类，并和伏羲繁衍出了更多的人类。

生：我最崇拜的神是女娲。她造过人，所以才有现在的我们；她补过天，所以才有现在这个完整的世界；因为女娲订立了婚姻制度，才能一代代延续人类的生命。干完一切后，她累得倒下了，还不放心，她的肠子变成了十个守护神，所以，我要学习她那种舍己为人的精神，这就是我崇拜她的理由。

师：你归纳得真好！同学们看，在女娲补天当中我们看到了她那种坚毅的品质，跑遍了名山大川去找五色石。她还非常有智慧，想到了补天、补地的方法，而且为人类奉献了一生。这是同学们从这些神话人物中读出的精神与品质。

师：老师还读出了一种抗争的精神。（教师板书：抗争）你看，从炎帝开辟土地，让一块块充满杂草的土地变成能够耕种的沃土，到大禹治水，疏通河道、开山挖渠、引水入海。我们的古人们也在同强大的自然界进行着抗争，改造着这个世界。感兴趣的同学也可以从这个角度来读一读，相信你会有很多新的收获。

师：同学们不约而同地选择了具有坚韧、智慧、奉献、抗争品质和精神的神话人物。这些精神和品质也是我们中华儿女代代崇拜、代代传承的。神话从未远离，它已经化成这样的品质和精神，融入了我们每一个人的血液中，生生不息！（课件出示：神话中珍藏中华儿女可贵的品质与精神）

（五）比较阅读，丰富阅读之旅

师：当我们读懂这些，好想拿起它再来读一读呀（教师再次拿起《中国神话传说》这本书），都说“好书不厌千遍读”，我们可以再将它与世界神话传说故事进行比较阅读，相信更丰富的阅读之旅在等着你。比如，在《中国神话传说》中，我们人类是怎样诞生的呢？

生：我们是被女娲造出来的。

师：对，那你知道在《世界神话传说故事》中，人类是怎样诞生的吗？还有，中国的神外貌都是什么样子的呢？

生：中国的神都是半人半兽的形象。

师：那外国的神是不是跟中国的神一个样子呢？在《中国神话传说》中，人类是通过燧人氏钻木取火这样的方式获得了火种，但是在《世界神话传说故事》中则是天神普罗米修斯通过盗火的方式让人类获得了火种。这两种不同的获得火的方式背后又有着怎样的秘密呢？带着疑问和好奇，请同学们赶快运用这样的方法继续我们的阅读之旅吧。（教师手拿《世界神话传说故事》做推荐）

同学们，我们今天就聊到这里吧！下课！

案例六：品《红楼春趣》，助“红楼”悦读之旅

【背景信息】

课文是小学语文教科书功能实现的重要载体，是指导语文教师规划教学的主要元素，也是实施课堂教学的核心材料。课文的长短、难易程度以及是否适合教学，是学生能不能学得了、教师能不能教得好的先决条件。自部编版小学语文教科书（以下简称“部编教科书”）在全国推行以来，一线教师明显感到，相较于以往版本或版次的语文教材，部编教科书中文字多、篇幅长、信息量大、内容理解难度大的长课文、难课文数量明显增多，这无疑对已经习惯于长短适合、难易适中的课文教学的语文教师提出了挑战。教师普遍反映：面对长课文、难课文，一则把握不准该教些什么，该教到什么程度；二则没有可资借鉴的教学经验，心里觉得没底。一时间，关于部编教科书中长课文、难课文的编排以及教学应对策略的讨论，成为小学语文教育界关注的话题。

面对大家关注的热点，人民教育出版社的郑宇指出，部编教科书中“长课文、难课文的教学是当前讨论的一个热点，这是语文教学实践不断深入的体现。……充分发挥长课文和难课文的独特价值，不断总结相关的经验和教训，是一项长期的工作任务”①。部编教科书执行主编陈先云则就教科书中长课文、难课文的编排做出如下解释：“长课文对学生阅读能力的发展也有着其他课文所不具有的独特价值，如培养概括能力、浏览能力、寻找关键信息能力、快速阅读能力等。因此，部编教科书在选编课文时，没有刻意回避少量的长课文、难课文……选编长文章、难文章，也是满足小学生进入初中阶段语文学习的需要。”② 他还有针对性地提出了“长文短教、难文浅教”的教学策略。《小学语文》杂志顺应热点开设了“长课文、难课文教学研究专题”；人民教育出版社课程教材研究所、小学语文编辑室也以“长课文和难课文的有效教学”为主题，召开了全国第二届部编教科书优质课观摩交流活动，为探讨、交流长课文、难课文有效教学的方法或策略，分享值得借鉴、推广的经验搭建平台。

面对部编教科书的变化和小学语文教育界关注的热点问题，Z 老师也在积极思考：如何识别长课文、难课文？如何理解“长文短教，难文浅教”？又如何在实现“长文短教，难文浅教”中激发阅读兴趣、培养阅读习惯、指导阅读方法、渗透阅读策略，努力创造丰富的阅读实践机会，让学生在阅读中获得成长呢？

---

① 郑宇．确定适宜目标，分清教学主次，夯实重点：以《卖火柴的小女孩》为例，谈经典文学作品的教学思路［J］．小学语文，2021（Z1）：9-12.

② 陈先云．长文短教 难文浅教：用好统编小学语文教科书的几点思考［J］．小学语文，2020（10）：4-10.

《义务教育语文课程标准（2022 年版）》（以下简称“新课程标准”）颁布之时，Z 老师正在进行部编版小学语文五年级下册第二单元的教学。新课程标准强调了语文课程在“建立文化自信”等方面具有不可替代的优势，提出了语文课程应“继承和弘扬中华优秀传统文化、革命文化、社会主义先进文化”的理念，这让 Z 老师对“单元说明”中“本组课文意在带领学生走进古典名著，初步学习阅读名著的方法，产生阅读名著的兴趣”[①]的表述有了更加明晰的认识。Z 老师心中默默为自己鼓劲：如果能在古典名著单元的教学中精准实现学习目标，进而开启“读古典名著，品百味人生”的“整本书阅读”之旅，引导学生于阅读中感受中华优秀传统文化的魅力，何尝不是一次落实新课程标准理念的教学尝试呢？于是，Z 老师便结合自己对长课文、难课文的思考，对新课程标准的粗浅认识，开始了他《红楼春趣》一课“难文浅教”的教学探索，本案例便来自这一课的教学录像。

Z 老师任教于 B 市 G 小学，是一位拥有十余年教龄的青年骨干教师。曾荣获 N 自治区青年教师基本功竞赛一等奖、B 市青年教师基本功竞赛一等奖等荣誉。Z 老师始终追求以生为本的语文课堂，坚持在课堂教学中激发阅读兴趣、培养阅读习惯、指导阅读方法、渗透阅读策略，努力为学生创造丰富的阅读实践机会，让学生在阅读中获得成长。本案例不仅可为小学语文高段难课文教学的设计与实施提供借鉴，同时能为教师贯彻三位一体，承担起课外阅读课程化的责任、引导学生开启古典名著的阅读之旅提供有效的实践路径。

【案例正文】

一、前期建构：“浅教”之行，始于“定标”

（一）何为“难文浅教”？

所谓难文，按照余映潮老师的说法，“有的是篇幅长、文字多的现代文，有的是用语冷僻、意义深邃的文言文等等，总之，难以在计划的课堂时间内完成的或难以让相对应年龄阶段的学生了解的课文，便是所说的‘难文’”[②]。按照这样的标准衡量，《红楼春趣》是从《红楼梦》原著中节选出的，没有前后故事的铺垫，文中故事虽不复杂但人物关系较复杂，文白夹杂的文本语言、久远的故事背景对于学生来说都较难理解，加之诸如“窗屉子”“剪子股儿”“籰子”“高墩”等生僻词的出现，更是增加了学生理解的难度。照此看来，Z 老师认为《红楼春趣》当属难文。

而“难文浅教”并不是“粗浅地教”或是“不教”，“浅教”是一种教学策略，是要求教师根据不同的“难文”类型采取变通的方法进行教学，或“选点”，或“抓线”，目的是由浅到深、由表及里地推进教学进程，提高教学效率，在教学定位上做到适当、适切。

---

① 人民教育出版社课程教材研究所小学语文课程教材研究开发中心. 义务教育教科书教师教学用书：语文（五年级下册）[M]. 北京：人民教育出版社，2020：30.

② 余映潮. 余映潮阅读教学艺术 50 讲 [M]. 西安：陕西师范大学出版社，2005：47.

（二）难课文，如何“定标”？

在Z老师看来，难课文之所以难，往往是教学方向不明确、深浅程度把握不准造成的。《红楼春趣》节选自《红楼梦》，要引领学生通过阅读一个片段对《红楼梦》达到怎样的认知程度？思考再三，Z教师决定在“教学评一致性”理念的指导下，依据课标、教材、学情，自上而下、自下而上进行纵深思考，先实现“学习目标”的精准定位。

1. 自上而下建立联系

梳理课标要求。Z老师首先梳理了新课程标准第三学段的阅读要求：阅读叙事性作品，了解事件梗概，能简单描述自己印象最深的场景、人物、细节，说出自己的喜爱、憎恶、崇敬、向往、同情等感受。阅读整本书，把握文本的主要内容，积极向同学推荐并说明理由。除此之外，相关的阅读要求还有“能联系上下文和自己的积累，推想课文中有关词句的意思”“在交流和讨论中，敢于提出自己的看法，作出自己的判断”① 等。新课程标准对于阅读内容、主题、情感方面并不要求深刻，而更重视读懂并读出自己的感受，并在阅读过程中初步体验阅读方法。

梳理单元主线。接下来，Z老师认真研读了部编版小学语文五年级下册教材第二单元的内容，力求立足于单元，发现各板块之间的联系。他注意到，本单元紧紧围绕“初步学习阅读古典名著的方法”进行编排。如，“交流平台”诠释阅读方法的具体化，“语句段运用”和“猜人物，说理由”则通过不同角度的练习不断引导学生学习阅读古典名著的基本方法。“快乐读书吧”则是引导学生漫步中国古典名著长廊，在阅读整本书的过程中运用阅读方法，读古典名著，品百味人生。如此一来，本单元与新课程标准就形成了对接。

建立文本关联。Z老师又细细研读了本单元的每一篇课文，解读了单元文本间的关系：第一篇课文《草船借箭》是用现代文改写的《三国演义》中《草船借箭》的故事，学生对这个故事比较熟悉，阅读时语言障碍较少；第二篇课文《景阳冈》虽然是原文选段，但是这个故事源自宋元话本，故事性、趣味性较强，部分学生对课文中涉及的人物、故事情节比较熟悉；第三篇课文《猴王出世》是略读课文，选自《西游记》第一回，故事情节、人物形象是大多数学生熟悉、感兴趣的；第四篇课文《红楼春趣》选自《红楼梦》第七十回，相对而言，故事性、趣味性不及前三篇课文，内容虽不复杂但学生对其中的情节并不是很熟悉。

研究课后习题。Z老师又细细梳理了具有指导意义的课后习题和阅读提示：《草船借箭》的课后习题指向把握故事的主要内容、推测人物内心、激发阅读兴趣几个方面；《景阳冈》的课后习题侧重实践阅读方法、概括内容、复述关键情节、评价人物；《猴王出世》是略读课文，重在运用阅读方法、复述情节、分析原因；《红楼春趣》是这个单元的最后一篇课文，也是略读课文，要求能自主运用阅读方法，能概括故事内容，评价主要人

① 中华人民共和国教育部．义务教育语文课程标准：2022年版［M］．北京：北京师范大学出版社，2022：12.

物。综合单元各篇文本的要求，结合小说的文体特点，Z 老师领会了编者的意图：课文以生动的故事情节，记叙了一个个生动的故事，塑造了栩栩如生的人物形象。教学就是要引导学生借助故事情节，初步建立对人物的印象，在交流碰撞中，实现对人物的多元评价。

2. 自下而上确定起点

目标的确定需要了解学情，找准起点，为目标的生长点找到最近发展区。而要找准学生学习的起点，就需要对学生的学习状况、已经拥有和习得的学习策略等进行了解、分析。为了解学生的阅读情况，Z 老师在课前对学生进行了一个古典名著阅读情况调查，问卷如下。

古典名著阅读情况调查问卷

1. 你最近在读什么类型的小说？书里最吸引你的点是什么？

____

2. 你读过哪些中国古典名著？最喜欢的是哪一部？

____

3. 阅读古典名著的时候你有怎样的习惯？（　　　）（多选）

A. 一口气读下去。

B. 读一阵子，又去读其他感兴趣的书，再回来读完。

C. 遇到读不懂的地方先跳过去。

D. 遇到读不懂的地方问别人或者查找资料。

4. 在阅读古典名著的时候，你遇到过哪些困难？

调查结果表明，学生大多数喜欢《西游记》，小部分喜欢《三国演义》《水浒传》，而对于《红楼梦》，学生所掌握的背景知识和生活体验几乎为零，喜欢的学生寥寥无几。读不下去的原因主要是语言生涩难懂、人物关系复杂、远离现在的生活。此外，《红楼梦》是大部头作品，需要耐心和兴趣；文白交杂语言，需要一定的阅读经验和能力，理解起来有难度；课文只有片段，不能准确把握人物特点。Z 老师觉得，教学是引导思维的，应以了解学生为教学的出发点，并根据学生经验与实践场域的发展区间确定最近发展区，激发学生的深层思维。因而，这样的调查可以帮助他更精准地掌握学生的学习情况，为教学目标的确定提供依据。

在把握课标、解读文本、了解学情的前提下，Z 老师制定了如下学习目标：

目标一：囫囵吞枣读课文，大致读懂内容，提取关键信息；

目标二：细嚼慢咽、关联阅读，品读人物形象，激发阅读整本书的兴趣。

确定了目标，就明确了教学的方向。面对这样的学情、这样的教学内容，为了实现这样的学习目标，应该怎样“浅教”呢？

二、课堂实施：由“浅”入深，水到渠成

Z 老师认为，处理、把握一篇课文，既要考虑“教什么”，又要思考“怎么教”。“教

什么”指向教学内容，“怎么教”指向教学方法，“教什么”往往比“怎么教”更重要。难课文教学内容的选择既要遵循小学生语文学习的规律，又要符合文本自身的特征。带着这样的认识，Z 老师从学生的生活入手，开启了对《红楼春趣》一课的寻“趣”之旅。

（一）难文浅教，“浅”在创设适切的情境，激发兴趣

片段一

师：同学们，在今天上课之前，老师想跟大家聊一个关于读书的话题，想了解一下大家最近都在读什么书？

生 1：我在读《三国演义》和《西游记》。

生 2：我在读《红星照耀中国》。

生 3：我在读《红楼梦》。

……

师：相信这些书很受同学们喜欢，这些书在书店一定很畅销。那么，在几百年前的古代，是不是也有一些畅销的书呢？老师出示一首小诗，大家猜猜看说的是什么书。（课件出示：观三国烽烟，识梁山好汉，叹取经艰难，惜红楼梦断）

生：中国古典四大名著。

师：中国古典四大名著在中国无人不知，在世界文学史上也有着举足轻重的地位，就是拿到今天，其在书店中依然是畅销书。老师之前进行了一个关于古典名著阅读的调查问卷，通过同学们的反馈发现了这样的信息。

（课件出示：语言生涩难懂，人物关系复杂，远离现在的生活）

师：看来，同学们在阅读古典名著的时候确实遇到了困难，希望今天的课能帮助同学们解决一些阅读方面的困惑。

Z 老师认为，长课文、难课文之所以难教，一个重要的原因是课文的篇幅长、内容难懂、节选部分而不知前因后果，学生把握、理解起来有困难。因而，面对难课文的教学，教师在设计教学活动时需要始终想着学生的兴趣点、盲点、生长点，着力在有限的课时里达成教学目标，实现“难文浅教”。最初，Z 老师想从影视作品的片段中寻找“聊”的话题，但是挑来选去总觉得华而不实，缺少了课堂教学的真实性，最终还是决定于“平平常常”中开启本课的学习之旅。在 Z 老师看来，以与学生“聊一个关于读书的话题”的方式导入新课虽然算不上新颖，却可以直截了当地了解学情，不仅可以营造氛围，拉近学生与文本之间的距离，而且可以激发学生的学习兴趣和探究热情，还可以为后续的教学做好铺垫。Z 老师觉得，这样的导入方式虽平常，却可以产生不寻常的效果，也算是课堂的一种“本真”。

（二）难文浅教，“浅”在提出适切的要求，循序渐进

片段二

师：今天我们学习的课文来自中国古典四大名著中的《红楼梦》，《红楼梦》为中国古代章回体长篇小说，又名《石头记》，被列为中国古典四大名著之首，是清代作家曹雪芹所著。当时有这样的说法：“开谈不言红楼梦，读尽诗书也枉然！”足见人们对这部书的喜爱，如果清代有畅销书排行榜的话，《红楼梦》一定荣登榜首。

师：下面，老师想请一位同学来读读“阅读提示”，其他同学认真听，看看“阅读提示”要求我们读课文读到什么程度。（指名读“阅读提示”）

师：“阅读提示”要求我们读课文读到什么程度呢？

生：大致读懂课文内容。

师：老师给大家支个招，我们先来“囫囵吞枣”读课文，计时阅读三分钟，大家保证做到以下几点：（1）确定要读完课文；（2）想清楚故事的来龙去脉；（3）记住主要人物。计时开始！

（生读课文，完成阅读任务）

Z老师以为，教师的“教”必须为学生的“学”服务，“教学过程的本质就是引导学生不断获取知识，丰富自身灵魂并提升内在素养的过程”①，因而“难文浅教”的实现首先要在要求上先做到“浅”。于是，Z老师从课文的“阅读提示”入手，引导学生领会“大致读懂”的意思，进而用带有几分神秘感的“支个招”的形式，从时间、记忆和梳理的角度给出“囫囵吞枣”读课文的明确阅读要求和评价标准。在这样的阅读要求和评价标准的引导下，一方面可以缓解学生阅读难课文的畏难心理，另一方面也便于学生进行自我监控。这不仅有利于前期确定的学习目标之一“囫囵吞枣读课文，大致读懂内容”的实现，而且可以引导学生在实践中学会阅读古典名著的方法，有效地为学生的“学”服务。

片段三

师：读完了课文，接下来我们“闯三关”，敢不敢挑战？（课件出示“闯三关”内容）

师：第一关，为什么放风筝？结果怎样？

生：故事的起因是众人想要放晦气，最后把风筝都放起来了，又把风筝线剪断，风筝都飞走了。

---

① 钟启泉，崔允漷. 核心素养与教学改革［M］. 上海：华东师范大学出版社，2018：118.

师：第二关，参与放风筝的有哪些人？你记得他（她）们的名字吗？

生1：有宝玉、黛玉、宝钗、宝琴、探春。

生2：还有一些丫鬟。

师：老师追问一个问题，主要人物是谁？

生：（齐声）宝玉和黛玉。

师：第三关，说说“高墩”“剪子股儿”“籰子”的意思。

生1：“高墩”可能是放风筝踩着的东西。

生2：放风筝的时候需要用到的。

师：这些东西现在可能都见不到了，这些词语确实很生僻，那我们用什么办法弄明白它们的意思呢？

生：可以查词典、上网查资料。

师：没错，这是个好办法。除了可以借助工具书以外，我们发现，虽然不知道这些词具体是什么意思，但是通过联系上下文我们不难猜测出这些都是放风筝用的工具。这样的词语虽然难懂，但是并不影响我们理解故事情节，这样的生僻词我们在阅读时可以跳过去。这就是“囫囵吞枣”地读课文。

Z老师认为，喜闻乐见的评价方式不仅可以活跃课堂氛围，而且可以让“难文”不难。依据阅读前的要求，他设计了“过三关，评三点”的活动方式，以期借闯关形式推进教学，实现“做中学”的逐步深入。Z老师注意到，新课程标准对第三学段阅读与鉴赏的要求为了解文章的表达顺序，体会作者的思想感情。因此，他设计的“第一关”想通过“为什么放？结果怎样？”这样一个简简单单的问题，让学生大致把握课文的主要内容，同时降低学生面对难文时的畏难情绪。他设计的“第二关”目的是引导学生，把握主要人物。基于课标要求，教师可以引导学生梳理人物关系。但是，Z老师觉得，课文只是一个片段，厘清人物关系有难度，且人物关系并非本课的学习重点，知晓即可。于是，依据本课的“阅读提示”，他设计了一个相对简单的问题：“参与放风筝的有哪些人物？你记得他（她）们的名字吗？”在Z老师看来，这个问题相对有弹性，而且便于学生进行自我检测，更利于学生在此基础上确定“阅读提示”指向的主要人物。他设计的“第三关”目的是引导学生联系上下文猜测词语的意思，这既是“交流平台”中的要求，又是阅读难文常用的方法。Z教师选择了“高墩”“剪子股儿”“籰子”几个有代表性的词语，引导学生进行练习，以点带面，让学生于课堂实践中真切感受猜测词语、“囫囵吞枣”读课文的阅读方法。

Z老师感慨：“核心素养不是直接由教师教出来的，而是学生在具体的问题情境中借助问题解决的实践而逐步培养和发展起来的。”[①] 部编版小学语文教材构建了精读、略读、

① 钟启泉．基于核心素养的课程发展：挑战与课题［J］．全球教育展望，2016，45（1）：3-25.

课外阅读“三位一体”的阅读体系，精读重在学方法，略读重在用方法，课外阅读则要课程化。而要落实课外阅读课程化，教师在课堂上就要自觉承担起链接课外阅读的重任，在课内进行阅读策略、阅读方法的教学，只有得法课内，才能促进“课程化”的有效落地。这是语文教师必须有的意识，课堂上不得不为。略读课文的“为”，就是要在课堂上引导学生学会“用方法”，在一次次实践中掌握运用语文的规律，进而形成能迁移、运用的知识结构。

（三）难文浅教，“浅”在找准学习生长点，助推给力

片段四

师：课文的题目是《红楼春趣》，我们刚才“囫囵吞枣”地读了课文，大家感受到“趣”了吗？觉得有乐趣的请举手。（生摇头，个别学生举手）

师：从大家的表情和举手情况来看，大家并没感受到多少乐趣。这篇课文是《红楼梦》第七十回的一个片段，题目“红楼春趣”是编者后来加上去的。同学们没读出“趣”，编者怎么就读出“趣”了呢？看来，光是“囫囵吞枣”地读课文还不够，有些有趣的信息或许被我们“囫囵吞枣”地跳过去了，所以还需要“细嚼慢咽”地读。老师刚才问了“众人为什么放风筝”这个问题，大家还记得众人放风筝的原因吗？

生：（齐声）放晦气。

师：“放晦气”是什么意思？书里有交代吗？

生：注释里有。放晦气是“一种民俗，放风筝时故意剪断扯线，让风筝飞走，认为可以放走坏运气”。

师：我们能不能通过这个词的意思，联系上下文来理解“忌讳”“拾人走了的”的含义呢？

生1：“拾人走了的”就是捡别人放走的风筝。

生2：联系阅读链接还能知道，捡别人放走的风筝是不好的，是犯忌讳的，等于把别人故意丢掉的霉运给捡回来了。

师：是啊，这样联系上下文去理解词语，我们不仅对众人放风筝的原因更加明确了，还知道了一些民俗，感受到了通过联系上下文理解词语获得的乐趣。这也是编者为我们提供注释和阅读链接的用意。所以，只要我们在阅读过程中稍做停留，就可以有新的收获。

师：除了词语以外，我们“细嚼慢咽”读课文还可以“嚼”些什么？

生：还可以“嚼”人物。

师：这篇课文让我们聚焦一个人物，大家觉得谁最合适呢？

生：主人公宝玉。

师：那接下来就让我们来聚焦贾宝玉。大家静下心来细细读一读描写贾宝

玉的部分，想想他给我们留下了怎样的印象。可以边读边在文中做批注，一会儿我们来讨论一下这个人物形象。

（生边阅读边在文旁批注）

生1：我感觉宝玉这个人很没有耐心，脾气不好还很贪玩。

生2：我觉得宝玉很大方。

生3：我觉得宝玉对下人很好，风筝被放走了他也没生气。

师：取风筝这个片段有几句是人物的对话，我们请两位同学来读读这一部分，看看他们读得像不像。（课件出示对话，请两个学生分角色朗读对话）

Z老师认为，难课文的教学，关键是教师自身对文本的解读和把握，要精准确定目标，大胆取舍教学内容，“大处着眼，小处着手”找准着力点。本课节选的文本通过对人物语言、动作、神态的描写，凸显了主人公贾宝玉的鲜明形象，突出了人们放风筝时的自由、快乐。基于教学经验和学情分析，Z老师确定学生与文本之间的距离在于：文中描写的场景很热闹，但学生阅读后对故事里的人物不会有深刻的印象。因而，如何让学生认识人物，对人物感兴趣，是教学的突破点。助推给力，引导学生于“细嚼慢咽”中品读人物形象必不可少。

基于这样的认识，Z老师在进行教学设计时以寻“趣”为支点，从一个核心词语“放晦气”入手，就地取材，通过联系上下文的方法，将文本中的相关词语结合起来，形成词串，在结构化的语境中理解“晦气”“忌讳”“拾人走了的”的含义，突破了学生对“放晦气”的理解，使学生在“嚼”文的过程中对众人放风筝的原因更加清晰。这样一来，学生既利用联系上下文的方法理解了词语，知晓了民俗知识，又为理解人物做了铺垫。

为了便于学生习得阅读方法，Z老师还为学生搭建了支架：一是方法支架，“细嚼慢咽”，进行批注；二是营造轻松的朗读氛围，还原场景，通过分角色朗读对话，让学生置身其境，体会人物的特点。Z老师试图在教学中通过搭建支架的方式，突出学生的实践与习得，开启古典名著的阅读之旅。

（四）难文浅教，“浅”在多种方式助读，让“难”文不难

片段五

师：读到这里，宝玉这个人物形象我们是不是就感受全面了呢？

生：没有，这才一个片段。

师：那怎么做才能感受全面呢？

生：读原著吧。

师：老师教给大家一个方法：联系阅读。大家来读读这个片段，看这个片段里的宝玉给你怎样的印象。（课件出示原著片段，生读片段）

生1：通过这段外貌描写我能看出宝玉是个美男子。

生 2：他长得很秀气，而且挺好相处。

师：宝玉的外貌是男生女相，给人的感觉很亲切。那贾宝玉的人物形象是不是就体会完了呢？当然不是，我们知道，每一个人物的性格特点都有很多不同的方面，下面老师随机发给每个学习小组一个片段描写，大家分别去阅读和讨论，看看你们小组拿到的片段里的宝玉给你留下了怎样的印象，一会儿我们来进行交流。

（学生分组讨论、汇报）

“宝玉登场”片段：

师：拿到这个片段的小组来说说你们的感受。

生 1：我们拿到的是宝玉的外貌描写，从这个片段来看，宝玉是个富家公子。

生 2：从这个片段可以看出他很爱美，家人也很疼爱他。

“宝玉被烫”片段：

生 1：从这个片段我感受到宝玉非常大度，他虽然被烫了，但是并没有指责别人。

生 2：宝玉包容自己的家人，虽然贾环故意烫伤了他，但他依然选择了包容，说明他很善良。

“宝玉摔玉”片段：

生 1：我觉得宝玉是一个崇尚平等的人，他看到只有自己有玉，而妹妹没有玉，他就要把自己的玉摔了。

生 2：我看出了宝玉的重情重义，虽然认识妹妹不久，但是在他眼里，人的感情比玉石贵重。

“宝玉观对联”片段：

生 1：从这段描写中我感受到宝玉不喜欢读书，第一间房间虽然布置得很精美，但是宝玉一进去看到对联里说的什么学问呀文章呀，就闹着要出去。进了第二间房就说很好、很好。

师：同学们同意吗？宝玉是不喜欢读书吗？大家想想，古时候大部分文人读书的目的是什么？

生 2：考取功名。

师：宝玉不愿意读书的根本原因不是不喜欢读书，而是他不喜欢当官。

生 3：宝玉厌倦官场。

……

Z 老师说，古典名著单元的这几篇课文看似是独立完整的故事，但在整本书中都是前有起因、后有延续的。教学时需要补充相关背景资料，帮助学生厘清人物关系，了解前因后果，从而更好地理解课文，加深对人物的了解。五年级学生已经积累了比较丰富的阅读经验，具备了初步探究和小组合作的能力。因此，为了丰富学生对宝玉的认知，他从原著中选取了“宝玉登场”“宝玉被烫”“宝玉观对联”“宝玉摔玉”四个片段，引导学生通过联系阅读，学会多角度感受宝玉这一人物形象，进而产生阅读原著的动力。

Z老师补充道，引导学生在实践中运用阅读方法还需要充分相信学生，教师只需在关键处助力，让学生在对话中丰富阅读感受、挑起认知冲突、引发深层次思考、积累阅读经验，这应该是比较理想的课堂活动。但是，在这一片段的交流中，由于学生的认知与作品背景之间的距离较大，Z老师觉得自己对学生形成人物形象的认识引导不足、干预不足，所助之力还有欠缺。如果能引导学生通过比较典型的事件，寻找不同事件中同一人物的品质，再通过关联和对比发现不同表现下人物的核心品质，学生对宝玉这一人物形象的认识将会更丰满、更深刻。

片段六

师：除了刚才我们读到的片段和感受到的人物形象以外，宝玉还有许多其他方面的特点，我们这一节课肯定没法一一去读、去感受，只有放到课下大家再去原著中感受了。接下来，我们看看这一片段的其他文学形式是如何表现故事和人物形象的，大家一边看一边记一记哪个风筝是谁放的。（拓展电视剧版《红楼春趣》片段）

师：请大家对风筝和人物进行连线。（课件出示人名和风筝名称）

生1：宝玉放的是美人风筝。

生2：薛宝钗放了七只大雁。

生3：林黛玉放的也是美人风筝。

生4：贾探春放的是大凤凰风筝。

……

师：大红喜字是——

生：（齐声）不知名的人放的。

师：同学们，曹雪芹先生是一代大文豪，这些风筝是他随手塞给众人的，还有另有隐喻呢？贾探春放的是大凤凰风筝，在她放风筝的时候又有一只凤凰风筝飞了过来，同时有个喜字风筝在旁边，不久之后她就远嫁了，对方也是一个极有地位的王族。现在，你还觉得人物手里牵着的仅仅是风筝线吗？

生：他们牵着的是自己的命运。

师：没错，诸如这样的隐喻在《红楼梦》里还有许多，等着我们去一一探寻，这也是读《红楼楼》的乐趣。

陈先云先生曾说，五年级下册古典名著单元编排的几篇课文，有的语言比较难懂，不易构筑画面感，学生读起来有一定难度。除了教给学生猜读、跳读的阅读方法以外，适时补充相关电影、电视剧中的视频资料也有助于学生读懂课文，激发阅读兴趣。Z 老师觉得，当今社会，电视、网络对人们的生活影响很大，尤其是小学生更容易对直观形象的动画、影视作品产生浓厚的兴趣。因此，他从《红楼梦》电视连续剧中截取了与课文相同的片段进行助读，力求使文字与画面相得益彰，多维共促，进一步激发学生阅读古典名著的兴趣。

（五）难文浅教，“浅”在激发阅读期待，用心动促行动

片段七

师：这节课就要结束了，大家可以说说自己的收获以及下课后你还想了解《红楼梦》的哪些信息。

生 1：我知道了可以“囫囵吞枣”和“细嚼慢咽”地读课文，还可以联系材料读课文。

生 2：我还想知道其他人物的最终命运。

生 3：我听说《红楼梦》中人物的名字都有寓意，很多是谐音。我想探究一下。

……

师：《红楼梦》是鸿篇巨制，内容特别丰富。不过，我们可以换一种方式去读，大家愿不愿意呢？下面的表格里是我们将要探讨的话题（出示表 6-1），大家可以与家长聊聊，也可以看看电视连续剧，再来探讨。

表 6-1　阅读《红楼梦》，探讨有趣的话题

话题一	阅读第三十八回“薛蘅芜讽和螃蟹咏”，看看清朝贵族的生活。
话题二	薛宝钗和林黛玉到底是“塑料花”还是“姐妹花”？
话题三	宝玉为什么挨老爸的打？他为什么不愿意“高考”？
话题四	刘姥姥很穷很穷，去贾府借钱，为什么有人愿意借，还有人愿意送，她的魅力在哪里？
……	

师：这节课虽然结束了，但是我们对《红楼梦》这部鸿篇巨制的阅读才刚刚开始，就让我们沿着《红楼春趣》，开启《红楼梦》原著的阅读之旅吧！

一节课的结束本是一个小环节，但是Z老师觉得，语文学习不仅是认知的过程，还应该是情感体验、激荡、深化、升华的过程，应该抓住下课前宝贵的几分钟，再次激发学生的阅读期待。于是，他便以“你还想了解红楼梦哪方面的信息”发问，引发学生的交流热情，进而在交流碰撞中互相启发。Z老师认为，对学生来说，这种自设目标不失为一种“伙伴引领”，可以在学生中形成一种无形的自我监控，其作用不可小视。

“文章不是无情物，师生俱是有情人。”Z老师在心中默默期待着：如果课堂结尾抛出的这些与学生生活密切关联的话题能引发学生的探究欲，让学生明白读名著就是在读生活，学做人……这无疑会赋予古典名著以现代意义，让育人价值在语文教学中真正发挥作用，让中华优秀传统文化在名著阅读中得以弘扬！

三、教后反思：实现“浅”学的求索，且行且思

Z老师非常欣赏孙双金老师的观点：好的课堂如登山，教师在课堂中应让学生经历由不知到知、由不会到会、由不能到能的过程。下课后，Z老师最想了解的是学生通过这节课学到了什么，这节课的学习目标是否达成。于是，他随机找了几个同学进行求证，从学生脸上的表情和学生的回答中，Z老师获得了前行的力量。

生1：以前妈妈让我读《红楼梦》时，我一点兴趣都没有，因为里面有好多生僻字。今天学会了“囫囵吞枣”读书的方法，我就可以用这种方法读了。

生2：今天我学到了超有用的读书方法，还知道《红楼梦》里有那么多有趣的事情、好玩的人，我觉得我应该读读原著，了解更多的红楼趣事。

生3：以前觉得贾宝玉是个贪玩的“学渣”，今天发现他的身上还有好多很可贵的品质，其实挺可爱的。

……

听着孩子们叽叽喳喳地回答，Z老师既欣慰又有些不安。他隐隐感到，通过本节课的学习，学生大致读懂了课文内容，习得了阅读古典名著的方法，也产生了阅读《红楼梦》的兴趣，但是对作品中贾宝玉的形象认识似乎还比较模糊，离“品读”的要求还有一定的距离；在整本书阅读的路上，还需要继续引导学生怀着“艺海拾贝”的好奇与欣喜一路前行。他在教学反思中写下了如下文字。

片段八

反思一：

教学要充分激发学生的生命活力，让他们在学习知识、习得技能的过程中，最大限度地发挥主观能动性，依靠自己的努力完成学习任务。立足学生阅读能力的提升，“细节品读”“联系阅读”环节应该多花些心思，让学生对宝玉的认识更直观、更形象、更丰富。

例如，交流到“宝玉摔玉”的片段时，可以与文本中的“摔风筝”相比较，并利用“维恩图”（如图6-1）发现人物的核心品质。这种比较学习是提

升学生阅读能力的方法之一，也可以迁移成为阅读其他人物时的工具。

宝玉放风筝
宝玉摔玉
不同点
不同点
相同点

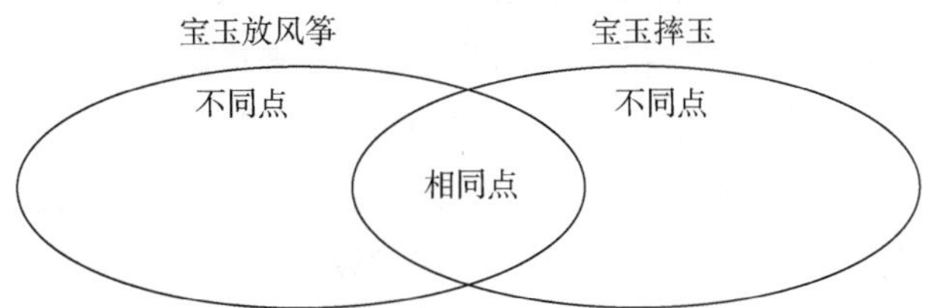

图 6-1　“宝玉放风筝”与“宝玉摔玉”阅读比较

再如，可以考虑设计一个构建“人物档案”的活动任务（如图 6-2），即通过相关片段的阅读，形成名片式阅读产品，这样做更有可迁移性，更有利于学生对人物形象实现“品读”的要求。

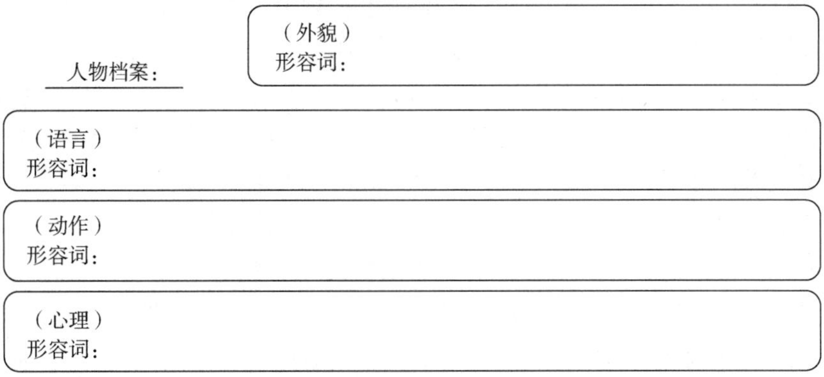

人物档案：
（外貌）
形容词：
（语言）
形容词：
（动作）
形容词：
（心理）
形容词：

图 6-2　“红楼”人物档案

反思二：

新课程标准提出的语文学习任务群反映的是课程内容的组织架构，其建构思想与部编版小学语文教科书的内容编排有一些相似之处，但并不完全相同。如何更好地将课程标准里的相关表述与现行教科书的部分内容联系起来，探究学习任务群在语文教学中的可能表现还是个新课题。今后还需要更多地站在单元教学的视角，进行学习任务群视域下的单篇、单元整组课文的统整设计。或许，“缤纷色彩闪出的美丽，是因它没有分开每种色彩”。

优质课堂是每一位教师不懈的教学追求。Z 老师说，虽然他在设计时试图紧紧围绕体会宝玉这一人物形象的目标，将文本与整本书结合起来以便形成对人物形象的认识，但反思之后觉得，如果能引导学生进行事件整合与比对，通过比较典型事件，寻找不同事件中同一人物的品质，再通过关联和对比发现不同事件中人物的核心品质，如宝玉的任性娇惯、深受宠爱、不谙世事等，学生的思维能力或许会得到更好的提升。如果学生在独立阅读中也能用同样的思维方式对其他人物进行分析品味，阅读的方法、策略就会得到巩固，能力也会在迁移中得到提升。

Z老师由衷感叹，叶澜教授曾说过，你认真备课、上课几十年如一日，也不一定成为一位优秀的教师，但是你如果坚持教学反思，几年下来你就有可能成为一名优秀的教师。“教师是否愿意花时间反思自己的工作，是教师是否具有专业素养的标志。”① 反思是改进课堂实践、促进教师专业进步的重要途径。正是在不断反思中，Z老师开始注重为学生搭建可视支架，让思维路径看得见，让阅读策略可视化，让“学”真正发生；也正是在不断反思中，Z老师从“重教”向“重学”迈出了坚定、可喜的一步。

【结语】

叶圣陶老先生认为，语文教材无非是个例子，教师要善于凭借、运用教材所提供的诸多“例子”，在学生身上实现相应的语文教育意义。② 怎样凭借教材中的一篇篇“例子”，通过教学进行知识的传授和能力的培养，恰当地实现语文教育的意义呢？在本案例中，Z老师面对部编教科书中首次出现的集中编排的古典名著单元，在“教学评一致性”理念的指导下，通过课堂实践，指导学生有效运用阅读方法实现学习目标，引领学生走向“读古典名著，品百味人生”的古典名著阅读之旅。Z老师为我们提供了一个具有参考、研讨价值的“难文浅教”教学课例，这不仅体现出他对略读类难课文的教学探索，同时反映出他对课外阅读课程化指导的思考，更承载着他对教学的执着追求。

陈先云先生指出：长课文、难课文内容纷繁复杂，教学时要立足教材整体，简化头绪，每节课聚焦一到两个重点或关键问题，实现“一课一得”。教学环节也要尽量简洁，各个环节之间要强调逻辑性、递进性、层次性。③ 但由于每一篇难课文“难”的原因不同，具体“难”点也存在较大差异，解决“难”点的策略也具有无尽的挑战性。在Z老师心中，每一次教学实践永远“没有最好，只有更好”，有关难课文教学的思考依然萦绕在他脑中：如何精准定位教学目标，确定适切的一课之“得”？如何做好难文浅教、巧教，又如何实现难文浅学？如何引导学生通过古典名著阅读涵养心智、提升境界，亲近中华传统文化？面对新课程标准，如何用好教材这个“例子”，引导学生好读书，会读书，读好书？一个又一个问题，体现出Z老师对教学艺术的无止境追求。相信在教学成长的路上，Z老师将与他的学生、他的课堂、他的教学一起成长，一起走向未来……

【案例思考题】

1. 在本案例中，Z老师的教学设计是否符合五年级学生的学情？为什么？

2. 收集部编教科书高段编排的难课文，梳理每篇难课文的“难”点，试着结合课程标准、年段要求、单元编排特点等因素，为每篇“难文”确定适切的学习目标。

3. 部编版小学语文教材总主编、北京大学教授温儒敏先生在谈及难课文的教学时说：

---

① 孙建龙，陈薇，张凤霞. 小学语文教学案例［M］. 北京：中国人民大学出版社，2017：217.

② 张定远. 重读叶圣陶·走进新课标：教是为了不需要教［M］. 武汉：湖北教育出版社，2004：70.

③ 陈先云. 长文短教 难文浅教：用好统编小学语文教科书的几点思考［J］. 小学语文，2020（10）：4-10.

“我还是比较看重‘一课一得’，不能有太多的要求，也不要千篇一律，一堂课下来得有些把得住的‘干货’。比如《红楼春趣》主要是见识一下《红楼梦》，知道有这么一部书，挺有趣的，写的都是日常生活，但每个人都写得很有生气，这就可以了。”结合本案例的教学设计，说说你对这段话的理解。

4. 以下呈现的是一位老师《红楼春趣》一课的教学设计，与本案例的教学设计有哪些异同？通过比较分析，你得到了哪些启示？

一、线上互动，交流预习收获

交流话题：大家在预习的时候都遇到了什么困难？你们都是怎么解决的呀？

二、自主阅读，交流人物印象

依据阅读提示读读课文，能大致读懂就可以。读后和同学进行交流，宝玉给你留下了什么样的印象？

确定交流话题：

1. 交流大致读懂的内容（自读提示：默读课文，边读边思考，宝玉给你留下什么样的印象？请你在书中标注）；

2. 交流对宝玉的印象（组合阅读）；

3. 总结对宝玉的印象（引导学生关注板书，完整说一说宝玉留给自己的印象）。

三、走进情境，感受“红楼春趣”

1. 聚焦文字，想象画面；

2. 创设情境，体会情感；

3. 勾连全文，感受春趣。

四、拓展阅读，激发阅读兴趣

【案例使用说明】

1. 适用范围

适用对象：小学教育专业的研究生或本科生、教师教育相关专业的研究生或本科生、小学语文教师。

适用课程：“小学语文教学设计与实施”“小学语文教学专题研究”“课例分析（小学语文）”等。

2. 教学目的

（1）通过对课堂实录材料的学习，关注部编教科书中长课文、难课文的编排思路和教学要求，了解小学语文教师对部编教科书中长课文、难课文编排的理解和认识。

（2）通过分析课堂实录或教学设计、教学录像，形成个人观点与认识，在与他人交流的过程中提升教学研究能力。

（3）通过对相关学习材料的研究，加强对课程标准及部编教科书的纵深思考，准确定位难课文的教学目标及学习要求。

3. 要点提示

相关理论：

教学设计、语文课程与教学、阅读教学的理论与方法。

关键知识点：

部编教科书的编排特点、小学语文阅读教学的目标要求、阅读教学的方法。

关键能力：

教材研究能力、学情分析能力、教学设计能力。

案例分析思路：

首先，通过对长课文、难课文的编排意图、编排内容的梳理和部编版小学语文五年级下册教科书的研读，引导学生发现部编教科书的变化，领会编写意图，明确长课文、难课文的教学要求；其次，引导学生运用相关教育教学理论，结合五年级学生的学情和案例教学设计，对难课文教学进行多层面、多视角的研讨、分析；再次，在讨论中继续探究适用于小学第三学段难课文的课堂实施策略，引导学生合理、适切地进行教学设计；最后，以难课文教学的思考为引领，结合更多的难课文教学案例，思考难课文有效教学的路径。

4. 教学建议

时间安排：大学标准课4节，180分钟，布置和预习1节，汇报讨论2节，反思总结1节。

环节安排：提前1~2周利用1节课布置预习内容，对部编教科书中的长课文、难课文进行梳理→学生分组研读案例和部编版小学语文五年级下册教科书→课下进行讨论和交流→各组形成主要观点→学生课上汇报、研讨→小组互评、教师点评。

人数要求：40人左右的班级教学。

教学方法：以师生讨论为主，以讲授、点评为辅，运用参与式教学、小组合作教学等方式。

工具选择：多媒体录播教室、记录表、案例资料等。

组织引导：教师需为学生提供必要的参考资料；案例讨论要求明确，任务布置清晰；教师需对学生的课下讨论予以必要的指导并及时给出建议，以便于课上交流；教师点评注重理论提升，不宜给出结论。

活动设计建议：

收集长课文、难课文教学的相关资料，有条件的可以深入小学高年级课堂听1~2节相关篇目的教学（如《白鹭》《好的故事》《骑鹅旅行记》《金色的鱼钩》《红楼春趣》等），并对任课教师进行随机采访，以便获得一手资料。

为充分调动学生的阅读经验，加深学生对案例主题的认识，案例的背景分析不宜在文本中直接出现，教师可用图片、视频、文字等多种形式来呈现背景信息，以便在后期的案例研讨中调动学生的多元思维。

课前做好教学准备，要求学生完成案例阅读，独立思考，有条件的可观看视频，及时记录讨论要点；根据学生的情况将学生分组，为每个小组提供一张小组讨论记录表，准备好互评的资料和提纲；教师准备好点评的资料和提纲。

案例讨论后的汇报形式应鼓励多样化，应注重成员间的明确分工和配合；小组汇报前要做好汇报的 PPT，小组汇报后现场进行小组间评价和教师点评；教师点评要及时进行，注意适时适度提升理论，把握整体教学进程；下课后，教师要及时总结得失，以便调整后续的教学内容，及时改进教学行为。

5. 推荐阅读

[1] 中华人民共和国教育部. 义务教育语文课程标准：2022 年版［M］. 北京：北京师范大学出版社，2022.

[2] 温儒敏. 温儒敏论语文教育［M］. 北京：北京大学出版社，2010.

[3] 陈先云. 国家统编小学语文教科书教学指导：与其他版本教科书比对研究［M］. 北京：语文出版社，2019.

[4] 孙建龙，陈薇，张凤霞. 小学语文教学案例［M］. 北京：中国人民大学出版社，2017.

[5] 钟启泉，崔允漷. 核心素养与教学改革［M］. 上海：华东师范大学出版社，2018.

《红楼春趣》课堂教学实录①

一、读书话题导入

师：同学们，在上课之前，老师想跟大家聊一个关于读书的话题，想了解一下大家最近都在读什么书？

生 1：我在读《三国演义》和《西游记》。

生 2：我在读《红星照耀中国》。

生 3：我在读《红楼梦》。

师：相信这些书很受同学们喜欢，这些书在书店一定很畅销。那么，在几百年前的古代，是不是也有一些畅销的书呢？老师出示一首小诗，大家猜猜看说的是什么书。（课件出示：观三国烽烟，识梁山好汉，叹取经艰难，惜红楼梦断）

生：中国古典四大名著。

师：中国古典四大名著在中国无人不知，在世界文学史上也有着举足轻重的地位，就是拿到今天，其在书店中依然是畅销书。老师之前进行了一个关于古典名著阅读的调查问卷，通过同学们的反馈发现了这样的信息（课件出示：语言生涩难懂，人物关系复杂，远离现在的生活）。看来，同学们在阅读古典名著的时候确实遇到了困难，希望今天的课能帮助同学们解决一些阅读方面的困惑。

① 执教者为内蒙古自治区包头市东河区公园路小学张旭。

二、整体把握课文大意

师：今天我们学习的课文来自中国古典四大名著中的《红楼梦》，《红楼梦》为中国古代章回体长篇小说，又名《石头记》，被列为中国古典四大名著之首，是清代作家曹雪芹所著。当时有这样的说法："开谈不言红楼梦，读尽诗书也枉然！"足见人们对这部书的喜爱，如果清代有畅销书排行榜的话，《红楼梦》一定荣登榜首。

师：下面，老师想请一位同学读读"阅读提示"，其他同学认真听，看看"阅读提示"要求我们读课文读到什么程度。

（指名读"阅读提示"）

师："阅读提示"要求我们读课文读到什么程度呢？

生：大致读懂课文内容。

师：老师给大家支个招，我们先来"囫囵吞枣"读课文，计时阅读三分钟，大家保证做到以下几点：(1) 确定要读完课文；(2) 想清楚故事的来龙去脉；(3) 记住主要人物。计时开始！

（生读课文，完成阅读任务）

师：读完了课文，接下来我们"闯三关"，敢不敢挑战呀？（课件出示"闯三关"内容）

师：第一关，为什么放风筝？结果怎样？

生：故事的起因是众人想要放晦气，最后把风筝都放起来了，又把风筝线剪短，风筝都飞走了。

师：第二关，参与放风筝的有哪些人？你记得他（她）们的名字吗？

生 1：有宝玉、黛玉、宝钗、宝琴、探春。

生 2：还有一些丫鬟。

师：老师追问一个问题，主要人物是谁？

生：（齐声）宝玉和黛玉。

师：第三关，说说"高墩""剪子股儿""篗子"的意思。

生 1："高墩"可能是放风筝踩着的东西。

生 2：放风筝的时候需要用到的。

师：这些东西现在可能都见不到了，这些词语确实很生僻，那我们用什么办法能弄明白它们的意思呢？

生：可以查词典、上网查资料。

师：没错，这是个好办法。除了可以借助工具书以外，我们发现，虽然不知道这些词具体是什么意思，但是通过联系上下文我们不难猜测出这些都是放风筝用的工具。这样的词语虽然难懂，但是并不影响我们理解故事情节，这样的生僻词我们在阅读时可以跳过去。这就是"囫囵吞枣"地读课文。

三、品读人物形象

师：课文的题目是《红楼春趣》，我们刚才"囫囵吞枣"地读了课文，大家感受到

“趣”了吗？觉得有乐趣的请举手。

（生摇头，个别学生举手）

师：从大家的表情和举手情况来看，大家并没有感受到多少乐趣。这篇课文是《红楼梦》第七十回的一个片段，题目“红楼春趣”是编者后来加上去的。同学们没读出“趣”，编者怎么就读出“趣”了呢？看来，光是“囫囵吞枣”地读课文还不够，有些有趣的信息或许被我们“囫囵吞枣”地跳过去了，所以还需要“细嚼慢咽”地读。老师刚才问了“众人为什么放风筝”这个问题，大家还记得众人放风筝的原因吗？

生：（齐声）放晦气。

师：“放晦气”是什么意思？书里有交代吗？

生：注释里有。放晦气是“一种民俗，放风筝时故意剪断扯线，让风筝飞走，认为可以放走坏运气”。

师：我们能不能通过这个词的意思，联系上下文来理解“忌讳”“拾人走了的”的含义呢？给大家点时间，思考一下。

生 1：“拾人走了的”就是捡别人放走的风筝。

生 2：联系阅读链接还能知道，捡别人放走的风筝是不好的，是犯忌讳的，等于把别人故意丢掉的霉运给捡回来了。

师：是啊，这样联系上下文去理解词语，我们不仅对众人放风筝的原因更加明确了，还知道了一些民俗，感受到了通过联系上下文理解词语获得的乐趣。这也是编者为我们提供注释和阅读链接的真实意图。所以，只要我们在阅读的过程中稍做停留，就可以有新的收获。

师：除了词语以外，我们“细嚼慢咽”读课文还可以“嚼”些什么？

生：还可以“嚼”人物。

师：这篇课文让我们聚焦一个人物，大家觉得谁最合适呢？

生：主人公宝玉。

师：那接下来我们聚焦贾宝玉。大家静下心来细致地读一读描写贾宝玉的部分，想想他给我们留下了怎样的印象。可以边读边在文中做批注，一会儿我们来讨论一下贾宝玉这个人物形象。

（生边阅读边在文旁批注）

生 1：我感觉宝玉这个人很没有耐心，脾气不好还很贪玩。

生 2：我觉得宝玉很大方。

生 3：我觉得宝玉对下人很好，风筝被放走了他也没有生气。

师：取风筝这个片段有几句是人物的对话，我们请两位同学来读读这一部分，看看他们读得像不像。（课件出示对话，请两个学生分角色朗读对话）

师：老师感受到宝玉没有少爷架子，平易近人，对下人也很宽容，难怪当时的读者这么喜欢宝玉这个人物形象呢！

生 4：我发现宝玉喜欢美女，要不是个美人风筝他就几脚踩碎了。

师：是啊！宝玉喜欢美的东西。读到这里，宝玉这个人物形象我们是不是就感受全面了呢？

生5：没有，这才一个片段。

师：那要怎么做才能感受全面呢？

生：读原著吧。

师：老师教给大家一个方法：联系阅读。大家来读读这个片段，看这个片段里的宝玉给你怎样的印象。(课件出示原著片段，生读片段)

生1：通过这段外貌描写我能看出宝玉是个美男子。

生2：他长得很秀气，而且挺好相处。

师：宝玉的外貌是男生女相，给人的感觉很亲切。那贾宝玉的人物形象是不是就体会完了呢？当然不是，我们知道，每一个人物的性格特点都有很多不同的方面，下面老师随机发给每个学习小组一个片段描写，大家分别去阅读和讨论，看看你们小组拿到的片段里的宝玉给你留下怎样的印象，一会儿我们来进行交流。

(生分组讨论、汇报)

片段1：宝玉登场

师：拿到片段1的小组来说说你们的感受。

生1：我们拿到的是宝玉的外貌描写，从这个片段来看，宝玉是个富家公子。

生2：从这段话中看出他很爱美，而且他家很有钱，一般人都穿不起这么贵的衣服。

生3：宝玉的衣服是很精致的，而且都是细心搭配的，家人对他也很疼爱，要不断不肯给他这么华贵的衣服穿。

师：是啊！大家总结得很到位。

片段2：宝玉被烫

生1：从这个片段我感受到宝玉非常大度，他虽然被烫了，但是并没有指责别人。

生2：宝玉包容自己的家人，虽然贾环故意烫伤了宝玉，但是宝玉依然选择了包容，可以看出宝玉很善良。

片段3：宝玉观对联

生1：从这段描写中我感受到宝玉不喜欢读书，第一间房间虽然布置得很精美，但是宝玉一进去看到对联里说的什么学问呀文章呀，就闹着要出去。进了第二间房就说很好、很好。

师：同学们同意吗？宝玉是不喜欢读书吗？大家想想，古时候大部分文人读书的目的是什么？

生2：考取功名。

师：宝玉不愿意读书的根本原因不是不喜欢读书，而是他不喜欢当官。

生3：宝玉厌倦官场。

片段4：宝玉摔玉

生1：我觉得宝玉是一个崇尚平等的人，他看到只有自己有玉，而妹妹没有玉，他就急着要把自己的玉摔了，他还很孩子气，性子急。

生2：宝玉追求平等，他看到别人没有玉，只有自己有玉，就要把自己的玉摔了。

生3：我看出了宝玉的重情重义，虽然认识妹妹不久，但是在他眼里，人的感情要比玉石贵重。

师：除了刚才我们读到的片段和感受的人物形象，宝玉还有许多其他方面的特点，我们这一节课肯定没法一一去读、去感受，只有放到课下大家再去原著中感受了。接下来，我们看看其他文学形式是如何表现故事和人物形象的，大家一边看一边记一记哪个风筝是谁放的。(播放电视剧版《红楼春趣》片段)

师：请大家对风筝和人物进行连线。

生1：宝玉放的是美人风筝。

生2：薛宝钗放了七只大雁。

生3：林黛玉放的也是美人风筝。

生4：贾探春放的是大凤凰风筝。

生5：薛宝钗放的是一个大红蝙蝠风筝。

师：大红喜字是——

生：(齐声) 不知名的人放的。

师：同学们，曹雪芹先生是一代大文豪，这些风筝是他随手塞给众人的，还是另有隐喻呢？贾探春放的是大凤凰风筝，在她放风筝的时候又有一只凤凰风筝飞了过来，同时有个喜字风筝在旁边，不久之后她就远嫁了，对方也是一个极有地位的王族，现在，你还觉得人物手里牵着的仅仅是风筝线吗？

生：他们牵着的是自己的命运。

师：没错，诸如这样的隐喻在《红楼梦》里还有许多，等着我们去一一探寻，这也是读《红楼梦》的乐趣。

四、课后总结、延伸

师：这节课就要结束了，大家可以说说这节课的收获以及下课后你还想了解《红楼梦》的哪些信息。

生1：我知道了可以“囫囵吞枣”和“细嚼慢咽”地读课文，还可以联系材料读课文。

生2：我还想知道其他人物的最终命运。

生3：我想知道另外几只风筝代表了什么。

师：这节课虽然结束了，但是我们对《红楼梦》这部鸿篇巨制的阅读才刚刚开始，就让我们沿着《红楼春趣》，开启《红楼梦》原著的阅读之旅吧！同学们下课。

案例七："任务群"下的《中国古代寓言》整本书阅读交流课

【背景信息】

阅读教学在语文教学中占据着较大份额，是语文教师日常教学和教学研究最为关注的一个领域。然而，"整体而言，中小学生的读书状况是不好的"，"很多学生除了教科书和教辅，几乎不怎么读书，不喜欢也不会读书，更不会读完整的书"[①]。这是温儒敏教授重温40年前的"吕叔湘之问"时发出的警示。的确，基础教育和语文教学改革浪潮迭涌，推陈出新，但中小学生的阅读问题依然没有得到很好的解决。

教育部颁布的《义务教育语文课程标准（2011年版）》在阅读建议部分明确地指出，"要重视培养学生广泛的阅读兴趣，扩大阅读面，增加阅读量，提高阅读品味，提倡少做题，多读书，好读书，读好书，读整本的书。关注学生通过多种媒介的阅读，鼓励学生自主选择优秀的阅读材料。加强对课外阅读的指导，开展各种课外阅读活动，创造展示与交流的机会，营造人人爱读书的良好氛围。"[②] 2017年9月部编版小学语文教材在全国范围内开始使用，其中每一册都新增了一个《快乐读书吧》栏目，要求教师对学生的课外阅读进行系统化的指导，形成"教读""课内自读""课外阅读"三位一体的阅读教学体系。除了教育界自身对学生的阅读有着具体的要求之外，国家相关政策也大力倡导少儿阅读。《全民阅读"十三五"时期发展规划》提出的具体原则之一即坚持少儿优先，保障重点，并明确这一重点即从小培育阅读兴趣、阅读习惯、阅读能力。2021年7月，国务院办公厅印发《关于进一步减轻义务教育阶段学生作业负担和校外培训负担的意见》，这项政策的出台在客观上可以保障学生的课外阅读时间，在主观上则要求教师努力提高课堂教学质量，更进一步提升课外阅读课程化的教学效果。

从课程标准到教科书再到相关政策，可以说，国家的顶层设计为解决问题已经进行了全面布局。但在具体的落实层面，依然存在着阅读指导跟不上阅读教育内容的硬件、阅读教育满足不了家长对孩子的期望、小学生课余时间的纸质阅读被电子媒介"阅读"冲淡的堵点、痛点和难点问题。很多关心儿童阅读的小学语文教育专家、学者给出的建议不约而同地聚焦在"阅读兴趣"这一点上。温儒敏教授说："提高语文教学效果有各种各样的办法，但最管用最有效的是读书，是培养读书兴趣。这是关键，是'牛鼻子'，抓住了这个

---

① 温儒敏. 培养读书兴趣是语文教学的牛鼻子：从"吕叔湘之问"说起［J］. 课程·教材·教法，2016，36（6）：3-11.

② 中华人民共和国教育部. 义务教育语文课程标准：2011年版［M］. 北京：北京师范大学出版社，2012：23.

‘牛鼻子’，就可以一举两得，既能让学生考得好，又能真正提高学生的语文素养。”① 曹文轩先生说：“因孩子正处于培养阅读趣味之时期，所以，在保证他们能够从阅读中获得最基本的快乐的前提下，存在着一个培养高雅阅读趣味——深阅读兴趣的问题。”他进一步指出，与浅阅读的愉悦来自阅读本身不同，深阅读的愉悦来自思索、品味、琢磨之后的刹那辉煌。“阅读者的乐趣不仅仅在文本所给予的那些东西上，还在于探究过程中。”②

部编版小学语文教材中《快乐读书吧》栏目的创设，正是基于这样的理念。快乐是一种主动阅读的心态、意愿乃至能力，是读者在阅读时的积极状态。引导学生快乐读书，享受阅读的乐趣，正是《快乐读书吧》栏目的价值，是对小学语文课外阅读教学的召唤和引领。那么，如何以这一栏目为“抓手”，切实有效地解决小学生的阅读问题？如何以培养阅读兴趣为重点，将整本书阅读引入课堂教学？开展怎样的阅读活动，才能让《快乐读书吧》名副其实？在“双减”政策的背景下，如何转变教育评价观念，使整本书阅读活动不会被应试理念裹挟，从而真正成为提升学生语文素养的重要教学手段？对于一线小学语文教师来说，宏观政策与现实困难必须转化和落实到这些具体问题的解决上来。

L老师所在的S学校有着较好的阅读教学积淀。在接到市教研室为帮扶单位准备一节三年级《快乐读书吧》教学展示课的任务后，L老师和自己的教学研究团队进行了认真的准备。三年级下册《快乐读书吧》的阅读内容是寓言故事，栏目推荐了中国古代寓言、伊索寓言和克雷洛夫寓言。针对这样的内容，L老师进行了学情调查。从调查中L老师了解到，三年级的学生最喜欢读的是动物类的伊索寓言，对于诗歌体的克雷洛夫寓言的阅读兴趣次之，最不喜欢读的是中国古代寓言，68.7%的学生表示没有兴趣。针对学生的反馈，L老师大胆地选择了《中国古代寓言》一书进行突破——越是没有阅读兴趣的书越要“快乐阅读”，这二者之间的张力恰恰是教师教学的有为之处。

【案例正文】

一、小组竞赛：积极参与之“乐”

这是一节整本书阅读的交流课。S学校整本书的阅读在学期教学计划中为每周一课时，按照一个月读一本书的进度进行。L老师和她的教学团队按照这样的时间进度规划了整本书阅读教学的四种课型，即导读课、推进课、交流课和汇报展示课。无论哪种课型，教学目标都是让全体学生积极参与阅读，按时读完整本书，并能在阅读中提升自己的思维水平，更重要的，是能真正体会读书的“快乐”。如何利用每周一节的阅读课来实现这样的教学目标，设计和组织怎样的活动来让每个孩子都有一种参与感和表现欲——这是L老师的教学团队日常整本书阅读教学设计的重点所在。对于此次展示课，L老师沿用了她们

① 温儒敏．培养读书兴趣是语文教学的牛鼻子：从“吕叔湘之问”说起［J］．课程·教材·教法，2016，36（6）：3-11.

② 曹文轩．面对浅阅读时代：儿童文学应有的观察与觉悟［J］．中国儿童文化，2010（00）：219-222.

经常采用的小组合作的学习方式，同时，针对中段小学生的心理特点，将组间竞赛、猜谜、表演、制作卡片等活动形式引进课堂。于是，“我为小组做贡献”成为学生参与整个课堂的强烈动机。

片段一

L老师拿出自己制作的三个大小不一的纸质奖杯，贴在黑板上。

师：孩子们，你们准备好了吗？用你们的坐姿告诉我，用你们的笑容告诉我。

师：孩子们，最近我们一起攻读了《中国古代寓言》这本书，开展了许多竞赛活动，各个小组的实力可以说是难分伯仲。今天，我们将迎来终极PK赛——争夺“智慧奖杯”。

板块一：成语擂台

师：老师提出的要求是每组说出三个成语，重复不得分，正确加10分。

生1[①]：叶公好龙，郑人买——椟，呃，是郑人买履，买椟还珠。

师：不要着急。

生2：望洋兴叹，愚公移山，鹬蚌相争。

师：声音更洪亮些。

生3：南柯一梦，自相矛盾，朝三暮四。

师：你不仅读了这本书，还读了其他的寓言故事。

生4：井底之蛙，画蛇添足，画饼充饥。

师：加10分。

生5：九牛一毛，孟母三迁，口若悬河。

师：加10分。

生6：掩耳盗铃，一叶障目，揠苗助长。

师：其他孩子要认真倾听，看有没有重复。加10分。

生7：叶公好龙（说过），愚公移山（说过），楚使断案，指鹿为马，嗯——

生8：老马识途。

师：这就是小组合作的力量。

生9：襄王好射，囫囵吞枣，杯弓蛇影。

师：加10分。

生10：亡羊补牢，螳螂捕蝉，黄雀在后。

师：这是一个成语还是两个成语？

生：刻舟求剑，自相矛盾。

① 此处数字是学生课堂回答问题的人次。

师：有一个是重复的。

生 11：天衣无缝，天涯海角。

师：加 10 分。

师：孩子们，我发现你们读的寓言真多呀！不仅读了这本寓言书，还读了其他版本的寓言书。听你们说了这么多，老师也找了很多寓言（PPT 展示）。《中国古代寓言》记述了上至先秦、下至清末的许许多多的故事，其中不乏意义深刻的故事并演变成了现在的成语。可是，你们有没有把这些故事读到心里去呢？我想和大家做一个游戏。

为了上好这一节课，L 老师进行了充分的准备，她找来了五个版本的《中国古代寓言》进行泛读，最终选定了曹文轩和陈先云主编的这一版。她认为这一版把中国古代寓言进行了分类编排，其实是向教师传递了一种教学策略，而教师需要做的，就是将策略转化为学生能够积极参与的活动。设计这个教学片段，L 老师意在通过小组竞赛的方式展示中国古代寓言故事的数量之丰，虽然她没有进行成语和寓言的辨析，但小组竞赛这种极具游戏色彩的教学方式点燃了孩子们广泛参与的热情。经过前期的自主阅读、小组合作阅读以及教师的指导，每个学生都积累了一定量的寓言故事和成语故事，他们个个摩拳擦掌，跃跃欲试，希望能给自己的小组加分。于是，课堂变成了充满魅力的游戏竞技场，学生变成了游戏的主动参与者，这场奔赴快乐的“约会”由此开启。

二、线索猜谜：化零为整之“乐”

如果说，说出若干寓言转化的成语只是“识记”层面的学习任务，那么“理解”“运用”等更高阶学习目标的达成则需设计更具挑战性的任务。L 老师以“做游戏”的话语再次激起学生的参与热情，同时悄悄地把一个较难的学习任务——化零为整的思维训练——埋藏在这个看似轻松的游戏环节中。部编版小学语文教材《快乐读书吧》的编排从一年级到六年级有着极为清晰的线索，从一、二年级的童谣、绘本，到三、四年级的寓言、神话，再到五、六年级的故事、儿童小说，儿童文学的分级阅读思想清晰可见。《中国古代寓言》这样的“整本书”是将各个零散的小寓言故事串起来编订而成的，这些小故事既独立成篇，又有一定的相关性。设计怎样的教学活动可以让三年级的孩子思考这样的“相关性”，从而能够建立起一定的“整本书”意识？L 老师创造性地借鉴了综艺节目中的游戏方式，设计了下面的教学环节。

片段二

PPT 出示：心心相印

师：老师将给出一定的线索，请你猜一猜这是哪一个寓言故事。

PPT 出示：劝告

生 12：《亡羊补牢》，因为故事中的那个人没有听从街坊的劝告，第一次丢了一只羊，第二次又丢了一只羊。

师：你把故事读到了心里，加 10 分！老师想听听其他同学的意见。

生 13：《凤凰和猫头鹰》（复述这个故事，略）。

师：你把这个故事又给同学们讲了一遍。真棒！加 10 分。还有吗？

生 14：《愚公移山》。因为愚公想把门前的两座大山移走，智叟和愚公的妻子都来劝告。

师：嗯，这也是一个和劝告有关的故事，加 10 分。还有吗？

生 15：《防患于未然》（复述这个故事，略）。

师：你把这个故事讲得很完整，加 10 分。

师：和劝告有关的寓言故事还真不少，再看第二个线索——

PPT 出示：蝉

生 16：《螳螂捕蝉，黄雀在后》（复述这个故事，略）。

师：给这组同学加 10 分。继续听题。

PPT 出示：能人

生 17：《老马识途》（复述故事，阐述理由，略）。

生 18：《百发百中》（复述故事，阐述理由，略）。

生 19：《卖油翁》的故事（复述故事，阐述理由，略）。

师：看来寓言故事中的能人真不少。每个小组加 10 分！

PPT 出示线索二：马（学生踊跃举手）

生 20：《九方皋相马》。

师："皋"这个字没读准。谁来帮帮她？

生 21：念"gāo"。

师：每人加 10 分。

PPT 出示：智者

生 22：《塞翁失马，焉知非福》（阐述理由，略）。

师：加 10 分。

生 23：《愚公移山》中的智叟。

师：他是不是真的智者？也许应该加引号。

生 24：《望梅止渴》中的曹操。

师：（师出示"梅子"）你真是和老师心心相印。加 10 分！

线索猜谜的活动其实蕴含着为寓言故事分类的教学设计。在课堂中，L 老师就以"此故事彼故事"的教学环节引导孩子们寻找不同的寓言故事间的联系，即分类别。例如，关于"愚人"的故事就有《亡羊补牢》《守株待兔》《截竿进城》《父亲的画像》等。L 老师发现，孩子们的思维不受局限，不趋同，同一个故事会按照不同的划分依据归入不同的类别。例如，《曲突徙薪》就可以划分到劝诫类、愚人类和智者类中。对这样的思考L老师欣然接受——这种有个性、有自我的思考是学习者最珍贵的品质。在本节交流课中，L老师设置了“心心相印”的游戏环节让孩子们猜测预设的寓言故事。L老师希望这样的创设能达到三重效果：一是，猜谜的形式能强烈地吸引孩子们参与其中。二是，提供的线索再次成为分类的依据，“劝告”“能人”“智者”这几个一级分类“线索”的开放度极高，可以引导孩子们在自己的记忆仓库中筛选相关的寓言故事，使得答案丰富多彩。在孩子们的交流和启发中，对“这一类”寓言故事的理性思考再次深入了他们的心田。三是，在这样的“整合”思考中，中国古代寓言故事中蕴含的智慧也如涓涓细流般滋养着孩子们的心田。

三、创意编演：还原体验之“乐”

寓言的特点是“小故事大道理”，它对于读者的要求就是“读故事悟道理”，寓言学习单元的语文要素为“读寓言故事，明白其中的道理”。从“读”到“悟”，这样的思维过程对于三年级的学生来说其实并不简单。L老师善于把握儿童心理，她认为孩子天生是喜欢听故事而反感别人给他讲道理的，因此，采用学生喜欢的活动形式来激发他们自主感悟故事背后的道理，这才是真正的尊重学生，也是学生获得快乐的前提。L老师想到让孩子们小组合作选择某个寓言故事进行创意编演，把故事的情境还原出来，把人物的对话和行动演绎出来，亲身去体验人物的性格，去感受故事的滑稽或荒诞。生动活泼的创意编演一方面是孩子们与文本的对话过程，是他们对故事中人物的再认识过程，是他们领悟寓言背后道理的认识过程；另一方面，角色扮演的游戏活动是孩子们愿意参加的，同伴之间的合作，自我主体力量的展现，故事本身的幽默讽刺意味，都能让孩子们感受到无限的快乐。

片段三

师：中国古代的寓言传到今天依然让我们受益匪浅。上节课我们还进行了寓言表演竞赛。这节课我来宣布寓言表演竞赛的获奖者。“寓言奥斯卡”获奖名单第一项，获得最佳表演奖的是《鹬蚌相争，渔翁得利》，表演者是第7组，为第7组加30分！第二项，获得“寓言奥斯卡”最佳人气奖的是《郑人买履》，表演者是第12组，加30分！第三项，获得“寓言奥斯卡”最佳编剧奖的是《愚公移山》，为第11组加30分。下面依次邀请这些小组为大家进行寓言展演。

板块二：寓言剧场

第7组上台表演《鹬蚌相争，渔翁得利》。

生25：我是渔夫。

生26：我是鹬。

生27：我是蚌。

生 28：我是旁白。

生 28：有一天，蚌在河滩上晒太阳。（生 27 摆好姿势，面露笑容）一只鹬从它身边走过，就伸嘴啄它的肉。（生 26 伸出手做喙，向生 27“啄”去。生 27“啊”的一声，用两手紧紧夹住了生 26 的“喙”。生 26 做出用尽全身的力气往外拔的样子）

生 26：今天不下雨，明天不下雨，你就干死了！

生 27：今天不放你，明天不放你，你就饿死了！

生 28：它们俩吵个不停，谁也不肯让谁。这时候，一个渔夫走过来，把它俩都捉住了。

生 25：（抱住生 26 和 27）哇！这里有一只鹬和一个蚌，今天终于能饱餐一顿了！

全体学生在笑声中热烈鼓掌。

PPT 出示：由结尾展开想象……

师：请演鹬和蚌的小演员留下。孩子们，这个故事表现出了鹬和蚌的争吵，那么渔翁把它们俩抓住关在笼子里，它们俩会有怎样的对话呢？请同桌之间说一说，我们一会儿交流。

生 29：鹬呀，我当时真不应该把你夹住，现在我们都快要被他吃掉了！

生 30：我原谅你，现在我们想办法把锁啄开，一起逃走吧！

师：这组是智慧型的，想到要脱险。还有其他类型的吗？

生 31：鹬呀，我当初不应该把你的嘴巴夹住，咱们能和好吗？

生 32：可以，你把我的嘴放开，我带你一起逃出去！

师：这是后悔型加逃生型的。还有其他想法吗？不要重复别人的想法，你们每个人都是独特的！

生 33：你这只鹬！看看，就是因为你夹住我，现在都被关到笼子里来了！

生 34：那你还夹住我的嘴呢！

师：这组是埋怨型的。但老师从埋怨中听出他们读懂了故事的意义。我们读故事的时候可以从故事的结尾展开想象，想对话，想画面，这样能更好地读出故事背后的道理。我们再听听留在台上的演员怎么说。

生 26：只可惜笼子太小了，要不我可以飞起来把你带出去！

生 25：是啊！

师：看来它们俩已经成为好朋友了。

当几千年前抽象的文字符号在课堂上活化为一幕生动可感的“戏剧”时，当孩子们以亲身的编演体验了故事情节和角色关系时，无论是表演者还是欣赏者都展露出会意的笑容，这是在共同阅读和领会道理之后的共鸣。然而，L 老师并没有追问“你懂得了什么道理”，因为这个问题在这样的课堂上显得过于抽象和生硬，她转而设计了这样的追问：“在笼子里的鹬和蚌会有怎样的对话?”刚刚被引入情境的孩子们随即展开了合情合理的想象，这些想象是丰富的、个性的，同时具有鲜明的“语文”色彩——孩子们装扮成鹬和蚌的对话其实就是一次语言的建构与运用；而教师适时的一句“我们读故事的时候可以从故事的结尾展开想象”，又将一种阅读策略传授给了孩子们。

片段四

第12组表演《郑人买履》。

生35：我是郑国人。

生36：我是商人。

生37：我是路人甲。

生38：我是旁白。

生38：从前有个郑国人，他的鞋子破了，想去买双鞋。他先在家里量了一下自己的脚，然后把量好的尺码放在座位上准备带走（生35用动作来表现这些内容）。他匆匆忙忙地来到集市上。

生36：来来来！看看我的鞋子，我的鞋子又漂亮又便宜，真是物美价廉！

生35：那双鞋子好好看呀！（摸口袋）呀！我忘记带自己量好的尺码了！(转身往自己家跑去)

生36：哎呀，时辰不早了，我还是收拾收拾回家吧！

生38：等他赶回来，集市已经散了，鞋子也没买到。(生35做哭泣状)

生37：你为什么不直接用自己的脚试试这双鞋的大小呢?

生35：我宁愿相信自己量好的尺码，也不愿相信自己的脚！

全体学生欢笑鼓掌。

师：请郑国人暂时留在舞台上。看了刚才的表演，同学们有没有什么话要对这位郑国人说呢?

PPT出示：你想对他说

生39：你可以直接用你的脚穿上鞋试试大小呀，这样就不用回去拿尺码了！

生35：我想了想，觉得你说得对！(笑声)

师：把掌声送给他，他知错能改。(对生35) 在生活中如果能这样知错就改，你将会表现得更好！请同学们用一个词语来形容一下这个郑国人。

生40：死搬教条。

生41：愚蠢。

生42：固执。

生43：不懂得变通。

生44：弦儿（方言）。(学生大笑)

师：为刚才发言的同学都加10分！你们在读寓言故事的时候，有没有发现其他故事中的人物也像他这样呢？

生45：《宣王好射》中的宣王。

生46：《一叶障目》中的主人公。

生47：《掩耳盗铃》中的主人公。

生48：《对牛弹琴》中的主人公。

生49：《囫囵吞枣》中的主人公。

生50：《把石头当宝贝》中的主人公。

老师出示PPT：《堵门防盗》《借梯子》《“万”字》《不宜动土》《可笑的成见》……你想对这些故事中的主人公说些什么？

生51：我想对《借梯子》里的人说，难道喝酒比救你的家人重要吗？

生52：我想对《掩耳盗铃》里的人说，你为啥堵住自己的耳朵偷铃铛，为什么不堵住那家人的耳朵？（笑声）

师：你的解读好有趣。

生53：我想对《“万”字》里的小朋友说，你不好好学习，怎么能写好字呢？“万”字肯定不是那么写的。

师：你真会阅读，把道理读得真明白！

生54：我想对《不宜动土》的人说，你怎么干什么都看皇历呀？你信了皇历就会耽误家人救你！

师：你把道理读到心里了。

师：故事演完了，道理却留了下来。

“你想对他说”和“用一个词语形容一下这个郑国人”的设计继续指向“悟道理”，教师其实是在创设“支架”让学生来攀越“道理”这座山峰。情境下的对话让孩子们有话可说，远比生硬地“说出寓言的寓意”更有效果、更有质量。难怪接下来的话语迁移孩子们的发言积极踊跃，欲罢不能。更重要的是，通过与寓言中“愚人”的对话，孩子们获得了一种鲜明的优越感和自信心——对自身智慧和力量的肯定无疑也是主体获得愉悦感的重要来源。因此，故事的创意编演以及教师的支架创设其实就是一个通道，由“读故事”通往“悟道理”，这个过程变得水到渠成，自然舒展。

片段五

第11组表演《愚公移山》。

生55：我是第12组的演员，我助演他们组的“山”。（笑声）

生56：我是愚公。

生57：我是愚公的妻子。

生 58：我是愚公的儿子。

生 59：我是智叟。

（生 55 两手擎起，做“山”状）

生 56：大家好啊！我是愚公。我已经 90 多岁了。我家门口有两座大山，我们一起把它们搬走好不好啊？

生 58：好啊！好啊！

生 57：我看你连个小土堆也填不平，你快放弃这个念头吧！再说，你即使平了山，这些土啊，石头啊，你往哪堆呢？

生 56：填到渤海里不就行了吗？

生 56、57、58 一起围着生 55 做铲土状：嘿呦，嘿呦！（笑声）

生 59（上）：愚公啊！你都一大把年纪了，你怎么可能搬动大山？我看你还是回家洗洗睡吧！（笑声）

生 56：我看你连寡妇家的儿子都不如了，我死了有我的儿子，儿子死了有我的孙子。孙子死了，又生儿子，子子孙孙，一代又一代地往下传，总会把山搬走的！

生 59：好吧，随你的便。

众生继续一起做铲山的动作：嘿呦，嘿呦！

生 56（转旁白）：大家知道后来怎样了吗？后来，天帝可怜他们，于是就派天兵天将下凡把两座大山搬走了。从此，愚公和他的家人再也不用绕路了。

全体同学会心地报以掌声。

师：这组同学把《愚公移山》的故事演绎得很生动，而且给这个表演加了一个结尾。可是，看过这个故事之后，你们有没有什么疑问呢？

PPT 出示：学贵有疑

生 60：你为什么只想把这两座山移走，不把自己的家搬走呢？

生 56：如果我们把家搬走，下一代的人还是会遇到这样的阻碍呀！

师面对生 56：你考虑的是千秋万代，他考虑的是解决问题的方式。

生 61：你不会从后面绕着走吗？

师：这是一道地理题。（笑声）

生 56：如果从后面走，还是会绕回到这里，最后还得面对这两座大山。（笑声）

生 62：你把山铲平了，山上的那些动植物怎么办呢？

师：你是个环保主义者，加 20 分！你考虑的是大自然的平衡，是保护动物的问题。

生 63：为什么要把山搬走？直接在山中间挖个隧道不就行了吗？（笑声）

师：这是一道工程题。

> 生 56：那时候没有这样的技术，万一山塌下来怎么办？（笑声）
>
> 生 64：即使把山移走了，从这里直走也很远。
>
> 生 65：直走近！
>
> 师：嗯，两点间直线距离最近。这是一道数学题。（笑声）
>
> 师：孩子们，学贵有疑，小疑则小进，大疑则大进。读书的时候，应多问一些为什么，这样可以让我们对故事的意义理解得更深刻！

参与和观看表演对于活泼好动的儿童来说本就是一件赏心悦目的事。他们在还原情境、体验情感的过程中打开了自我狭小的天地，“他们最能忘记自己，最能驱使自己任意幻化为各种角色”，“扮演”是他们最得心应手的一件事。在自编自演的活动中，他们一边遵从戏剧表演的“游戏规则”，一边又摆脱了成人的指手画脚，尽情展现自己对故事的独特诠释。这既是一种心理能量的释放，又是一种生命情感的解放，这种发自内心的愉悦正是文学阅读及角色体验给予孩子们的最高褒奖。然而，在 L 老师看来，在课堂教学中，创意编演还只是一座桥梁，一座通往思维提升的桥梁，教师要做的一定是给学生“比自己读更有收获”的东西——这就是“聊书”的话题。L 老师说，话题不是问题，问题的答案可能是唯一的，但话题的答案一定是多元的。“看过这个故事之后，你们有没有什么疑问呢?”这就是一个极好的话题，它充分显示了从“自读”到“小组读”再到“教读”的思维提升过程。而孩子们不拘一格的回答以及教师机智幽默的评点所闪现的思维火花更让课堂熠熠生辉。

L 老师课后接受采访的时候说，三个故事表演是精心选择的，选择的标准并不是孩子们表演的水准，因为几乎所有小组的表演都很精彩，选择的标准是读完故事之后的“更进一步”，即阅读思维的延续。三个故事其实就是寓言阅读教学的典型代表，“由结尾展开想象”“你想对他说”“学贵有疑”这三个提示是学生由浅层阅读来到高阶思维的助力。而三个提示本身也呈现了由低到高的进阶：从沉浸于故事中的角色想象他们的命运情感，到跳出故事，以高出故事人物的智力来与人物对话，再到认同人物的精神之后，还要质疑故事本身，以培养一种对文本的批判性思维。所以，究竟什么是读书的“快乐”？L 老师在“学生—文本—编者—教师”这个四维对话中对《快乐读书吧》教学的诠释可以带给我们很多的思考。

四、读出“我”来：古今联结之“乐”

L 老师对阅读有着深刻的认识，她反复强调阅读必须与个人、与生活进行联结，只有这样的阅读才是真正有意义的阅读。如何让这一次的阅读中有“我”？如何让久远的寓言故事与现代生活建立联系？L 老师提前布置了制作“寓言启示卡”的学习任务，让孩子们观察生活，从生活中去发现今天仍然有古代寓言故事的“身影”，并把它用简短的语句写下来。这又从读写结合的层面开拓了本节课的教学内容。

片段六

PPT 出示板块三：寓言和我

师：寓言虽然离我们很久远了，但在今天它们还是有很多的启示。只要足够细心，你会发现这些寓言仍在我们身边。请各组拿出你们的生活启示卡，小组讨论、交流，评选出你们小组的最佳启示卡。一会儿全班进行交流。（学生小组内热烈地讨论）

每组推选一名同学读自己写的生活启示。

生 66：我有位叔叔开了一家小店，他就向别人夸耀。但当他看到别人的大门店时，他只能“望洋兴叹”了。

师：加 10 分。

生 67：我的英语班有个同学，做题做错了，还要继续往下做，真是“愚公移山”！

师：哦，老师暂时不能给你加分，你再听听其他同学的。

生 68：大屋的暖气管上有个东西，灯光昏暗，我以为是一只眼睛，吓死我了（《杯弓蛇影》）。

生 69：我的妈妈每次给我讲这种题的做法，我都不听，结果总是做错。哎！这真是“亡羊补牢”呀！

师：孩子，“亡羊补牢”还有下半句——“为时未晚”，老师相信你只要认真复习，一定会考出好成绩！

生 70：我弟弟找不到玩具手枪了，对着我左看看右看看，怀疑我是小偷。后来他找到了玩具，又对着我左看看右看看，我弟弟真是“疑邻盗斧”。（笑声）

生 71：有一次上钢琴课，我没有练习，想藏在大家后面，但老师却让大家一个一个地弹。我想以后再不能“滥竽充数”了。

生 72：有一次我看见环卫工人在赶一只野狗，这只野狗哀哀地叫着，这时突然又出现了七八只野狗，对着环卫工人又咬又叫，把环卫工人赶走了。

师：但是，这个好像是说这些狗很团结的故事。（笑）对这种现象我们不支持，但道理是明白的。

生 73：我想到考试中的一种人，本来写对了，结果又改错了，真是“画蛇添足”。

生 74：老师告诉我们，学校是我们的家，我们人人都要爱护它。可是当我们犯错误的时候，老师又说，你以为学校是你家啊？你想怎样就怎样？我觉得真是“自相矛盾”。

师：你真厉害！完全理解了这个寓言的道理！

生 75：我妹妹总显摆自己喜欢读书，结果每次书买回来都不读，岂不是

"叶公好龙"？

生 76：五年前一个父亲给孩子买鞋；五年后还是这个尺码，儿子穿不上，哇哇哭。这就是"郑人买履"。

师：可老师觉得这个故事更像"父亲的画像"。

这个教学片段进一步升华了本节课的教学内容，带领学生从"理解"层次来到了"应用"层次。从孩子们推选出的生活启示卡的内容来看，孩子们完全是从自己的生活出发，是观察现实生活后的发现。这一次古与今的联结正体现了孩子们智慧的成长。虽然他们的表达和见解还显得稚嫩，其中还不乏一些理解和运用有误的地方，但教师充满尊重与宽容的评价就是一次次期待和引领，使不同个性和不同层次的学生都能不同程度地得到成长，收获快乐。

五、由浅入深：思维提升之"乐"

这本书阅读的结束，一定是下一本书阅读的起点，让阅读生生不息，真正成为一条提升个体生命质量的阶梯。中国古代寓言凝结了中国人民的智慧，是中华民族优秀传统文化的重要载体。通过多种活动，让三年级的孩子感受中国智慧与个体生命的相遇，在相遇中感受快乐，提升自我，这正是阅读教学高于阅读之处，正是教师的着力之处。那么，这一节阅读教学课还能教给学生什么呢？

片段七

师：孩子们，只要仔细观察，寓言就在生活中等着你。除了中国古代寓言以外，世界上还有四大寓言，你们知道是什么吗？

生 77：有《伊索寓言》《克雷洛夫寓言》。

生 78：还有《拉封丹寓言》。

师：还有一本《莱辛寓言》。这几本书我们都可以读一读，《快乐读书吧》，让我们快乐读书吧！布置一个作业：读完这五本书之后，绘制寓言关系图。

(PPT 出示图案)

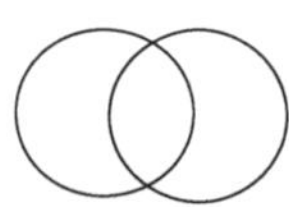
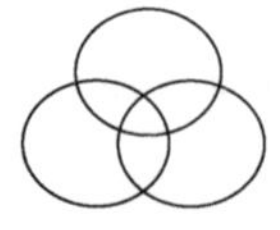
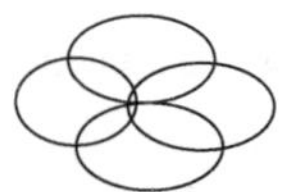

图 7-1　寓言关系图

师：最后，请各小组核出你们的分数。

(师颁发奖杯)

师：同学们，虽然今天的舞台有限，可能限制了你们的发挥。但只要用心读书，未来会有更大的舞台等着你们！《快乐读书吧》，我们下次再见！

由单篇课文引出一本书，由一本书引出一类书，语文阅读教学就像带领学生打开一扇扇窗户，带领他们看到更多的风景。其他国家优秀的寓言与中国古代寓言相比有什么同与异？比较阅读的引进及其深入思考对于三年级的学生来说无疑是一个相当有难度的任务。但教师通过搭建“绘制寓言关系图”这样的支架降低了难度，增强了学生迎接挑战的信心。L老师说：“提出问题其实不一定必然要回答问题，如果这个问题能够激起学生思维的涟漪，将‘我也可以这样去想’的思维种子播种下去，这也是一件很好的事。”“跳一跳，够得着”，这样摘取到的“苹果”不是更让人感到“快乐”吗？应该说，整节课各个教学板块都有这样的思维提升，只不过都无痕地融进各种有趣的教学活动中了。最后，这节课在核算分数、颁发奖杯的欢声笑语中结束了，然而，孩子们收获的又岂止简单的快乐呢？

【结语】

美国教育家杜威说：“逸乐和快乐有分别，求逸乐和求快乐也不同。……逸乐是偶然的、一时的、来自外在的。快乐是悠久的、发自内心，从努力辛苦中得来的。”[①] 寓言与大多数适合儿童阅读的作品一样，以有趣、好玩的故事吸引着儿童进行自发阅读，这就是杜威所说的“求逸乐”。对于阅读教学包括《快乐读书吧》推荐的整本书阅读教学来说，一方面，教师要保护孩子们的阅读童心，不能破坏这种原初的、自发的阅读快乐，不让“说出寓言的寓意”这样生硬的教学语言及其他不当的教育干预、降低甚至破坏它；另一方面，教师要带领学生从简单的、浅层次的“逸乐”走向深层次的、需付出努力才能获得的“快乐”。L老师的这节课充分发挥了以班级为单位的集体阅读的优势，设计了多元、智能的活动来进一步拓展和提升阅读的乐趣，以多维度、多层次的快乐体验让师生一起享受文学阅读和审美教育这双重的精神盛宴，是对《快乐读书吧》的一次富有启示和借鉴意义的实践。

【案例使用说明】

1. 适用范围

授课对象：小学教育专业的研究生或本科生、教师教育相关专业的研究生或本科生、小学语文教师。

适用课程：“小学语文教学设计与实施”“小学语文教学专题研究”“课例分析（小学语文）”等。

2. 教学目的

（1）结合《中国古代寓言》阅读交流课这一案例，理解部编版小学语文教材《快乐读书吧》栏目的价值以及本案例对这种价值的实现方式。

（2）通过对本案例和相关学习材料的研究，探究提升小学生阅读兴趣的策略与方法。

① 杜威. 杜威五大讲演［M］. 胡适，译. 合肥：安徽教育出版社，1999：316.

（3）能围绕提升学生阅读兴趣的教学目标，对部编版小学语文教材其他册的《快乐读书吧》栏目进行教学设计。

3. 要点提示

相关理论：

语文课程与教学、儿童的心理特点、阅读教学的理论与方法。

关键知识点：

（1）什么是小学生的阅读兴趣；

（2）在儿童文学、儿童心理学的视阈下思考小学生课外阅读教学方法；

（3）围绕激发阅读兴趣、提升思维品质等进行整本书阅读教学设计。

关键能力：

阅读文本的能力、分析学情的能力、教学设计的能力。

案例分析思路：

本案例遵循整节课的自然流程，按照对“快乐阅读”不同层次和不同维度的体现分成五个板块。分析L老师这节阅读交流课是怎样体现《快乐读书吧》的理念和价值的，进而引发思考和实践：如何设计多元、有趣的阅读教学活动来激发小学生的课外阅读兴趣？

4. 教学建议

时间安排：大学标准课4节，180分钟，布置预习1节，汇报讨论1节，实践展示1节，反思总结1节。

环节安排：利用1节课布置预习内容，要求对小学生的阅读现状进行调查、梳理，提出提升小学生阅读兴趣的问题→学生按照启发思考题分组研读案例并对该问题进行讨论→各组形成主要观点→学生课上汇报、研讨→学生小组互评、教师点评→学生自选其他册的《快乐读书吧》进行教学设计→展示点评→反思、总结。

人数要求：40人以下的班级教学。

教学方法：参与式教学、小组合作教学等方式，以师生讨论为主、以讲授为辅。

工具选择：案例打印资料、多媒体录播教室、录音笔、记录表等。

组织引导：教师布置任务清晰，案例讨论要求明确；教师要为学生提供必要的参考资料；教师需要对学生的课下讨论予以必要的指导，并及时给出建议，便于课上交流；学生课上讨论注意严防跑题；教师点评注重提升，肯定每组的亮点，不应给出最终结论。

活动设计建议：

可以对比不同的《中国寓言故事》阅读课，让学生思考哪些环节的教学设计最能提升学生的阅读兴趣；依据案例思考题进行分组，小组在观看案例时更加聚焦，最后全班交流时会形成对提升小学生阅读兴趣的不同角度的思考；学生的教学设计最好能拿到教学实践中进行检验，看自己的设计是否真正体现了《快乐读书吧》的理念。

5. 推荐阅读

［1］吴聪娣. 中国古代寓言的育人价值和教学策略［J］. 教育文汇，2021（9）.

［2］温儒敏. 温儒敏论语文教育［M］. 北京：北京大学出版社，2010.

[3] 诺德曼，雷默. 儿童文学的乐趣 [M]. 陈中美，译. 上海：少年儿童出版社，2008.

[4] 余党绪. 走向理性与清明：整本书阅读之思辨读写 [M]. 上海：上海教育出版社，2019.

[5] 李怀源. 儿童阅读的力量 [M]. 上海：华东师范大学出版社，2020.

[6] 斯宾塞. 斯宾塞快乐教育法 [M]. 甘慧娟，译. 北京：北京理工大学出版社，2018.

《中国古代寓言》读书交流课课堂实录[①]

教学目标：

1. 让学生对中外寓言故事产生阅读兴趣。

2. 通过对中国古代寓言故事的阅读，学生既能感受到凝结在寓言中的中华民族的智慧，又能体会到寓言中蕴藏的深刻道理。

3. 能联系生活中的人和事深入理解故事中蕴含的道理。

教学重点：培养对寓言故事的阅读兴趣，体会故事中蕴含的道理。

教学难点：能感受读寓言故事的快乐，并能联系生活中的人和事进行深入理解。

教学过程：

一、谈论寓言，激发兴趣

师：孩子们，你们准备好了吗？准备好了，就用你的坐姿告诉老师，用你的笑容告诉我，开始上课啦。孩子们，最近我们一起读了《中国古代寓言》，并开展了许多竞赛活动，各个小组在比赛中都非常认真，各个小组的实力可以说是难分伯仲。今天，我们将迎来终极 PK 赛——争夺“智慧奖杯”。各个小组有没有信心？

生：有。

板块一：成语擂台

师：老师提出的要求是每组说出 3 个成语，重复不得分，正确加 10 分。听清楚了吗？

生：听清楚了。

师：抢答开始。

生：叶公好龙、郑人买履，还有买椟还珠。

师：加 10 分。请你来说。

生：有望洋兴叹、愚公移山和鹬蚌相争。

师：非常好，声音更洪亮一些就更好了。加 10 分，请你来说。

① 执教者为内蒙古自治区包头市东河区工业路第二小学李海秀。

生：南柯一梦、自相矛盾和朝三暮四。

师：你不仅读了这本书，还读了其他的寓言书，老师听出来了，继续加油。还有什么？

生：有井底之蛙、画蛇添足、画饼充饥。

师：加 10 分。

生：九牛一毛、孟母三迁、口若悬河。

师：加 10 分，请你来说还有什么？

生：有掩耳盗铃、一叶障目和揠苗助长。

师：其他孩子要认真倾听，看有没有重复。请你来说。

生：有叶公好龙（重复了）、愚公移山（重复了）、画龙点睛、指鹿为马，还有一个老马识途。

师：很好，小组合作力量大。好，请你来说。

生：有庖丁解牛、囫囵吞枣、杯弓蛇影。

师：好请坐，加 10 分，把机会给这边的孩子。

生：亡羊补牢，螳螂捕蝉，黄雀在后。

生：刻舟求剑和自相矛盾。

师：非常好，你有补充的吗？有一个是重复的。

生：天衣无缝、韦编三绝。

师：孩子们，老师发现你们读的寓言真多呀！不仅读了这本寓言书，还读了其他版本的寓言书。听你们说了这么多，老师也找了很多寓言。《中国古代寓言》记述了上至先秦、下至清末的许许多多的故事，其中不乏让孩子们印象深刻、意义深厚的故事，并演变成了现在的成语。可是你们有没有把这些故事读到心里去呢？我想跟大家做一个游戏，游戏的名字叫“心心相印”，老师将给出一定的线索，请你猜一猜这是哪一个寓言故事。（提示词：劝告）请你来说。

生：《亡羊补牢》，因为故事中的那个人没有听从街坊的劝告，第一次丢了一只羊，第二次又丢了一只羊。

师：你把这个故事读到了心里，老师还想听听其他同学的意见。

生：《凤凰和猫头鹰》，就是庄子和惠子的故事。庄子前去看望惠子，那惠子以为庄子是来夺他的官职的，所以下令全城搜查庄子。庄子知道了，马上去见惠子并对他说，凤凰十分爱清洁，不是梧桐树它不栖息，不是清洁的泉水它不喝，不是甜美的果子它不吃。这时，有一只猫头鹰不知道从哪儿找来了死老鼠，看见头上飞着的凤凰说：“你敢来抢我的吃的。”

师：你把这个故事给大家又讲了一遍，真棒。还有吗？

生：《愚公移山》。因为愚公想把门前的两座大山移走，智叟和愚公的妻子都来劝告。

师：这也是一个关于劝告的故事。还有吗？看到劝告你还想到了哪个故事呢？

生：有，《曲突徙薪》。有一位客人来主人家做客，看见主人家的烟囱是挨着草的，就一直跟他说你的烟囱跟草挨着容易着火。主人假装没有听见，然后过了几天，他家真的着火了，全村的人都来救火，然后把火扑灭了。

师：他把这个故事给我们又讲了一遍，关于劝告的故事还真多，请看线索，谁和老师心心相印？（提示词：蝉）

生：《螳螂捕蝉，黄雀在后》。蝉发出悲鸣声，在河边的树叶上喝露水，却没有发现后面有一只螳螂要捕它。螳螂一心想吃掉前面的蝉，却不知道后面有一只黄雀也想吃掉它。黄雀一心想吃掉螳螂，却不知道后面有个人要拿弹弓射它。

师：这组加 20 分，答案就是《螳螂捕蝉，黄雀在后》。继续听题，第二组，看到“能人”这个词，你想到了哪一个故事？

生：《老马识途》。

师：其他人的想法呢？

生：嗯，还有《百发百中》，因为那个人每次都能射中。

师：技艺高强，请你说说还有什么？

生：《卖油翁》的故事。卖油的老人因为倒油已经非常熟练了，所以每次都不会漏一滴油。他把一个铜钱放在葫芦口上面，油能直接从铜钱中间的孔流下去，而且不漏出来一滴油。旁边的人都惊叹起来，我认为这个老人是一个能人。

师：非常好。这本书中的能人还真不少呢。

师：请看线索二“马”，孩子，我看到了，你是第一个举手的。

生：《九方皋相马》。

师：再想一想那个字念什么说，九方什么，谁来帮帮他？

生：九方皋。

师：声音洪亮，再来念一遍。

生：《九方皋相马》。

师：给这组和刚才答对的这组加 10 分，请听第 3 题。请你来说。

生：我觉得是《塞翁失马，焉知非福》中的那个老人，他是一个智者，因为他每次都能想到后面发生的事情。

师：那是因为他是很聪明的人。你来说。

生：我觉得是智叟。

师：《愚公移山》中的智叟真的是智者吗？

生全体：不是。

师：如果加个引号也许可以，其他的孩子呢？

生：还有《望梅止渴》中的曹操。

师：给这组加 20 分，老师想和你握握手，孩子，你和我心心相印。请看，老师想到的也是《望梅止渴》。老师发现，孩子们真的是把寓言读到了心里。中国古代寓言虽然历史悠久，可是其中的故事传到今天，依然让我们受益匪浅。上节课我们还举行了寓言表演竞赛。现在，老师要宣布成绩了，激动人心的时刻到来了。下面我宣布公园路小学“寓言奥斯卡”获奖名单。第一项：最佳表演奖。猜一猜是哪一组呢？最佳表演奖的获得者是《鹬蚌相争，渔翁得利》表演组，即第七组，掌声鼓励，给第七组加 30 分。第二项：“寓言奥斯卡”最佳人气奖。是哪一个故事？这个故事就是《郑人买履》。获得最佳人气奖的是第十二组，掌声鼓励，给他们组加 30 分。第三项：“寓言奥斯卡”最佳编剧奖。哪一个组的故事创编得最有趣，台词也最吸引人呢？就是我们的第十一组，加 30 分！好，下面依次有请第七组、第十二组和第十一组上来为全班和所有的老师做展演，有请第七组。(PPT 出示板块二：寓言剧场)

生：我是渔夫。

生：我是鹬。

生：我是蚌。

生：我是旁白。有一天蚌在河滩上晒太阳，一只鹬从蚌身边走过，就伸嘴去啄它的肉。蚌赶快用壳紧紧地夹住鹬的嘴，鹬用尽全身的力气也拔不出来。鹬说——

生：今天不下雨，明天不下雨，你就干死了！

生：今天不放你，明天不放你，你就饿死了！

生：它们俩吵个不停，谁也不肯让谁，这时候一个渔夫走过来把它们俩全都抓住了。

生：哇！这里有一只鹬和一个蚌，今天终于能饱餐一顿了！

师：请演鹬和蚌的小演员留下，其他孩子暂时先回去。孩子们，这个故事表现出了鹬和蚌的争吵。想一想，渔翁把鹬和蚌捉住以后，它们两个在笼子里会进行怎样的对话呢？请同桌之间练习说一说，我们一会儿交流。

学生自由讨论环节。

师：练习好的同学请坐好。谁想上来说一说？你猜到它们会说些什么呢？来，这组。

生：我是蚌。

生：我是鹬。

生：鹬呀，我当时真不应该把你夹住，现在我们都快要被他吃掉了！

生：我原谅你了，现在我们一起把锁啄开，一起逃走吧！

生：好的！

师：哇，这组是智慧型的，想到要脱险。还有其他类型的吗？请你们来说一说。

生：鹬呀，我当初不应该把你的嘴巴夹住，咱们能和好吗？

生：可以，你把我的嘴先放开，然后夹住我的脚，我们一起飞出去！

师：这是后悔型加逃生型的。还有其他类型的吗？不要重复别人的想法，你们每个人都是独特的。

生：你这只鹬！看看，就是因为你夹着我，咱俩才都被关到笼子里来了。

生：那你还夹住我的嘴呢？

生：可是要不是你先夹住我的话，我肯定逃生了。

生：那谁叫你把我夹住的呢？

师：这组是埋怨型的。但是，老师从埋怨中听出他们已经领悟到了这个故事的意义。孩子们，我们读故事的时候可以由结尾继续想一想，想画面，想对话，这样能帮助我们更好地理解寓言背后的道理。下面有请刚才的小演员，我们来一起听一听他们又会有怎样的对话呢。

生：对不起，都怪我力气太小了，不然的话我可以把你带上天去，这样渔夫就捉不到咱俩了。

生：是呀。

师：她非常支持你的解决方法，看来你们成了一对好朋友，是吗？两位小演员请回。接下来继续展演的是第十二组，请上台，掌声鼓励。

生：我们要表演的是《郑人买履》，我演的是其中的老板，就是那个商人。

生：我是郑国人。

生：我是路人甲

生：我是旁白。郑国有一个人鞋子破了，想去买一双鞋。他先在家里量了一下自己的脚，然后把量好的尺码放在座位上，准备带走。他匆匆忙忙地来到集市上。

生：来来来，来来来，看看我的鞋子，我的鞋子又漂亮又便宜，真是物美价廉呀！

生：哇，那双鞋子好好看呀。

生：找到了想买的鞋，郑国人摸摸口袋，忽然对卖鞋子的人说——

生：呀！我忘记带自己量好的尺码了。

生：说完，转身就往家里跑。

生：哎呀，我今天还有事儿呢，这时辰也不早了呀，我还是收拾收拾回家吧。

生：等他赶回来，集市已经散了，鞋子也没有买到，有人问他——

生：你为什么不直接用自己的脚去试试鞋的大小呢？

生：他说——

生：我宁愿相信自己量好的尺码，也不愿意相信自己的脚。

生：谢谢大家，我们表演完了。

师：有请郑国人暂时留在舞台上，其他小演员先回去。这组演得非常好，我们再次把掌声送给他们。郑国人，暂时让你在舞台上停留一会儿。孩子们，看了刚才的表演，你们有没有什么话想对他说一说呢？

生：你可以直接用脚穿上鞋子试试就行了，用不着再回去拿尺码。

师：郑国人会怎么回答她呢？

生：我想了想，觉得你说得对。

师：把掌声送给他，他知错能改，一个人就劝说成功了，请回。孩子，在生活中，如果能这样知错就改，会有更好的前途等着你，你会表现得更好！同学们，对于这个郑国人，谁能用一个词语来形容一下？你觉得他是一个什么样的人？请你来。

生：死搬教条。

师：非常好。加 10 分。

生：也有些愚蠢。

师：只用一个词语，用哪个词来形容？重新说。

生：我觉得他愚蠢。

师：愚蠢。加 10 分。

师：死守教条。

师：加 10 分。

生：固执。

师：非常好。加 10 分。还有吗？已经说过了，重复不得分，要认真倾听。请你说，孩子。

生：不懂得变通。

师：加 10 分。大家用一个字来形容呢？一个字，请你说。

生：蠢。

师：加 10 分。

生：倔。

师：加 10 分。

生：笨。

师：加 10 分。还有吗？

生：小二。

师：老师不建议用这个字，好像不太好。

师：好，刚才发言的都加分。孩子们，你在读寓言的时候有没有发现某一个寓言中的人也像他一样？也是这样的愚蠢、笨。刚才说到的，请你说一说。

生：《宣王好射》里面的宣王，他的弓本来三石的力气就可以拉开，而大臣们纷纷说得有九石的力气才可以，宣王很得意，他又不知道去找一个说真话的老百姓，他被蒙在鼓里也不知道。

师：被大臣玩弄于股掌之间，愚蠢。请你说。

生：《一叶障目》里有个人，看见螳螂能用一片叶子挡住自己的身体，他就用一片叶子挡着自己的眼睛去集市上偷东西，他本来以为这样别人就看不见他，结果还是被抓住了。

师：好，加分。请你说。

生：《掩耳盗铃》里的那个人，他以为自己的耳朵被堵上了，别人也听不见铃铛发出的声音，所以就把自己的耳朵堵上去偷铃铛，结果别人照样把他抓住了。

师：加分。还有这么多孩子，请你说。

生：《对牛弹琴》，因为里头有一个人本来知道对牛弹琴是没用的，还要对牛弹对琴。

师：哦，这是你的解读。听听其他孩子的意见。

生：《囫囵吞枣》里面那个人不嚼枣，直接把枣和枣核一起吞进去，皮也不嚼。

师：不辨是非。加 10 分。

生：嗯，有一个故事叫《把石头当宝贝》，里面有一个人捡到了一块石头，却把它当作宝贝一样珍惜。

师：不辨是非，加分。听孩子们说得这么好，老师也想说一说。同学们看，这是老师找到的一些故事，你们有没有什么话想对他们中的某一个人说？请你来。

生：我想对《借梯子》里的人说，难道喝酒比救你的家人更重要吗？你难道要先喝酒才去救家人吗？

师：真是一个书呆子。加 10 分。

生：我想对《掩耳盗铃》里的人说，你为啥要堵住自己的耳朵偷东西呢，你为啥不堵住那家人的耳朵？

师：你的解读好有趣。

生：我想对《写万字》里的那个小孩说，你不好好学习，怎么能写好字呢？万字肯定不是那么写的。

师：你真会阅读，把道理读得真明白。

生：我想对《不宜动土》里面的那个人说，你怎么干什么都要看皇历？你相信了皇历就会耽误家人救你。

师：是呀，这个道理你读到心里去了。故事演完了，可是道理却留了下来。下面有请第十一小组上台，掌声鼓励。

第十一组表演的是《愚公移山》。

生：我是第十二组的演员，我助演这组的“山”。

生：我是智叟。

生：我是愚公的妻子。

生：我是愚公的儿子。

生：我是愚公。

生：大家好，我是愚公，我已经九十岁啦，我们家前面有两座大山，我们一起把它搬走，好不好呀？

生：好呀！好呀！

生：我看你连个小土堆都移不了，还想移两座大山，你快放弃这念头吧。再说，就算你平了两座大山，这些石头和土都往哪堆呢？

生：填到渤海里不就行了吗？

生：好吧好吧，那我明天帮你一起。

众生一起做铲山的动作：嘿呦，嘿呦，嘿呦！

生：愚公，你在干什么呀？你都一大把年纪了，连拔草都难，怎么能移动两座大山呢？我看你还是回家洗洗睡吧。

生：我看你连寡妇家的儿子都不如了，我死了，还有我的儿子，我儿子死了有孙子，孙子又生了儿子，子子孙孙一代代地往下传，总会把山搬走的。

生：对呀，对呀。

生：好吧，随你便吧。

众生继续一起做铲山的动作：嘿呦，嘿呦，嘿呦！

生：大家知道后来怎么样了吗？后来，天帝可怜他们，于是他就派了天兵天将下凡来把这两座大山搬走了。从此，愚公和他的家人再也不用绕路了。

师：请愚公的扮演者留在舞台上，这一组表演的人物非常生动，还给这个故事续上了一个结尾，这是一种很好的阅读方式。看过这个故事以后，你们有没有什么疑问？请你来说。

生：愚公的家也是可以搬走的，你为什么只想把这两座山移走，而不把自己家搬走呢？

师：加 10 分。

生：如果把家搬走，下一代的人还是会遇到这样的障碍，不如把山搬走。

师：这个回答你满意吗？孩子？

生：满意。

师：老师先给你加分。你考虑的是千秋万代，他考虑的是解决问题的方式。

生：房子正面有两座大山，你不会绕到后面走吗？

师：这是一道地理题，愚公有话要说吗？

生：如果从后面走的话，你还是会从后面绕到门的前面来，还得面对这两座大山。

师：这就是在回避问题，绕圈圈，还有其他的问题吗？最后一次机会，请你来说。

生：你把山铲平了，那山上的动植物怎么办？

师：嗯，你是一个环保主义者，给这组加 20 分，他考虑的是大自然的平衡，是保护动物的问题。请你来说，你有什么疑问？看着愚公说。

生：为什么非要直接把山移走呢，直接在山中间挖个隧道不就行了？

师：这是一道工程题。

生：那时候还没这种技术，万一山塌下来怎么办？

师：是呀，孩子，这是在很早很早以前的故事，当时还不具备这样的技术呢。

生：如果山上有植物怎么办？

师：你也是自然环境的保护者。

生：你把山移走了，但那条道也是很长，这种山路很远，从这里直走也很远。

师：请你来说。

生：直走近。

师：两点之间直线最短，这是道数学题。孩子们，学贵有疑，小疑则小进，大疑则大进。我们读书的时候应多问一些为什么，这样可以让我们对故事背后的道理理解得更深刻。好，掌声欢送愚公的表演者。《愚公移山》这样的故事离今天已经很久远了，可是有一些寓言故事虽然经历了时间的磨砺，但只要你足够细心，就会发现这些寓言仍在我们身边。请各小组拿出你们的生活启示卡，组内交流，评选出最佳启示卡，然后进行全班展示。好，开始吧。

师：讨论好的小组，请用你们的坐姿告诉老师，你们已经选好了。没有讨论好的小组，请尽快评选出你们小组的最佳生活启示卡。好，下面有请第一小组，其他组的孩子认真倾听，如果你有疑问，也可以提出来。好，第一小组谁来说？

生：我们组选出的是我的生活卡。我有一位叔叔开了一家小店，他就向别人炫耀。可是，等他看到大饭店时，才意识到自己的渺小，这真是望洋兴叹啊！

师：加 10 分。第二组在哪里？第二组谁来说？

生：我的英语班有个同学，他做题做错了，还要继续往下做，真是“愚公移山”！

师：同学们，有问题吗？孩子，老师暂时不能给你加分，再想一想，听听其他人的好吗？第三组在哪里？

生：我的寓言是《杯弓蛇影》，生活事件是大屋的暖气管上有个东西，有一天晚上我以为是一只眼睛，走近一看原来是灯，吓死我了。

师：我们在生活中都有这样疑神疑鬼的事情，你很善于观察生活。加 10 分。第四组，直接起来好吗？

生：我的妈妈每次给我讲这种题的做法，我都不听，结果总是做错。这真是亡羊补牢呀！

师：孩子，亡羊补牢还有后半句是什么？

生：为时未晚。

师：真棒，老师相信你只要认真复习，一定会取得一个好的成绩，不要泄气好吗？加 10 分。第五组。

生：我的寓言是《疑邻盗斧》，生活启示是有一次我弟弟找不到自己的玩具手枪了，他每天盯着我左看看右看看，怀疑我就是小偷。过了几天，他找到了自己的玩具手枪，又盯着我左看看右看看，又跟我妈说我不是小偷。你看看我弟弟，真是“疑邻盗斧”。

师：这组加 30 分，他对于《疑邻盗斧》的认识非常深刻。下一组在哪里？直接站起来好吗？

生：有一天晚上，我上钢琴课，我没有练习，就在其他同学后面弹，结果老师让一个一个地弹，我想我以后不能“滥竽充数”了。

师：加 10 分，这样的事情不是每一次都能成功。

生：有一次我看见一个环卫工人在赶一只野狗，这只野狗哀哀地叫着一直往后跑，这时突然又跳出来七八只野狗，围着环卫工人又咬又叫，把环卫工人赶走了。从中我悟到了一个人的力量固然强大，几个人的力量加起来会更加强大，只要齐心协力，没有办不到的事。

师：哈哈，这个好像是个关于狗很团结的故事，是狗齐心协力打败了这个环卫工人，对于这种现象我们不支持，但是它的道理是明白的。好，下一组在哪里？

生：我写的是《亡羊补牢，为时未晚》。有一天老师留了复习作业，还说第二天要考试，可是我回家我就忘了复习了，结果第二天试卷中出了我不会的题，我想幸好这次不是期末考试，我还有时间把这些知识点掌握了，于是我们考完之后回家我把这些不会的知识点好好复习并牢牢地记住了，终于在期末考试时取得了不错的成绩。

师：是的，只要努力哪一天都不晚。下一组。

生：我们组选出来的是《画蛇添足》。读了这个故事，我想到了考试中的一种人，他一开始的答案明明写的是对的，然后他偷听到了别人的答案，又在后面补充上了一句，导致答案又错了。

师：他错在没有自信。下一组，第十组在哪里？可以直接站起来说。

生：我们组选的是《自相矛盾》。我去吃饭的时候告诉服务员慢一点，做饭不着急，但是我等呀等，服务员还没有给我上菜，我又让他快一点，这就是自相矛盾。

师：自相矛盾的原因是你肚子饿了是吗？好，下一组。

生：我们组选的是《叶公好龙》，我妹妹总在我面前显摆，说自己非常喜欢读书，但她只是表面看起来是喜欢，每一次都买很多很多的书，每次买回来的书都不读，岂不是叶公好龙？

师：她看来不是真的爱读书。还有吗？第十二组是吗？最后一个组。

生：我们组选出的是我，写的是五年前一个父亲给儿子买鞋记下了尺码，五年后还用那张尺码给儿子买鞋，结果儿子穿不上，哇哇哭。这真是"郑人买履"，不懂得变通。

师：老师认为这个更像《父亲的画像》，是吗？很遗憾，这组暂时不能加分。孩子们，其实只要我们留心观察，寓言就在生活中等着你。你们知道这些故事都出自哪里吗？请看。大部分的故事出自这两本书，有兴趣的孩子可以找来再读一读，里面还有许多有趣的故事等着你呢。除了中国古代寓言以外，世界上还有还有四大寓言，谁知道是哪些吗？

生：有《克雷洛夫寓言》，还有《伊索寓言》，还有《格林童话》。

师：他太着急了，是寓言，他答了两个，分别是《伊索寓言》《克雷洛夫寓言》，给这组加 20 分，还有另外的两个寓言，谁知道？

生：嗯，我还知道一个寓言叫《拉封丹寓言》。

师：加 10 分，还有吗？

生：中国古代寓言。

师：老师刚才说了，除了中国古代语言以外，要认真听。最后一个看来大家不是很熟悉，是《莱辛寓言》。这几本书我们都可以读一读，《快乐读书吧》，让我们快乐读书吧！老师最后还要给大家留一个作业，读过这五本书以后，请你找一找哪些故事之间是有关系的，可以绘制出寓言关系图。最后，紧张的时刻到来了，请各小组的组长尽快计算出你们的分数送给老师这儿，速度快一点儿。

师：好，各位同学请坐好，下面是我们的颁奖时刻，这三个奖杯会颁给哪一个小组呢？孩子们，请安静，下面由我来公布。获得寓言竞赛一等奖的是我们的第十一组，掌声鼓励，请组长代表小组上台领奖。请继续阅读寓言好吗？好，掌声欢送他们。获得第二名的是第四组，请组长上台，我们是有并列吗？第七组和第十组都是110分，奖励给他们的是智慧奖杯。

师：下面出现了一个难题，有两个组是并列的，可是老师没有想到，大家真的是旗鼓相当、难分伯仲。我只做了一个小奖杯，接下来请两个小组一块儿上来领奖好吗？老师课下补给大家，请两位组长上台来一块儿领奖。你们两个组都很棒，掌声送给他们。同学们，虽然今天的舞台有限，可能限制了你们的发挥，但是只要认真读书，未来会有更大的舞台等着你们。《快乐读书吧》我们下次再见！下课。

生：老师再见！

案例八：悦读童谣，探寻《和大人一起读》的教学路径

——部编版小学语文一年级下册《孙悟空打妖怪》教学探微

【背景信息】

自2016年秋季由教育部统编的小学语文教材与广大师生见面并陆续投入教学以来，围绕部编版教材的研读以及教学策略的讨论，一时成为小学语文教育界关注的热点。部编版教材中呈现出较大变化的板块、新设的栏目或单元，更是引起了大家广泛的关注和强烈的探究欲望。《和大人一起读》栏目便是部编版小学语文教材在低年级《语文园地》中安排的一个全新栏目。人民教育出版社的郑宇对于这个栏目的编排意图做了这样的定位："加强课外阅读的指导，构建课内外阅读相互交叉、渗透和整合教科书编排体系，是部编义务教育语文教科书的一个重要特点。《和大人一起读》就是这一特点在小学低年级的体现。"① 从这样的定位中不难看出，这个栏目是编者为了加强对小学低年级的课外阅读引导，打通课内外阅读壁垒，进而构建起课内外融通的课程体系而有意安排的。

《义务教育语文课程标准（2011年版）》（以下简称《课程标准》）明确指出："阅读是运用语言文字获取信息、认识世界、发展思维、获得审美体验的重要途径。阅读教学是学生、教师、教科书编者、文本之间对话的过程。"② 这段话不仅强调了阅读的重要性，而且强调了"对话的过程"对阅读教学的重要性。于是，这个指向鲜明的栏目一面世，相关的"对话的过程"就开始了。曹爱卫的《牵手孩子，走进阅读世界——〈和大人一起读〉栏目解读及操作建议》③ 一文从"和大人一起读"是什么、为什么要"和大人一起读"、怎样开展"和大人一起读"三方面对栏目进行解读并提出操作建议，率先展开对话；接着，人民教育出版社的郑宇在《和大人一起读：让孩子在快乐阅读中悄然成长》④ 一文中对"和大人一起读"的理论基础及编排意图、阅读材料的特点、实施建议进行了的分享；随后，部编版小学语文教材总主编温儒敏在《如何用好"统编本"小学语文教材》⑤ 一文中重申："'和大人一起读'这个栏目的用意是激发阅读兴趣，让孩子刚上学就喜欢语文，喜欢读书。这也是幼小衔接的学习方式。"从查阅的相关资料来看，除了少数几位是对栏目内涵进行解读、对栏目提出操作建议以外，更多的研究者把目光转向了对栏

① 郑宇. 和大人一起读：让孩子在快乐阅读中悄然成长［J］. 小学语文，2016（11）：12-15.

② 中华人民共和国教育部. 义务教育语文课程标准：2011年版［M］. 北京：北京师范大学出版社，2012：22.

③ 曹爱卫. 牵手孩子，走进阅读世界：《和大人一起读》栏目解读及操作建议［J］. 小学语文，2016（Z2）：30-33.

④ 郑宇. 和大人一起读：让孩子在快乐阅读中悄然成长［J］. 小学语文，2016（11）：12-15.

⑤ 温儒敏. 如何用好"统编本"小学语文教材［J］. 课程·教材·教法，2018，38（2）：4-9，17.

目实施策略和具体实施方法的研究。如，李益友[①]《对和大人一起读》栏目进行的教学实践探索，张晓丽、陈萍[②]探寻《和大人一起读》栏目的课堂新思路，黄莉莉、欧庆华[③]提出了《和大人一起读》栏目的实施策略，等等，相关“对话”持续不断，此处不再一一赘述。

在这样一种氛围中，作为一名对小学语文低段教学情有独钟的一线青年教师，《和大人一起读》这样的全新栏目同样激起了 W 老师探寻的热情和欲望。适逢中国教育学会小学语文教学专业委员会为了推动小学语文教学改革，用好部编版小学语文教材，发现和培养青年骨干教师，促进广大教师积极研究课堂教学，不断提高小学语文教学质量，定于 2018 年 9 月举办“中国教育学会 2018 年度课堂教学展示与观摩（培训）系列活动·第三届小学青年教师语文教学展示与观摩活动”，W 老师便选择了部编版小学语文一年级下册《和大人一起读》栏目中的《孙悟空打妖怪》作为自己的讲课内容，欣然报名参加了其中的录像比赛。经过层层选拔，这节课被 N 自治区小语会推荐做录像展示课。本案例便选自 W 老师在这次研讨会上展示的部编版小学语文一年级下册《和大人一起读》栏目中《孙悟空打妖怪》的教学录像课。

W 老师任教于 B 市 X 小学，是一位拥有近十年教龄的青年骨干教师，是 B 市优秀青年岗位能手、B 市 D 区小学语文名师工作坊成员。W 老师凭借自己对小学语文低段教学的关注和喜爱，多次承担 B 市语文低段观摩课的展示任务，努力探索语文教学的新路径，培养学生学习语文的兴趣和自主阅读能力。W 老师在本次录课之前并不熟悉授课班级的学生，学生也处于“零预习”状态。但这并未影响 W 老师的教学，其在和学生的学习和交流中，为大家呈现出了一次颇有启发意味的课例。

【案例正文】

一、《和大人一起读》对话

（一）追问：什么是“和大人一起读”？

初次接触这个栏目，W 老师产生了一系列疑问：“和大人一起读”中的“大人”指的是谁？为什么要“和大人一起读”？该怎样“和大人一起读”？它与我们的课内教学有什么不同？教材中栏目内容是如何编排的？教师面对这个栏目又需要做什么？带着一系列疑问，W 老师开始查阅资料，尝试着进行理性思考。

从人民教育出版社郑宇的《和大人一起读：让孩子在快乐阅读中悄然成长》一文中 W 老师了解到，部编版语文教材在小学低年级安排《和大人一起读》栏目，其意义是以

---

① 李益友. 在孩子心底种下阅读的种子：统编教材“和大人一起读”栏目的教学实践探究［J］. 语文教学通讯，2018（36）：68-69.

② 张晓丽，陈萍. 书读静处若闲庭：探寻“聊读”课堂新思路［J］. 语文教育研究，2019（26）：84.

③ 黄莉莉，欧庆华. 教师点灯，家长助力，学生乐读：“和大人一起读”实施策略研讨沙龙［J］. 语文教学通讯，2019（33）：77-80.

儿童享受阅读乐趣为出发点，在成人的带领下，在轻松愉悦的氛围中，引导儿童爱上阅读，从阅读到悦读，再到会读，尽快地使儿童从依赖式阅读过渡到自主性阅读。同时，在这篇文章中，W 老师还了解到栏目编排的主要特点：其一，它是一种强调亲子互动的课外阅读方式。“和大人一起读”中的“大人”本质上是指儿童的父母，但从儿童课外阅读实施的客观条件来看，将“大人”适当扩展为儿童的其他家人、老师、高年级同学，也不失为变通之举。之所以强调儿童的父母，是因为亲子共读除了能起到激发孩子的早期阅读兴趣的积极作用以外，还能促进父母与儿童的情感沟通，对儿童的全面健康发展具有独特价值。其二，亲子共读是一种非功利性、无压力的阅读。《和大人一起读》有别于低年级的课文教学，阅读的目的不是识字、写字、积累语言、掌握知识。其核心目标就是培养儿童的阅读兴趣，在朗读中感受语言形式的趣味性，在演读中体验故事的情趣，在轻松、安全的氛围中感受阅读的乐趣，最终引导儿童喜欢阅读。其三，在亲子共读中，儿童基本的阅读方法、阅读习惯和阅读能力，会得到内隐的、潜移默化的发展。阅读意味着走进另一个奇妙的世界，伴随着想象和体验，儿童会在头脑中建构故事，如果读后再进行一些有趣的交流，儿童所收获的将不仅仅是阅读的兴趣，还有良好的阅读习惯、基本的阅读方法和阅读能力。带着这样的认识，W 老师开始研读教材，试图弄明白“和大人一起读”该读什么。

（二）探究：“和大人一起读”，读什么？

通过研读教材 W 老师发现，《和大人一起读》栏目分布在一年级每个单元的《语文园地》中，共 16 篇，到了二年级变更为《我爱阅读》。在一年级的阅读材料中，童谣儿歌类有 7 篇，童话故事类有 7 篇，短文美篇类有 2 篇（见表 8-1）。

表 8-1　一年级《和大人一起读》栏目内容梳理

一年级《和大人一起读》（16 篇）		
儿歌童谣类	故事童话类	短文美篇类
《小兔子乖乖》 《剪窗花》 《谁会飞》 《春节童谣》 《谁和谁好》 《妞妞赶牛》 《孙悟空打妖怪》	《小鸟念书》 《小松鼠找花生》 《拔萝卜》上 《猴子捞月亮》 《狐狸和乌鸦》 《夏夜多美》 《三只白鹤》	《阳光》 《胖乎乎的小手》

经过梳理，W 老师归纳出了这一栏目中阅读材料的特点：一是多为儿童耳熟能详的材料。其中列举的阅读材料，儿童大多在学前就很熟悉，甚至已经能背诵，如《小兔子乖乖》《孙悟空打妖怪》，因为儿童在学龄前就以“听”的方式接触了大量的儿歌、童谣、故事、童话等，这些经典的语言材料为他们开启真正意义上的文字阅读奠定了基础。一年级的儿童还不认识多少字，阅读熟悉的文本会倍感亲切，不会产生畏难情绪。阅读时，孩

子可以借助熟悉的语言材料，逐步建立字形与字音的关联，稳步跨进“阅读”的大门。二是内容丰富有趣。16篇阅读材料都较好体现了儿童本位的理念，为激发儿童的阅读兴趣提供了保证。《小兔子乖乖》可唤起儿童对婴幼儿时期襁褓的记忆，《小松鼠找花生》《谁会飞》能满足儿童的好奇心和求知欲，《剪窗花》《春节童谣》可加深儿童对中华优秀传统文化的感受，《小鸟念书》《猴子捞月亮》等诙谐幽默的故事令儿童忍俊不禁，《拔萝卜》《谁和谁好》会不断激发儿童的阅读期待，《妞妞赶牛》能让儿童对绕口令产生挑战欲，《孙悟空打妖怪》可引发儿童对《西游记》经典动画片的回忆……三是阅读材料多采用回环复沓的手法，读来朗朗上口。W老师认为，《和大人一起读》中的阅读材料体现了低段儿童认知事物的特点，即情节简单、结构相似，其中回环复沓的表现手法，便于儿童发现语言规律，可以促进语言的学习与语感的形成，实现语言与思维的同步发展。这样的发现让W老师颇为兴奋，还略感激动。带着这种激情，W老师继续开启了她对《和大人一起读》栏目教学路径的探索之旅。

（三）思考：“和大人一起读”，教师如何在课内“有为”？

W老师说，梳理清楚“读什么”后，紧接着要思考的问题就是“怎么读”了。正如编者所说的那样，为了促进儿童课外阅读的有效落实，这个“大人”可适当扩展为儿童的其他家人、老师、高年级同学，也不失为变通之举。W老师觉得，既然编排在教材中，教师作为其中一个阅读伙伴，就该发挥作用。因此，教师必须思考自己该如何发挥作用？又该发挥怎样的作用？用一句行业语言来表达，就是教师要在课内“有为”，实现有效引领。

通过和人教版小学语文教材进行对话W老师发现，人教版的《语文园地》中曾间隔单元安排成语故事，意在补充语料、扩展阅读，促进学生积累知识。按照这样的安排，教师在教学时基本是沿着“读故事—讲故事—明意理—记成语”这一流程推进的。而部编版小学语文教材在一年级上、下两册《语文园地》中安排的《和大人一起读》指向的是激发阅读兴趣，实施亲子共读，是连接课外阅读与课内阅读的桥梁。在这样的变化面前，如果教师沿袭传统教学方式，带领学生读一读、讲一讲、背一背，教学策略基本与过去无二，这显然违背了栏目设立的初衷。W老师又调查了一些教师的常态教学，基本是在课堂上简单教读、纠正读音，然后布置作业，让学生回家和家长一起读，最后止步于家长签字。W老师还了解到，家长不知该怎样和孩子一起读，只是为了完成老师布置的作业，签字了事，并没有形成家庭阅读氛围。W老师隐隐感觉到，这样的“和大人一起读”，无论在课内还是课外，学生的阅读兴趣都没有被充分激发，阅读视野也没有有效打开。那么，教师在课堂上究竟该做怎样的引领呢？W老师思考着……

W老师耳边回响着部编版小学语文教材总主编温儒敏先生的话：“让孩子先和大人一起读，慢慢过渡到自己读，这个过程需要大人的引导。我建议把这个栏目纳入教学计划，但不要处理成一般课堂上的课，这是课堂教学的延伸，延伸到课外，延伸到家庭。……可以给家长布置作业，让他们配合做好‘和大人一起读’。”① W老师认为，要做到“课堂教

① 温儒敏. 如何用好“统编本”小学语文教材［J］. 课程·教材·教法，2018，38（2）：4-9，17

学的延伸”，教师在课内一定要“有所为”，教师要从丰富阅读形式、增补阅读内容、打开阅读通道、唤醒阅读热情等方面做有效引领，引领儿童爱上阅读，并将阅读方式传递给家长，带领更多的“大人”加入儿童阅读工程中来，真正实现大手牵小手、悦读助成长的目标。

二、《和大人一起读》的第一次试教

经过慎重考虑，W 老师选择了《孙悟空打妖怪》一课作为研究课例，开始了对教学路径的探索。《孙悟空打妖怪》是部编版小学语文一年级下册第七单元《和大人一起读》栏目的内容，是一首连锁调。之所以选择这首儿歌，主要出于以下几种考虑：一是，这首儿歌以《西游记》中的师徒为原型，主要描述了《西游记》中孙悟空棒打白骨精的情节，内容诙谐幽默；二是，儿歌采用连锁调构建体式，后一句首词接前一句尾词，节奏活泼明快，读来朗朗上口；三是，这首儿歌学生在学前阶段接触过，大多耳熟能详。W 老师想通过对这首儿歌教学路径的探索，解决一些教学困惑：如何丰富此类儿歌的朗读形式，让学生体会读的趣味，进而发现语言密码？本课仅囿于阅读教材语料吗？可否勾连原有积累，链接同类语言现象，带领学生读得更多？还有其他方向的拓展空间吗？带着这样的思考，W 教师确定了以下教学目标：

目标 1：通过师生接读、打节拍读等方式把儿歌读正确、读流利，在趣读中感受阅读乐趣，发现连锁调儿歌的特点。

目标 2：通过类读《从前有座山》《野牵牛》等儿歌，感受连锁调的趣味性，有收集连锁调儿歌的兴趣。

确定教学目标后，经过 W 老师精心设计，这节课便以聊天的形式拉开了路径探索的序幕。

（一）聊一聊，开启阅读之旅

片段一

师：同学们，瞧！今天一个熟悉的朋友来到了我们的课堂。

（出示孙悟空图片）

生：孙悟空。

师：声音洪亮，正确说出他的名字。

生：孙悟空。

师：不拖调子，悟是四声，跟老师读：孙悟空。

生齐声读：孙悟空！

师：你们喜欢他吗？为什么？

生：喜欢，因为他能打败妖精。

生：他有七十二变。

师：你从哪里知道的？

生：我从电影中看到的。

师：很好，看电影是丰富课外知识的好方法。

生：他有火眼金睛，是在太上老君的丹炉里炼成的。

师：接下来还有三位重要人物和孙悟空一起闪亮登场。（出示图唐僧师徒四人图片）唐僧、猪八戒、沙和尚，这三位当中你喜欢谁？

生：我喜欢唐僧，因为唐僧可以念紧箍咒控制孙悟空。

师：你表达得真清楚。

生：我喜欢沙和尚，因为他可以下海。

师：是啊，沙和尚同样本领高强。

生：我喜欢猪八戒，因为他很可爱。

师：今天我们一起来读一首与他们师徒四人有关的儿歌，一起来读题目。

生读：孙悟空打妖怪。

师：谁能正确、干脆、声音洪亮地读。

生自由读：孙悟空打妖怪。

W 老师认为，“聊”本身就是一种开放、轻松的交流方式，“说来听听”轻松至极又毫无压力，这既可以唤醒学生原有的认知，引发阅读期待，又能巧妙打通课堂内外。“聊”什么呢？W 老师了解到，通过听睡前故事、看动画等，学生对《西游记》中的人物和经典故事比较熟悉，那就聊聊人物吧！可以先从神通广大的孙悟空开始聊起，再聊到其他三人，聊聊自己的喜好，说说人物印象。为了激发学生的兴趣，W 老师巧借师徒四人的经典动画形象，轻松开启了愉快的学习模式。学生对师徒四人兴趣浓厚，你一句我一句聊得热火朝天。学生对孙悟空更有话说，喜欢他本领高强，能够打败妖精；喜欢他能七十二变，神通广大；知道孙悟空的火眼金睛是在太上老君的丹炉里炼成的。W 老师感觉到，这看似简单的聊不仅聊起了兴趣，而且为学生积极参与后面的阅读活动做了情感铺垫。

（二）读一读，趣味尽在其中

片段二

师：读一首好的儿歌就像经历一次奇妙的旅行，下面就开始我们今天的开心之旅吧！请同学们轻轻翻开书第 100 页，坐端正，借助拼音把这首儿歌的字音读准确，不丢字也不加字，开始。

（学生自由读两遍，师巡视）

师：同学们对这首儿歌很熟悉，但是老师希望同学们一个字一个字看准了再读。也可以用小手一边指一边读。请你再读一遍。

（生用手边指边读）

师：下面请一组同学“开火车”读儿歌。我的火车就要开，从哪开？一个同学一句，其他同学认真听。

（生“开火车”读，师相机纠正学生的读音）

师：同桌之间相互读儿歌，如果你的同桌做到读正确、不丢字、不加字，标点符号停顿正确，就在他的书上画一颗星。

（同桌互读正音，教师巡视指导）

师：得到小星星的同学请举手。（得到星星的学生高兴地举起手）

师：我们再“开一组火车”，请读正确，而且速度要加快，哪组来挑战？其他同学有一个小任务，那就是认真听！

（生开火车读，师纠正读音）

师：老师听到刚才一位男生读得特别好，请你再来读一读，同学们听听他哪儿读得好。

生评：他读得很有节奏感。

生评：他读得很快，没卡壳。

师；是啊！一首简单的儿歌你们读得有声有色，有节奏感，那我们打着拍子一起读一读。你们准备怎么打拍子？

（生拍桌子或互拍手朗读）

W老师认为，在低段的教学中，朗读是开启阅读最简单、最朴素的方法。因为朗读可以促进语感形成，规范语言习惯，朗读还可以丰富语言图式，有效积累语言。但是，《和大人一起读》的落点是阅读书面语言，而非“小和尚念经有口无心”地傻读、呆读，面对这首学生有可能在学前读过、背过的儿歌，该怎么读呢？为了避免脱离文本单纯地背，并把学生的注意力集中到文字上来，W老师要求学生逐字看准了再读，甚至让学生用小手指读。借助手指的滑动，引导学生注意每个字的字形，同时读出每个字的字音，眼看、口读、耳听，把字音字形一一对应，多次反复，逐步养成文字阅读的习惯。

在读正确的基础上，W老师继续引导学生读出节奏、韵律，层层推进。低年级学生持续注意的时间短，如果阅读同一个文本且形式一成不变，学生很快就会感到无趣。W老师决定采用多种方式，如打着节拍读、接龙快读、伴着节奏读，让学生倾情投入，在快乐的阅读中感受连锁调的明快节奏。W老师说，经过这样的朗读积累，最终可以借一把把形象的“小锁子”揭示这首儿歌所具有的语言密码——连锁调，学生一下子就能理解了，而且会留下深刻的印象。

片段三

师：真有节奏感，老师都被你们的朗读感染了。这首儿歌读起来朗朗上口，有节奏感，它存在小秘密，看谁有火眼金睛，能最快发现！有些词语出现了两次，找一找。

生：跟着。

师：再找找看。

生：沙和尚。

生：分不清。

师：同学们不着急。老师和你们合作接龙读儿歌，你们看看有没有发现。

（师生合作接龙读儿歌，师接读时有意加快速度）

师：这次读后，你们有什么发现吗？

生：有两个“猪八戒”。

生：还有两个“沙和尚”。

生：还有两个“老妖婆”。

（生纷纷举手）

师：嗯，同学们真是火眼金睛。每一句结尾和下一句开头的两个词是一样的，这些词语就像我们玩接龙游戏一样，请同学们圈一圈、画一画《孙悟空打妖怪》这首儿歌中藏着的“小锁子”。看谁圈得又快又全。

孙悟空打妖怪

师：唐僧骑马咚那个咚，
后面跟着个孙悟空。
生：孙悟空，跑得快，
后面跟着个猪八戒。
师：猪八戒，鼻子长，
后面跟着个沙和尚。
生：沙和尚，挑着箩，
后面跟着个老妖婆。
师：老妖婆，真正坏，
骗了唐僧和八戒。
生：唐僧八戒真糊涂，
是人是妖分不清。
师：分不清，上了当，
多亏悟空眼睛亮。
生：眼睛亮，冒金光，
高高举起金箍棒。
师：金箍棒，有力量，
妖魔鬼怪消灭光。

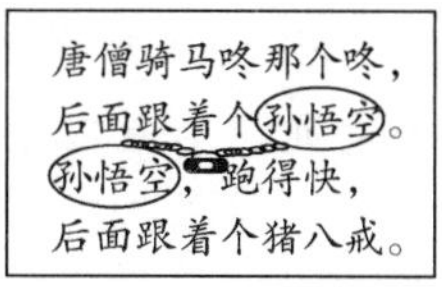

唐僧骑马咚那个咚，
后面跟着个孙悟空。
孙悟空，跑得快，
后面跟着个猪八戒。

图 8-1　连锁图

师：和老师接读，老师停下的时候你们迅速接读，准备好了吗？

（师生接读，速度渐快）

师：前一句的结尾是后一句的开头，这些接龙的词语就像一把把“小锁子”，把儿歌连了起来，这就是连锁调。（板贴：连锁调）

生齐读：连锁调。

师：下面我们男女生接读，读得越快越有意思，男生起头，开始——

（男女生接读，速度渐快，读后不由得哈哈大笑）

W 老师说，在这个教学片段中，学生一开始没有发现语言连锁的特点，这有点出乎她的意料之外。发现这个问题后，W 老师很快调整了教学方案，放缓坡度，采用“你读我诵”的方式师生接读，引导学生在趣读中发现儿歌语言的特点。果然，学生很快就发现了上下句中相同的词语，语言的密码被轻松破解了。W 老师说，从学生再读之后的那会心一笑中，她也感受到了快乐。因为这种发现语言密码的背后蕴含着语言的丰盈，蕴含着文化的启蒙，有顿悟的恍然，也有阅读的快乐，还有课堂生成的一份满足与欣慰。

（三）试一试，感受“连锁调”的妙趣

片段四

师：连锁调读起来很有趣，其实我们很熟悉它，想想你以前背过这种形式的儿歌吗？

生：一二三四五，上山打老虎；老虎没打着，打着小松鼠；松鼠有几只，大家数一数；数来又数去，一二三四五。（众生自发跟读）

师：从哪儿发现连锁了？

生：老虎——老虎，松鼠——松鼠，一句接一句，最后又回到“一二三四五”。

师：真了不起，你发现了连锁调的秘密。

师：老师还准备了有趣的连锁调儿歌，你们想读吗？

师：（先后出示《从前有座山》《野牵牛》）四人一个小组，选择你们喜欢的方式读，一会展示。

（小组打着拍子练习读）

（学生上台展示，教师点评）

组一诵读展示：从前有座山，山里有个庙；庙里有个锅，锅里有个盆儿；盆里有个碗儿，碗里有个碟儿；碟里有个勺儿，勺里有个豆儿；我吃了，你馋了，我的故事讲完了。

组二诵读展示：野牵牛，爬高楼；高楼高，爬树梢；树梢长，爬东墙；东墙滑，爬篱笆；篱笆细，不敢爬；躺在地上吹喇叭，滴滴答！滴滴答！

师：还敢接受我的挑战吗？请同学们自己来编一编连锁调《做习题》。

（出示《做习题》，学生练习填补、交流）

小调皮，做习题。
习题难，画小雁；
小雁飞，______；
乌龟爬，______；
小马跑，画小猫，
______，吓一跳。
学文化，怕动脑，
看你怎么学得好？

生：画乌龟。

师：为什么填“画乌龟”？

生：因为后一句是乌龟爬。

生：小猫跳，因为前一句是画小猫。

师：我们再来一起读一读。

（生齐读）

师：这样有趣的儿歌有很多，你们课下准备搜集多少首连锁调？

生：3首。

生：5首。

生：10首。

……

师：把搜集到的儿歌和爸爸妈妈一起读一读，可以像我们今天一样接龙读、

打节拍读，然后拍成小视频发到班级微信群，比比谁搜集得多；今天回家后把儿歌里藏着的小秘密讲给爸爸妈妈听。

师：读一首好的儿歌不仅是一次奇妙的旅行，一首好的儿歌还是一幅出现在我们脑海中的生动画面，想象着画面，做着动作再来读读这首有趣的儿歌吧！

W 老师说，“和大人一起读”不仅要丰富读的形式，更要在内容上连通课堂内外。当连锁调的语言密码被学生破译，幼儿时期的类似童谣便呼之欲出。W 老师认为，课堂就是一个文化互动的“场”，当学生的新认知与原有积累产生联系，并由点连成线，形成一个小单元结构，就会形成新的知识进而被稳定下来，这样学生的语言或思维就有了新的提升。于是，W 老师决定尝试一下，不仅要唤醒学生原有的积累，还要试着连接儿歌的同类语言现象，并拓展成组，由读到仿，以篇达类，让学生在语感、语识两方面得到实实在在的收获，达到举三反一、融会贯通的目的。W 老师说，这样做会实现怎样的教学效果，她心里也没底儿，可是学生在课堂上的表现却很出色。这让 W 老师更加确信：这样的教学是发展学生语言智慧的教学，是有生命力的教学。

课堂进行到这里，似乎可以结束了。可是 W 老师隐隐觉得，《和大人一起读》决不能止步于此。于是，W 老师决定趁热打铁，激励学生课外继续搜集连锁调儿歌、拍发视频、给家长讲一讲儿歌中的秘密，真正把课堂教学延伸到课外去。W 老师说，这其实也是在通过学校的力量带领家长进行亲子阅读，把教师、家长这两个“大人”群体的力量连在一起，形成合力，助推孩子的阅读成长。W 老师说，如果教师把发现和诵读类似儿歌的方法，在课堂上做了很好的示范，学生就会成为一个很好的传递者，接下来的亲子共读就会读更多的童谣儿歌，发现更多的语言秘密。学生带着热情课下再读，可以使课外阅读、亲子共读真正落到实处。由悦读童谣开始，孩子和身边的“大人”就会合力为孩子推开一扇阅读的窗，通过这扇窗，孩子会看到更高远的天空、更广阔的海洋。

（四）议一议，期待再“有所为”

此次试教，采用“1+X”的群文阅读方式，引导学生发现连锁调后，向课外延展，继续去读更多同类型的儿歌。W 老师自己觉得比较满意，听课的老师对教学设计也持认可态度，学生的阅读兴趣也得到了提升。教学之后，教研员在肯定的同时提出了思考和建议：从学生对西游故事（儿童版）的兴趣出发，《孙悟空打妖怪》在延展阅读上是否还能再“有所为”？是否可以以《孙悟空打妖怪》为圆心，继续扩大阅读半径，从主题上开发、拓读《孙悟空三打白骨精》故事，引领亲子阅读？对于学有余力的学生，是否还能开发出近一阶段课外阅读的其他内容，引导学生由碎片阅读，走向有主题的阅读？当然阅读内容应该是适合的、适度的，一定是读为主、知为辅、趣为先的。教研员认为，对孩子们而言，《西游记》中的许多经典故事爸爸妈妈甚至爷爷奶奶都会讲述，通过亲子阅读、口耳相传，孩子可以从小浸润在经典的文化之中，阅读传承，等稍大些再去独立阅读《西游记》原著，这不是一种更理想的课外延展吗？

这一建议引发了W老师的思考：《和大人一起读》激发阅读兴趣固然重要，如果能够兼顾形式与内容，文意兼得，岂不更妙？于是，W老师重构教学内容，进行了二次试教。这一次，W老师先以“连锁调”为线索，拓读一组此类儿歌，夯实学生对此类语言现象的认知，再聚焦内容拓读一则西游故事，将一首小儿歌的形式和内容进行通盘考虑，使学生的阅读兴趣向“连锁调”和“西游故事”两方面延展，既可以发展语言智慧，又可以培养阅读兴趣。于是，W老师在二次试教时，增加了“目标3：通过听故事《孙悟空三打白骨精》、看目录、“读书争星”等活动，对阅读《西游记》中的其他故事产生兴趣”。

三、再次挑战：《和大人一起读》的第二次试教

（一）聊一聊，开启阅读之旅

（二）读一读，趣味尽在其中

（三）试一试，感受“连锁调”的妙趣

（前三个板块与第一次试教相同，略）

（四）听一听，讲一讲，激发阅读更多《西游记》故事的兴趣

片段五

师：孩子们，你们知道这首儿歌选自哪个故事吗？

生：《孙悟空三打白骨精》。

师：下面我们就来听听这个精彩的故事。这个故事要从唐僧师徒四人去西天取经的路上说起，一天他们来到了一片深山老林，这里住着一个妖怪，是谁？

生：白骨精！

师：白骨精早知道吃了唐僧肉会长生不老，可她也知道唐僧身边的大徒弟孙悟空本领高强，所以她摇身一变成了一位花容月貌的女子，你们听——

（师播放《孙悟空三打白骨精》之“一打”的音频，生津津有味地听故事）

师：刚才我们听到的是孙悟空一打白骨精，这妖怪不甘心，还想了什么办法？

（生跃跃欲试）

师：你们想知道接下来又发生了什么吗？

生：（齐声）想！

师：请同学们课下挑战读《孙悟空三打白骨精》的完整故事，儿童版的“西游故事”比电视剧或动画片丰富多了。

师：《西游记》当中还有很多很有趣的故事，你们猜一猜，哪幅图是哪个故事？（出示图《猴王出世》《大闹天宫》《真假美猴王》等经典图片）

生1：《猴王出世》。

生 2：《真假孙悟空》。

生 3：《大战红孩儿》。

师：（出示《西游记》目录节选）老师从西游记中节选了一些目录，你最想读哪一章？

生：《真假孙悟空》

师：你准备怎么读？

生 1：让妈妈给我讲故事。

生 2：听“凯叔讲故事”。

生 3：自己看连环画。

师总结：同学们说的方法都很棒，课下可以找到自己喜欢的动画片相对应的章节，读读书中所写，再和电视中所演的比一比，看看一样不一样；把故事讲给爸爸、妈妈、老师、长辈听。这个月我们继续开展“读书争星”活动，读一个故事奖励一颗星，读三个故事奖励两颗星，看谁争得的星星最多，月底在班内开“西游故事会”，为我们班的“读书之星”颁奖！下课。

最好的语文教学就是把学生心灵中最美好的东西唤醒。《和大人一起读》可以为学生打开一扇窗。W 老师说，在第二次试教中，她加入了拓展阅读《西游记》故事。在这次教学中，作为阅读伙伴，她引领学生由课内走向课外，由儿歌蕴藏的故事《孙悟空三打白骨精》讲起，既绘声绘色，又戛然而止，吊足了学生的胃口；接着通过看图片、猜故事激发学生课外去读更多《西游记》小故事，既拓宽了阅读路径，更点燃了阅读热情。W 老师认为，“你准备怎么读”的发问她比较得意。因为这一问，既能鼓励学生主动阅读、邀请父母亲子阅读，又能通过评选“读书之星”促使学生持续阅读，进而逐步养成坚持阅读的习惯。

W 老师说，在这个板块中之所以推荐学生读《西游记》故事，而不是整本书，主要是考虑一年级学生的学情，他们几乎是不可能读完《西游记》这样的长篇小说的。所以，W 老师降低难度，让学生选择《西游记》中感兴趣的故事读一读，最后用开个故事会的形式让大家都来讲一讲自己喜欢的故事。W 老师畅想道：故事会上可能这个同学讲《孙悟空大闹五庄观》，那个同学讲《孙悟空拜师学艺》，这一个讲《孙悟空三借芭蕉扇》，另一个讲《孙悟空大战红孩儿》……听的同学可能会对别人讲的故事感兴趣，进而再读一读别的故事，或者看看电视，等等。一个一个的故事读下去，终点可能就是整本书阅读。

【结语】

部编版小学语文教材构建了“教读、自读、课外阅读三位一体”的课程结构，将课外阅读纳入课程体系，在低年级教材中提供了丰富的阅读材料。教材通过《和大人一起读》《我爱阅读》栏目，引导学生大量阅读，其中的阅读材料既是非常重要的学习资源，更是对课文的有益补充。其设计初衷在于创设良好的阅读环境，通过“大人”的带领，带动社会、家庭阅读，培育学生的阅读兴趣，养成阅读习惯，丰盈未来人生。

然而，《和大人一起读》毕竟是基于学生不能独立阅读而设立的，因此需要教师的引导。对于教师引导到什么程度，W 老师做了很好的实践探索。但具体到每一篇材料，还需要教师自己思考。此栏目旨在激趣，每一篇的趣点在哪里？如何激发？激发以后如何能延伸到课外？如何通过这个栏目落实亲子共读，什么方式是学生和家长喜闻乐见且有实效的？亲子共读如何做好过程管理？……一系列问题又引发了我们新的思考。伴随 W 老师的教学，对《和大人一起读》的实践才刚刚开始。

有人说，《和大人一起读》是阅读材料，是阅读环境，是阅读方法，是阅读兴趣……作为“大人”，我们能做的是带领孩子阅读，激发阅读兴趣，培养阅读习惯，发展阅读能力，储蓄童年精神。让我们共同期待，让大人和孩子一起，合力为孩子推开一扇窗，走上美好的阅读之旅！

【案例思考题】

1. 在本案例中，W 老师运用了哪些教学方法？这些方法是否符合一年级学生的学情？是否实现了她的教学目标？

2. 试析人教版小学语文教材《语文园地》中《阅读短文》栏目的教学，与本案例的教学设计理念有哪些不同？W 老师的教学设计，可以引发你哪些思考？

3. 你对 W 老师的第二次教学设计怎么看？说说你的想法。

4. 在本案例中，你认为 W 老师对《孙悟空打妖怪》一课的教学延展合理吗？为什么？

5. 请选择一则《和大人一起读》的材料，确定教学目标并设计教学方案。

【案例使用说明】

1. 适用范围

适用对象：小学教育专业的研究生或本科生、教师教育相关专业的研究生或本科生、小学语文教师。

适用课程：“小学语文教学设计与实施”“小学语文教学专题研究”“课例分析（小学语文）”等。

2. 教学目的

（1）了解部编版小学语文一年级上册教材编排的特点和变化。

（2）熟悉小学语文低段《和大人一起读》栏目的编排特点及教学思路。

（3）提高学生对《和大人一起读》栏目的教学目标、内容、教学建议的理解与把握。

（4）培养学生选择适合学情和内容的教学方法、合理进行教学设计的能力。

3. 要点提示

相关理论：

教学设计、语文课程与教学、儿童的心理特点、阅读教学的理论与方法。

关键知识点：

小学语文阅读教学的总体目标与内容、阅读教学的方法、部编版小学语文教材的编排特点。

关键能力：

研读教材的能力、分析学情的能力、教学设计的能力。

案例分析思路：

首先，通过对部编版小学语文一年级教材的研读和对《和大人一起读》栏目的梳理，引导学生发现部编版教材的变化，进而引导学生领会教材编写者的意图；其次，引导学生结合案例梳理阅读教学的方法，运用相关教育理论并结合小学一年级学生的学情，对常用的适合低段阅读教学的方法进行多层面、多视角的讨论、点评；再次，在讨论中明确适合小学低段的阅读教学方法和课堂实施策略，引导学生在了解栏目编排特点、熟悉栏目内容的前提下，合理进行《和大人一起读》栏目的教学设计；最后，以对《和大人一起读》栏目的思考为引领，结合更多小学语文阅读教学案例，开展对部编版小学语文教材尤其是低段教材的研究，架构适合小学语文低段的阅读教学新体系。

4. 教学建议

时间安排：大学标准课 4 节，180 分钟，布置和预习 1 节，汇报讨论 2 节，反思总结 1 节。

环节安排：提前 1~2 周利用 1 节课布置预习内容，对《和大人一起读》栏目的教学目标和内容进行梳理→学生分组研读案例和部编版小学语文一年级上、下册教材→课下进行讨论和交流→各组形成主要观点→学生课上汇报、研讨→学生小组互评、教师点评。

人数要求：40 人以下的班级教学。

教学方法：参与式教学、小组合作教学等方式，以师生讨论为主，以讲授、点评为辅。

工具选择：案例打印资料、多媒体录播教室、录音笔、记录表等。

组织引导：教师布置任务清晰，案例讨论要求明确；教师为学生提供必要的参考资料；教师需要对学生的课下讨论予以必要的指导，并及时给出建议，以便于课上交流；学生课上讨论注意严防跑题；教师点评注重提升，肯定每组的亮点，不应给出最终结论。

活动设计建议：

搜集跟阅读教学相关的知识点和能力点资料，查阅相关的教学设计与实施文献，有条件的可以深入小学低段的阅读教学课堂，特别是《和大人一起读》栏目的教学课堂听 1~2 节课，并对任课教师进行随机采访，以便获得实际资料。

案例的背景分析不宜在文本中直接出现。教师可以使用图片、视频、文字等多种形式来呈现背景信息，这样不仅可以调动学生的学习和生活经验，也可以加深学生对案例主题的认识，为后期的案例研讨做好准备。

上课前做好教学准备。课前要求学生完成案例阅读，有条件的可观看视频，独立思考，并及时记录讨论要点；根据学生的情况将学生分组，每个小组提供一张小组讨论记录表，讨论记录表需要注明讨论的时间、地点、人员、讨论流程、个人聚焦问题和小组聚焦问题，以及聚焦问题后的现有知识分析和拟查阅资料。

案例讨论后的汇报形式应鼓励多样化，注重成员间的明确分工和配合，不能总是组长或一个成员承担汇报任务，要多给其他同学参与的机会；小组汇报前要做好汇报的 PPT，小组汇报后现场进行组间评价和教师点评；教师点评要及时进行，注意适时适度提升理论，把握整体教学进程；下课后，教师要及时总结得失，以便调整后续的教学内容，及时改进教学行为。

5. 推荐阅读

［1］杨再隋. 语文课程的目标・理念・策略：《义务教育语文课程标准（2011 年版）》导读［M］. 长沙：湖南教育出版社，2012.

［2］温儒敏. 温儒敏论语文教育［M］. 北京：北京大学出版社，2010.

［3］陈先云. 国家统编小学语文教科书教学指导：与其他版本教科书比对研究［M］. 北京：语文出版社，2019.

［4］王荣生. 阅读教学设计的要诀：王荣生给语文教师的建议［M］. 北京：中国轻工业出版社，2014.

［5］蒋蓉，李金国. 小学语文教学设计［M］. 北京：高等教育出版社，2016.

［6］汪潮. 小学语文课例：基于“语文学理”的解读［M］. 上海：华东师范大学出版社，2016.

［7］汪潮. 小学语文部编教材文本解读及学习设计：一年级下册［M］. 福州：福建教育出版社，2017.

课堂实录

部编版小学语文一年级下册《孙悟空打妖怪》教学实录①

一、聊一聊，开启儿歌之旅

师：（出示孙悟空图片、音频）同学们，瞧！今天一个熟悉的朋友来到了我们的课堂。你们喜欢他吗？说说理由。

生 1：喜欢，因为他可以把妖精都打败。

生 2：他有七十二变。

师：你是从哪里知道的？

① 执教者为内蒙古自治区包头市东河区西脑包第一小学王昕雨。

生 3：我知道。孙悟空的七十二变是从太上老君那里炼出来的。

师：孙悟空是从师父那里还是太上老君那里学到的本领？

生 3：师父那里。

师：你是从哪里知道的？

生 3：电影里面。

师：嗯，这是个丰富课外知识的好办法。

生 4：孙悟空有火眼金睛，是在太上老君的炼丹炉里炼成的。

师：你是从哪里知道的？

生 4：从电视里。

师：看电影、电视可以帮助我们拓展更多的课外知识。

师：说到孙悟空，接下来还有三位重要人物和孙悟空一起闪亮登场（出示唐僧、猪八戒、沙和尚图片），这三位当中你喜欢谁？

生 1：我喜欢唐僧，因为唐僧可以念紧箍咒控制孙悟空。

生 2：我喜欢沙和尚，因为他可以下海。

生 3：我喜欢猪八戒，因为猪八戒很可爱。

师：今天我们一起来读一首与他们师徒四人有关的儿歌（出示儿歌题目《孙悟空打妖怪》），请大家齐读。

生（齐）：孙悟空打妖怪。

二、读一读，趣味尽在其中

师：读一首好的儿歌就像经历一次奇妙的旅行，下面就开始我们今天的开心之旅吧！请同学们轻轻翻开书第 100 页，坐端正，借助拼音把这首儿歌的字音读准确，放声读。

（生自由练读）

师：请一组同学“开火车”读儿歌。我的火车就要开，从哪开？

（生抢读）

师：同桌之间相互读儿歌，如果你的同桌做到读正确、不丢字、不加字，标点符号停顿正确，就在他的书上画一颗星。

（同桌合作读）

师：我们再“开一组火车”，请读正确，而且速度加快，哪组来挑战？

（生朗读流畅，速度较快）

师：这位同学读得真好，请你再来读一遍，大家听听他哪儿读得好。

生评：他读得很有节奏感。

生评：他读得很快，没卡壳。

师：是啊，一首简单的儿歌你们读得有声有色，有节奏感，那我们打着拍子一起读一读。你们准备怎么打拍子？

（生拍桌子或互拍手朗读）

师：这首儿歌读起来朗朗上口，有节奏感，它存在一个小秘密，看谁有火眼金睛，能最快发现！有些词语出现了两次，找一找。

生1：孙悟空。

生2：有两个猪八戒。

生3：还有两个沙和尚。

……

师：同学们真是火眼金睛！（出示课件“小锁子”），大家看这首儿歌，前一句结尾的词语是后一句的开头，就像玩接龙游戏一样，这些接龙的词语就像一把把“小锁子”，把儿歌连了起来，这就是连锁调。（板贴：连锁调）

师：请同学们圈一圈、画一画《孙悟空打妖怪》这首儿歌中藏着的小锁子。

（生圈画，与课件对照）

师：和老师接读，老师停下的时候你们迅速接读，准备好了吗？

（师生接读，速度渐快）

三、试一试，感受“连锁调”的情趣

师：连锁调读起来很有趣，其实我们很熟悉它，想想你以前背过这种形式的儿歌吗？

生：一二三四五，上山打老虎；老虎没打着，打着小松鼠；松鼠有几只，大家数一数；数来又数去，一二三四五。（众生自发跟读）

师：从哪儿发现连锁了？

生：老虎——老虎，松鼠——松鼠，一句接一句，最后又回到“一二三四五”。

师：真了不起，你发现了连锁调的秘密。

师：老师还准备了有趣的连锁调儿歌，你们想读吗？

师：（先后出示《从前有座山》《野牵牛》）四人一个小组，选择你们喜欢的方式读，一会展示。

生组一诵读展示：从前有座山，山里有个庙；庙里有个锅，锅里有个盆儿；盆里有个碗儿，碗里有个碟儿；碟里有个勺儿，勺里有个豆儿；我吃了，你馋了，我的故事讲完了。

生组二诵读展示：野牵牛，爬高楼；高楼高，爬树梢；树梢长，爬东墙；东墙滑，爬篱笆；篱笆细，不敢爬；躺在地上吹喇叭，滴滴答！滴滴答！

师：还敢接受我的挑战吗？请同学们自己来编一编连锁调《做习题》。

（出示《做习题》，学生练习填补、交流）

小调皮，做习题。

习题难，画小雁；

小雁飞，______；

乌龟爬，______；

小马跑，画小猫，

______，吓一跳。

学文化，怕动脑，

看你怎么学得好？

师：这样有趣的儿歌有很多，你们课下准备搜集多少首连锁调儿歌？

生：5 首。

生：10 首。

……

师：把搜集到的儿歌和爸爸妈妈一起读一读，可以像我们今天一样接龙读、打节拍读，然后拍成小视频发到班级微信群，比比谁搜集的多；今天回家后把儿歌里藏着的小秘密讲给爸爸妈妈听。

师：读一首好的儿歌不仅是一次奇妙的旅行，一首好的儿歌还是一幅出现在我们脑海中的生动的画面，想象着画面，做着动作再来读读这首有趣的儿歌吧！

四、听一听，讲一讲，激发阅读更多《西游记》故事的兴趣

师：孩子们，你们知道这首儿歌选自哪个故事吗？

生：《孙悟空三打白骨精》

师：下面我们就来听听这个精彩的故事。

师：这个故事要从唐僧师徒四人西天取经的路上说起，一天他们来到了一片深山老林，这里住着一个妖怪，谁呀？

生：白骨精。

师：白骨精早就知道吃了唐僧肉会——

生：长生不老。

师：所以，白骨精对唐僧肉垂涎欲滴。但是，白骨精知道唐僧的身边有一个本领高强的大徒弟，那就是齐天大圣——

生：孙悟空。

师：然后，她摇身一变，成了个花容月貌的女子，你们听——

（师播放音频）

师：刚才我们听到的是孙悟空一打白骨精，这妖怪不甘心，还想了什么办法？

（生跃跃欲试）

师：同学们课下可以挑战读《孙悟空三打白骨精》的完整故事。

师：（出示《猴王出世》《大闹天宫》《真假美猴王》等经典图片）西游记当中还有很多很有趣的故事，你们猜猜，哪幅图是哪个故事？

生 1：《猴王出世》。

生 2：《真假孙悟空》。

生 3：《孙悟空大战红孩儿》。

生 4：《大闹天宫》。

师：（出示《西游记》目录节选）老师从西游记中节选了一些目录，你最想读哪一章？

生：《真假孙悟空》

师：你准备怎么读？

生 1：让妈妈给我讲故事。

生 2：听“凯叔讲故事”。

生 3：自己看连环画。

师总结：同学们说的方法都很棒，课下可以找到自己喜欢的动画片相对应的章节，读读书中所写，再和电视所演的比一比，看看一样不一样；把故事讲给爸爸、妈妈、老师、长辈听。这个月我们继续开展“读书争星”活动，读一个故事奖励一颗星，读三个故事奖励两颗星，看谁争得的星星最多，月底在班内开“西游故事会”，为我们班的“读书之星”颁奖！下课。

第三编

习作教学案例

写作教学应贴近学生实际，让学生易于动笔，乐于表达，应引导学生关注现实，热爱生活，积极向上，表达真情实感。写作教学应抓住取材、构思、起草、加工等环节，指导学生在写作实践中学会写作。要重视引导学生在自我修改和相互修改的过程中提高写作能力。部编版小学语文教材也非常重视学生修改习作的能力。习作方面的教学改革也是异彩纷呈的，如情境习作教学实验、童话引路习作教学实验、素描习作教学实验等。传统习作教学要求学生的习作应注意做到“言之有物”“言之有序”，那么，结合语文课程标准的习作要求，我们可以进一步研究学生习作兴趣培养和习作修改能力提高的策略。下面从以下两个案例进行深入思考和探究。

案例九：习作评改的有效落地

——“边评边改”让语言表达更清楚

【背景信息】

国内外关于写作过程的理论研究证明，修改是写作过程中不可或缺的一个重要程序，对文章质量起着关键作用。修改能力是学生写作能力的构成要素，其对提高学生的写作水平有着重要的作用。自中华人民共和国成立以来，各时期的小学语文教学大纲、课程标准均有对习作修改的描述，且《义务教育语文课程标准（2011 年版）》从第二学段开始提出了习作修改的要求，并在“教学建议”和“评价建议”中都有针对习作修改教学的建议。可见，习作修改的理论研究和实践教学一直突出强调修改是写作过程的重要环节。2016 年 9 月，《中国学生发展核心素养》颁布，一个全新的概念“语文学科核心素养”随之问世。有学者指出，“语文学科核心素养”是语文素养的核心要素和关键内容，主要包括“语言建构与运用”“思维发展与提升”“审美鉴赏与创造”“文化传承与理解力”，其中“语言建构与运用”是其他方面的根基与实现的途径。[①] 陈先云提出了“小学语文核心素养”清单，指出语文核心素养主要包括语言理解能力、语言运用能力、思维能力以及初步审美能力。他认为，语言理解与运用处于语文核心素养整体结构的基础层面，语言的发展与思维的发展是相辅相成的，思维能力和审美能力的培养是以对语言的理解与运用为基础的，是在培养、提升语言理解与运用能力的过程中实现的。

习作是集学生理解、思考、表达为一体的学习活动，是培养和发展学生的语言理解能力、语言运用能力、思维能力和审美能力的综合活动，旨在培养和发展学生的综合素养。习作评改作为习作教学过程中的重要环节，对于培养和发展学生语言文字的运用能力，提升语文素养以及综合能力具有不可忽视的重要作用。部编版小学语文教材习作内容的编排，不仅汲取了中国传统语文习作研究的理论与实践精华，还借鉴了国外母语写作理论与教材编写经验，同时依据课标要求，增加了关于习作评改的指导与实践，突出了“习作评改”环节的重要地位和作用。在课堂教学中，教师对于习作评改的有效指导能够促进学生习作能力的有效提升。

在实际的教学过程中，习作评改教学还存在着诸多问题：教师在写作过程理论认识上的局限，导致了其对写后阶段教学活动的忽视；教师不重视对学生习作评改的指导，学生自主评价和修改的意识薄弱，习作评改的教学效果不容乐观。此外，由于繁重的教学工作

---

① 徐林祥，郑钧. 基于语文核心素养的“语用热”再认识［J］. 全球教育展望，2016，45（8）：14-23.

压力，教师很难对习作评改进行深入的理论与实践研究，习作评改教学始终是师生“无视”的对象。自部编版小学语文教材投入教学以来，习作评改的教学理念及编排内容发生了变化，要求教师深入理解教材习作教学内容的编写理念和编排特点，准确解读习作教学的内容，转变习作教学的方式、方法，进而扎实有效地开展习作评改课。那么，在部编版小学语文教材投入教学的背景下，如何贯彻教材的习作教学理念，改变习作评改难教的现状，让习作评改教学扎实、有效地开展，使学生在“边评边改”“互评互改”的过程中切实提高习作能力，这是每一位一线语文教师需要思考及迫切需要解决的问题。

【案例正文】

一、思考催生尝试与改变

作为小学语文课程必不可少的组成部分，习作课是学生综合素养展示与提升的重要环节。但在培养学生写作素养的实践道路上，虽然教师不断地努力尝试和改进，但最终收效甚微。习作课难教是许多教师的“心声”。而教师重视作前指导，忽视作中、作后的评价与修改又是习作教学的常态，这导致学生纵然有“写”的能力，但缺少“改”的意识。究其原因，是教师忽视了习作的评价与修改，使作后指导流于形式，未能体现出学生修改主体的地位与作用。因此，习作评改是学生学习的重要环节，也是教师教学活动的难点。

写作过程理论把写作活动分为写前、写中、写后等几个显而易见的阶段。美国心理学家 Hayes 和 Flower 对写作的认知过程进行了系统的研究，指出写作的整体活动分为三部分：任务环境、作者的长时记忆、写作过程。写作过程又分为计划、转译、回顾三个子加工过程。其中，回顾是对文章成果的修改与完善。Hayes（1996）提出的写作修改模型认为，修改的认知心理过程分为发现问题、确定问题，修改文章及文章产生三个阶段。上述写作过程理论的研究指出，修改是写作过程的重要环节，在修改的过程中个体总是处在不断地加工、记忆循环往复的状态，个体修改心理的认知过程就是一个动态的工作记忆过程，就是对文章不断加工的过程，这对文章质量具有重要作用。我国古代学者在长期教育教学实践的基础上也认识到了修改的重要性。宋朝魏庆之在《诗人玉屑》中说：“赋诗十首，不若改诗一首。”① 曹植（魏）在《与杨德祖书》中说：“世人著述，不能无病，仆常好人讥弹其文，有不善者，应时改定。”②他指出人们写出来的文章，不可能没有一点毛病，要善于听别人指点批评自己的文章并及时改正。刘勰（梁）在《文心雕龙·熔裁》中提出，修改就是要“芟繁剪秽，弛于负担”③，他指出只有利用修改删去多余和杂乱部分，才能解除文章多余的负担，使文章更加精炼。李沂（清）在《秋星阁诗话·八字诀》中指出了修改的重要性，“能改则瑕可为瑜，瓦砾可为珠玉”④。这句话的意思是作文修改

① 张声怡，刘九洲. 中国古代写作理论［M］. 武汉：华中工学院出版社，1985：451.
② 张声怡，刘九洲. 中国古代写作理论［M］. 武汉：华中工学院出版社，1985：449.
③ 张声怡，刘九洲. 中国古代写作理论［M］. 武汉：华中工学院出版社，1985：450.
④ 张声怡，刘九洲. 中国古代写作理论［M］. 武汉：华中工学院出版社，1985：453.

的过程就如同打磨玉石，经过精心打磨，有斑点的玉也可以变成美玉，破瓦片也可以变成珠宝。那么，文章经过修改，内容也会愈来愈精彩。从以上古人的论述中我们可知，修改活动可修饰文章，更能提高文章的质量，可见修改的重要性。

“好文章是改出来的。”对于习作评改教学，Y 老师一直有自己的理解。她认为，习作的评价与修改是一个重新写作的过程。学生在这一过程中要调整构思、选材和语言表达等，重新梳理自己的习作思路，并重新整理习作内容。在评价与修改的过程中，学生的习作思维也经历了一次巩固与提升。因此，习作评改“培养的是学生对语篇的评价力和修改力，是其言语审美与鉴赏力的集中体现，是习作素养的综合呈现，有利于学生写作能力的逐步提升”①。教师在教学中要将习作评改“回归”，让学生成为评价与修改的主人，要在课堂中真正发生习作评改的教学活动，扎实、有效地开展作中、作后指导，实现习作教学活动的完整统一。

2017 年 9 月，部编版小学语文教材正式投入使用后，Y 老师积极参加各项培训，认真学习、领会教材的编写理念，在学习中转变自己的教学观念，并将学习所得践行在自己的课堂教学中。凭借多年的教学经验，Y 老师敏锐地关注到部编版小学语文教材的新变化，其对于习作教学的重要“改观”，让 Y 老师尤为感兴趣。基于过去的习作教学现状，Y 老师一直在思考：如何将习作教学的写、评、改串联，形成完整的习作课堂？如何还“习作评改”的真实身份，让学生学会评改？如何扎实开展作中、作后的指导，有效提升学生的能力？正是这些思考，催生了 Y 老师在习作评改教学中的尝试与改变。

“统编教材加大了语言表达，特别是书面表达在教科书中比重。”② 部编版小学语文教材除了在每一单元安排一次习作学习活动以外，还于每一册编排了一个习作单元，将“精读课文、略读课文、口语交际、习作与语文园地相融合，形成语言表达能力培养的联合体”③。基于教材和教学理念的转变，B 市 J 区的小学语文教研室开展了“习作教学——教、学、评一致性”的教研活动，联合 J 区多校开展联动教学，尝试探索习作教学的新思路，以适应部编版小学语文教材的改变，呈现习作教学的新面貌。

Y 老师负责的是部编版小学语文教材四年级上册第五单元《习作例文》的教学任务。本单元为习作单元，由《麻雀》《爬天都峰》两篇精读课文，《我家的杏熟了》《小木船》两篇习作例文，以及习作“生活万花筒”构成。其中包括阅读理解、交流平台、初试身手和习作等教学环节。在备课之前，Y 老师从纵向上分析了低、中、高段写话、习作训练点的梯度变化，进而明确了本册本单元的习作要素在小学阶段习作训练系统中的地位、作用。然后，Y 老师从习作核心要素出发，认真解读教材，确定了本节习作课的教学目标：1. 针对在初试身手的片段训练中寻到的学生写事之盲点与障碍，通过“例文”之相应片段，发现作者写清楚过程的密码，领悟将重点镜头写清楚的秘诀。2. 对照“例文”，用

---

① 林涛. 从内心出发的习作旅行：基于学生问题的习作评改教学实践［J］. 语文教学通讯. D 刊（学术刊），2020（4）：71-73.

② 柯晓. 谈小学语文统编教材习作教学的写、评、改［J］. 品味·经典，2019（10）：115-116.

③ 柯晓. 谈小学语文统编教材习作教学的写、评、改［J］. 品味·经典，2019（10）：115-116.

“写清楚”的密码和秘诀再次修改自己初试身手中的片段。同时，Y老师基于三年级下学期学生曾尝试写过一件事情，已经基本能够按照一定的顺序写清一件事，但其在写清楚的过程中是存在问题的学情，以问题为导向，将本课的教学重点确定为“借助例文，指导学生写清事情的重点部分”。Y老师将问题前置，有效地将学生作前、作中和作后的写作活动衔接起来，并突出过程中的指导，实现学生的自主评价与修改。

二、边评边改，使习作评改有效落地

一切学习皆始于模仿，写作学习亦是如此。四年级学生虽具有一定的习作能力，但仍处于初学写作的阶段，语言表达还不成熟，尚处于模仿阶段。Y老师在指导学生时，紧紧围绕单元要素，聚焦习作例文，帮助学生回忆写作方法，找到与此次习作关联的策略支架，为后面对照例文发现问题好好铺垫，进而开展自主评价与修改。

（一）回顾例文，明确“写清楚”的方法

片段一

师：孩子们，本单元为习作单元，本单元的语文要素为“写一件事，把事情写清楚”。我们已经学了《爬天都峰》和《麻雀》，谁能说说，《爬天都峰》的作者是怎样把爬山的过程写清楚的？

生1：作者是按爬山前、爬山时、爬山后，怎么想的、怎么做的，来把爬天都峰的过程写清楚的。

师：孩子们，像这样，先写爬山前我是怎么想的、怎么说的，再写爬山中我是怎么做的，最后写爬上山顶我又是怎么说的、怎么做的，就能把爬山的过程写清楚。

师：那么，《麻雀》这一课，作者又是怎样把麻雀和猎狗交锋这一过程写清楚的呢？

生：作者是按照起因、经过、结果的顺序，写清楚所看到的、所听到的、所想到的，把麻雀和猎狗交锋的过程描述下来的。

师：原来作者是调动多种感官，抓住老麻雀的动作与声音写清了这一过程。看来，按照一定的顺序，调动我们的多种感官，加入所见、所闻、所想，就能把一件事情写清楚。

Y老师基于中段学生的心理认知特点，将单元要素和习作例文中“写清楚”的方法进行复现，让学生再次回忆、巩固，进而完善知识体系，体会课文是如何布局谋篇实现清楚表达的。Y老师的这一教学环节，看似平淡地导入，实则是在帮助学生厘清写作思路，丰富习作素材，建构写作模式。

（二）预写片段，发现表达问题

学生的习作水平与能力是其语文综合素养的重要体现。在实际习作教学中，学生的习作一直处于低水平的重复状态，学生写了一篇又一篇习作，数量很多，但质量却始终难以提升。究其原因是教师在学生习作过程中指导与评价的缺失。教师缺少评改的指标体系，使学生的习作成为没有靶向的弓箭，不知该去向何处；教师对学生的习作问题“一视同仁”，导致学生没有问题意识和修改意识。Y 老师在备课时，打破原有的习作教学指导模式，将学生的预写前置，以学生的预写片段为主线，将评价与修改指导贯穿其中，突出了学生的习作主体地位。

在课堂教学中，Y 老师以学生的预写片段引出本节课所要解决的习作问题，让学生近距离直面自己习作中存在的不足——没有写清楚事情的过程，没有画面感，让学生带着问题开始后面的探索与尝试。

片段二

师：学完两篇课文，同学们初试身手，也写了一些片段。谁愿意分享你的片段？

生 1：只见妈妈左手拿着一块布，右手提着一个正方形的擦玻璃器，头向上望去。过了一阵子，妈妈右手一抹、左手一擦，一块儿脏脏的玻璃变成了干净明亮的玻璃。

师：你写的是擦玻璃。这件事在老师的脑海里没有形成画面，不够清楚。请坐。谁还愿意分享？

生 2：今天，妈妈又要给我吃鸡蛋炒西红柿，妈妈先把鸡蛋打进去炒熟，装在一个碗里，又把西红柿炒一下，把鸡蛋倒进去后撒了盐，一道菜就完成了。

师：他写的是炒菜的过程，但画面还是不能在我眼前清晰地呈现。

师：孩子们，同桌交换读一读，看看他/她是不是也存在这些问题。

师：读完了吗？存在这些问题吗？老师发现，大家的片段过程写得足够清楚，但我们的脑海中却没有形成画面。正如同学们所说，习作片段中最棘手的问题就是不能把我们看到的、听到的、想到的写清楚。那么，我们接下来就借助习作例文来解决这一问题。

师：请同学们打开书第 69 页，默读第七自然段，想想作者是怎样把奶奶“打杏”这一过程写清楚的。

师：你来说。

生：作者是按动作把“打杏”的过程写清楚的。

师：请你来读一读。（生读第七自然段）

师：其他同学圈一圈这些表示动作的词。

师：你圈了哪些词？

生：拿、走、打、站、出。

师：请你再来读一读这一段，其他同学做一做这些动作。

师：听了你的朗读，老师的眼前仿佛看见了奶奶“打杏”这个大动作，化成了拿、走、打等一个个小动作。把大动作化成小动作，把小动作串成串，奶奶“打杏”的过程像电影一样在老师眼前上演。

师：写清楚一件事情，可以加上动作，让人物动起来。作者把大动作化成小动作，把小动作串成串，把奶奶“打杏”的过程写得淋漓尽致、清晰可见。

Y 老师通过学生的预做，全面了解了班级学生在“写清楚”这一要求中存在的问题，并且以学生预写的家务活为例，及时出示例文片段，提供支架，指导学生明确“将动作写清楚”做家务活的过程就可以写清楚。Y 老师基于学生的问题开展教学实践，为学生的自评、自改奠定了基础。

（三）聚焦大动作，串联小动作，将过程写清楚

Y 老师将评改置于组织材料和试写的环节，并且根据每个环节的重点问题提供有针对性的方法支架，帮助学生走出认知困境。

片段三

师：有位同学在初试身手时写了擦玻璃的片段。你们帮他看一看，他写清楚了吗？自由读。

生读：今天我要擦玻璃。我站在椅子上，手里拿着抹布，左擦一下，右擦一下，里面擦一遍，外面擦一遍，没擦干净再擦一遍。哦，这也太干净了。

师：想一想，他写清楚了吗？谁来说？

生：他没有写清楚，他没有写准备前。

生：他反复用了一个动词。

师：我们来看看他用了哪几个动词？

（师板书，原稿：站、擦、拿）

师：老师给大家带来一段视频，你们认真看，看看她是怎么擦玻璃的。看的时候要认真观察，重点关注她的动作。

（播放视频，生观看。师提醒“注意动作”）

师：谁来说说她是怎样擦玻璃的？

生：她先去接了一盆水，又拿起一块干布在里面洗了洗。后来，她又拿起干布走到了窗边，拿湿布擦了擦，把湿布放下，又拿起干布了擦。她看了一下，发现还有一点污渍，于是她抠了一下，没抠下来，又拿起干布擦了擦，还是没擦下来。她哈了一口气，又擦了擦，终于擦下来了。

（师板书，改稿：拿、洗、擦、看、抠、哈）

师：你观察得真仔细。大家看，她把擦玻璃这个大动作化成了端、洗、擦等一个个小动作，然后把小动作连起来、连成串，就把擦玻璃这个大动作写清楚了。

Y 老师始终以学生的预作为基础，引导学生自主发现问题，并在学生发现问题后再次让学生仔细观察，进而通过“看”的结果思考怎样解决问题，由此提高学生鉴赏、评改的主动性。

课后，Y 老师对此环节进行了反思。她谈道，学生可以较为细致地观察视频中擦玻璃的各种小动作，但在表达时仍存在反复使用一个动词和连接词的现象，由于课堂时间有限，自己并未对学生的口述进行及时纠正，对于引导学生正确使用连接词描述小动作的指导不到位。

（四）迁移方法，初改习作片段

在小学习作教学中，教师借助范文让学生发现文章的表达顺序，是让学生再次体验习作谋篇的方法之一。而学生从自己的习作中发现写作思路，并进行评价与修改，则更能唤起学生的写作意识。

片段四

师：那谁能帮他改一改？怎样才能写清楚？

生：今天我要擦玻璃。我先拿了一个铁盆，盛了一盆清水，又拿了两块布，把椅子搬到窗台下，把其中的一块布放在盆里洗了一下，把水拧干。然后站在椅子上，左擦一下，右擦一下，再左右看一看，不干净，又用手抠了一下，还是不干净，就哈了一口气，又用湿布擦了擦。

师：他改清楚了吗？

生：清楚了。

师：原稿镜头过得快，就会模糊、单薄，不够清楚。当我们看完视频，把动作放慢、放大，分解动作，擦玻璃的镜头就清晰可见了。老师通读了大家写的片段，大部分同学写的是做家务。看来，同学们写的片段需要做动作。请大家回看自己的片段，读一遍，看看你有没有像过电影一样，将大动作化成小动作，把小动作串成串，把动作写清楚。如果哪儿需要加动作，就在哪儿加增补符号，做标记，提醒自己这里需要修改。老师给大家一分钟的时间做标记，一会儿给大家时间修改。加完后用你的坐姿告诉我。

Y 老师在引导学生评议的过程中，始终围绕“写清楚”的目标，将“大动作化成小动作，把小动作串成串”的要求落实在评议习作的过程中，实现了“教学评一致”。Y老师将学生的自主评议与修改紧密结合，通过学生对比原稿和改稿，适时给出“标出增补符号”的环节，让学生及时对照要求找出自己习作中的问题，指导学生修改习作。

（五）充分体会，丰富“写清楚”的语言表达

学生学习习作就是学习书面语言的表达与运用，而表达方法的习得需要经过学生的体验、认识和内化才能转化为习作能力。

片段五

师：同学们，接下来我们学习《小木船》，听好要求：默读第三自然段，看看除了作者运用抓动作的方法写清楚友谊破裂这一过程以外，你还有什么新的发现。

师：你有什么新的发现?

生：这一段除了动作描写，还有心理描写和神态描写。

师：心理描写写出了自己的想法。还有吗?

生：还有生气时的神态描写和语言描写。

师：说得好。大家先自由地读一遍这一段。

生读。

师：谁能来读读这两句话。

生：我上前分辩说：“我不是故意的。”他生气地说：“谁叫你不小心，非赔不可!”

师：孩子们，他们这是在干什么?

生：对话。

师：对了。让人物对起话来，就可以把语言写清楚了。

师：谁再来读读这两段话。

出示：

1. 我上前分辩说：“我不是故意的。”他生气地说：“谁叫你不小心，非赔不可!”

2. 我上前说：“我不是故意的。”他说：“谁叫你不小心，非赔不可!”

师：大家听一听，哪组句子写得更清楚?

生合作读。

师：谁来说一说，哪组句子写得更清楚?

生：第一组句子写得更清楚。

师：为什么?

生：第一组句子里有动作和心理描写。

师：在提示语中加入表示动作和心情等的词，就能把语言写得更清楚。

师：我想找位同学再来读读第三自然段，关注人物的语言、神态和感受，想象他们友谊破裂的画面。

生读。

（六）回看习作，再次修改完善

片段六

师：你读得很有感情。孩子们，把一件事情写清楚，只有动作是不够的，还要结合生活实际，再加上语言、感受、体会和想象。这样就能把过程写清楚了。请大家再回看自己的片段，看看自己的叙述中还缺少什么，调动所有的感官，把镜头放慢、放大，把你认为缺少的部分，画上增补符号做标记，这样就会让过程更清楚。

师：现在，请大家修改自己所写片段中做标记的地方，用红色笔把缺少的部分补一补。

生自主修改。

师：改完了吗？

生：改完了。

师：改完的同学同桌互相评一评，看看把过程改清楚了吗。

同桌互相评改。

师展示学生改后的习作片段。

师：请同学们读一读这个习作片段。

生读。

师：老师请一位同学给大家读一读，看看他改了哪些地方？

生读。

师：谁能点评一下，他都修改了哪些部分？

生：他增加了准备前的内容，详细写了炒的过程。

师：那你自己来说一说吧。

生：我……

师：你就是把炒菜这个大动作，化成了搅拌、倒油、炒等小动作，再把小动作都串成串，就把西红柿炒鸡蛋的过程写清楚了。

师：我们知道了，按一定顺序就能把一件事情写清楚。那么，要把这件事情的重点部分写清楚，还需要我们调动多种感官，把镜头放慢、放大；需要加上动作，把大动作化成小动作，把小动作串成串，动作就写清楚了；需要在提示语中加上表示动作、心情等的词，语言就写清楚了；再加上自己的感受、体会和想象，整个事情就写清楚了。

师：孩子们，这节课我们学会了把一件事情和这件事情的过程写清楚的方法。请大家回去继续修改初试身手中的片段。

师：下课。

Y 老师深知中段小学生的认知特点，在这一环节中，其让学生在反复朗读的过程中感受表达方法的不同。学生通过认知、体验，进而内化、吸收“写清楚”的语言表达方法。学生在感悟、理解的基础上对自己的习作再次进行审视，发现自己在语言表达上存在的问题，找到了评改的方向。在 Y 老师的课堂中，学生始终是主体，教师是帮助学生进行深入学习的引导者。学生边评边改，教师适时提供策略和支架，习作评改的学习正在课堂中发生。

【结语】

习作评改要立足于学生的习作，教师只有一处一处地与学生共同“增”“补”“改”，学生才会对语言运用产生感觉。在基于学生问题的习作评改课堂中，多数学生能根据要求指出习作中的问题，并且经过同伴的互评，学生的问题意识会更加强烈，进而产生修改的积极性。师生“边评边改”的实践过程中有写作意识的唤醒，有习作知识与运用的渗透，更有思维和价值观的延伸。教师始终关注学生评价、修改习作的态度、过程和方法，使习作评改在课堂教学中有效落地，进而培养学生的自主评改能力，促进学生习作素养的提升。

【案例思考题】

1. 收集小学语文中高段习作教学实录，结合本案例思考如何在课堂中有效落实习作评改教学。

2. 你对本案例中 Y 老师的习作评改教学实践有什么看法？

3. 如何扎实开展教师指导与学生自主评价与修改，切实提高学生的评改能力，实现学生的自主修改？

【案例使用说明】

1. 适用范围

适用对象：小学教育专业的研究生或本科生、教师教育专业的研究生或本科生，以及小学语文教师。

适用课程：“小学语文教学设计与实施”“小学语文教学论”“小学语文教学专题研究”等。

2. 教学目的

（1）借助案例明确习作评改的地位与作用，掌握习作教学的过程，形成自己的理解。

（2）通过对案例的分析，提高学生的小学语文习作教学设计能力。

（3）掌握基本的习作评改教学方法，能够独立设计习作评改教学活动。

3. 要点提示

相关理论：

写作理论与方法、语文课程与教学理论、教学设计理论。

关键知识点：

写作理论、习作教学目标与内容、习作评改、教师认知。

关键能力：

教材解读能力、学情分析能力、教学设计与实施能力。

案例分析思路：

分析 Y 老师习作例文一课的教学环节、每一环节的教学任务及目的，围绕 Y 老师在课堂中的指导，引发学生讨论：如何提高教师对于习作评改重要性的认识程度？如何将这一教学活动在课堂中有效落实？如何扎实提高小学生的自主评改能力？同时，思考自己在开展习作教学时需要掌握或具备的相关知识和能力。

4. 教学建议

时间安排：100 分钟，2 节课。布置和预习，学生课余时间完成，汇报和讨论 2 节，课后写一篇心得体会。

环节安排：布置预习，观看 Y 老师的习作例文教学实录→小组研读案例并围绕案例思考题的相关内容进行汇报→结合本案例讨论、交流对“习作评改”的理解→结合本案例的教学和自己的思考提炼一个值得自己研究的问题→教师点评。

人数要求：40 人以下的班级教学。

教学方法：参与式教学、小组合作教学等方式，以师生讨论为主、以讲授为辅。

工具选择：多媒体录播教室、案例打印资料、记录单等。

组织引导：教师要明确预习要求，布置思考与讨论任务；教师要为给学生提供必要的参考资料；教师对学生课下的讨论要予以及时的指导和建议。

活动设计建议：

学生课前查阅写作理论、语文核心素养相关资料，丰富理论知识体系。

学生课前阅读语文课程标准，理解语文课程的基本理念，理解课标中有关习作教学的要求。

学生课前观看 Y 老师习作例文一课的教学视频，整理完成课堂实录。

上课前做好教学准备。提前阅读 Y 老师习作例文一课的教学实录。将学生分组，填写小组讨论记录表，做好课堂上的讨论发言记录。

指导学生课下选择一个习作活动进行教学设计，并找机会试教，进一步体会设计的可行性。

教师对小组的汇报进行及时点评，并适时地提升理论，把握整体的教学进程。

5. 推荐阅读

[1] 叶圣陶. 怎样写作 [M]. 北京：中华书局，2007.

[2] 张中行. 怎样作文 [M]. 北京：中华书局，2017.

[3] 於可训，乔以钢. 写作 [M]. 北京：高等教育出版社，2013.

[4] 孙建龙，陈薇，张凤霞. 小学语文教学案例 [M]. 北京：中国人民大学出版社，2017.

[5] 罗雅萍. 小学语文教学设计与案例分析 [M]. 北京：中国人民大学出版社，2019.

部编版小学语文四年级上册习作单元习作例文课堂教学实录①

师：孩子们，本单元为习作单元，本单元的语文要素为“写一件事，把事情写清楚”。我们已经学了《爬天都峰》和《麻雀》，谁能说说，《爬天都峰》的作者是怎样把爬山的过程写清楚的？

生：作者是按爬山前、爬山时、爬山后，怎么想的、怎么做的，来把爬天都峰的过程写清楚的。

师：孩子们，可以这样说，作者先写爬山前我是怎么想的、怎么说的，再写爬山中我是怎么做的，最后写爬上山顶我又是怎么说的、怎么做的，就能把爬山的过程写清楚。

师：那么，《麻雀》这一课，作者又是怎样把麻雀和猎狗交锋这一过程写清楚的呢？

生：作者是按照起因、经过、结果的顺序，写清楚所看到的、所听到的、所想到的，把麻雀和猎狗交锋的过程描述下来的。

师：原来作者是调动多种感官，抓住老麻雀的动作与声音写清了这一过程。看来，按照一定的顺序，调动我们的多种感官，加入所见、所闻、所想，就能把一件事情写清楚。

师板书：写清楚。

师：学完两篇课文，同学们初试身手也写了一些片段。谁愿意分享你的片段？积极踊跃地发言。

生：只见妈妈左手拿着一块布，右手提着一个正方形的擦玻璃器，头向上望去。过了一阵子，妈妈右手一抹、左手一擦，一块儿脏脏的玻璃变成了干净明亮的玻璃。

师：你写的是擦玻璃。这件事在老师的脑海里没有形成画面，不够清楚。请坐。谁还愿意分享？

① 执教者为内蒙古自治区包头市九原区奶业中心校于胜玲。

生2：今天妈妈又要给我吃鸡蛋炒西红柿，妈妈先把鸡蛋打进去炒熟，装在一个碗里，又把西红柿炒一下，把鸡蛋倒进去后撒了盐，一道菜就完成了。

师：他写的是炒菜的过程，但画面还是不能在我眼前清晰地呈现。

师：孩子们，同桌交换读一读，看看他/她是不是也存在这些问题。

生生交换读习作片段。

师：读完了吗？存在这些问题吗？老师发现，大家的片段过程写得足够清楚，但我们的脑海中却没有形成画面。正如同学们所说，习作片段中最棘手的问题就是不能把我们看到的、听到的、想到的写清楚。那么，我们接下来就借助习作例文来解决这一问题。

师：请同学们打开书第69页，默读第七自然段。想想作者是怎样把奶奶“打杏”这一动作写清楚的。

生默读。

师：你来说。

生：作者是按动作把“打杏”的过程写清楚的。

师：请你来读一读。(生读第七自然段)

生：过了一会儿，奶奶拿了一根长竹竿从屋里出来了。她走到树下，挑熟了的杏往下打。她脚底下站不大稳，身子颤颤巍巍的。

师：其他同学圈一圈这些表示动作的词。

师：你圈了哪些词?

生：拿、走、打、站、出。

师：请你再来读一读这一段，其他同学做一做这些动作。

生：过了一会儿，奶奶拿了一根长竹竿从屋里出来了。她走到树下，挑熟了的杏往下打。她脚底下站不大稳，身子颤颤巍巍的。

师：听了你的朗读，老师的眼前仿佛看见了奶奶“打杏”这个大动作，化成了拿、走、打等一个个小动作。把大动作化成小动作，把小动作串成串，奶奶“打杏”的过程像电影一样在老师眼前上演。

师：写清楚一件事情，可以加上动作，让人物动起来。作者把大动作化成小动作，把小动作串成串，把奶奶“打杏”的过程写得淋漓尽致、清晰可见。

师：有位同学在初试身手时写了擦玻璃的片段。你们帮他看一看，他写清楚了吗？自由读。

生读：今天我要擦玻璃。我站在椅子上，手里拿着抹布，左擦一下，右擦一下，里面擦一遍，外面擦一遍，没擦干净再擦一遍。哦，这也太干净了。

师：想一想，他写清楚了吗？谁来说?

生：他没有写清楚，他没有写准备前。

生：他反复用了一个动词。

师：我们来看看他用了哪几个动词?

（师板书，原稿：站、擦、拿）

师：老师给大家带来一段视频，你们认真看，看看她是怎么擦玻璃的。看的时候要认真观察，重点关注她的动作。

（播放视频，生观看。师提醒“注意动作”）

师：谁来说说她是怎样擦玻璃的？

生：她先去接了一盆水，又拿起一块干布在里面洗了洗。后来她又拿起干布走到了窗边，拿湿布擦了擦，把湿布放下，又拿起干布擦了擦。她看了一下，发现还有一点污渍，于是她抠了一下，没抠下来，又拿起干布擦了擦，还是没擦下来。她哈了一口气，又擦了擦，终于擦下来了。

（师板书，改稿：拿、洗、擦、看、抠、哈）

师：你观察得真仔细。大家看，她把擦玻璃这个大动作化成了端、洗、擦等一个个小动作，然后把小动作连起来、连成串，就把擦玻璃这个大动作写清楚了。

师：那谁能帮他改一改？怎样才能写清楚？

生：今天我要擦玻璃。我先拿了一个铁盆，盛了一盆清水，又拿了两块布，把椅子搬到窗台下，把其中的一块布放在盆里洗了一下，把水拧干。然后站在椅子上，左擦一下，右擦一下，再左右看一看，不干净，又用手抠了一下，还是不干净，就哈了一口气，又用湿布擦了擦。

师：他改清楚了吗？

生：清楚了。

师：原稿镜头过得快，就会模糊、单薄，不够清楚。当我们看完视频，把动作放慢、放大，分解动作，擦玻璃的镜头就清晰可见了。老师通读了大家写的片段，大部分同学写的是做家务。看来，同学们写的片段需要做动作。请大家回看自己的片段，读一遍，看看你有没有像过电影一样，将大动作化成小动作，把小动作串成串，把动作写清楚。如果哪儿需要加动作，就在哪儿加增补符号，做标记，提醒自己这里需要修改。老师给大家一分钟的时间做标记，一会儿给大家时间修改。加完后用你的坐姿告诉我。

师：同学们，接下来我们学习《小木船》。听好要求：默读第三自然段，看看除了作者运用抓动作的方法写清楚友谊破裂这一过程以外，你还有什么新的发现。

师：你有什么新的发现？

生：这一段除了动作描写，还有心理描写和神态描写。

师：心理描写写出了自己的想法。还有吗？

生：还有生气时的神态描写和语言描写。

师：说得好。大家先自由地读一遍这一段。

生读。

师：谁能来读读这两句话。

生读：我上前分辩说：“我不是故意的。”他生气地说：“谁叫你不小心，非赔不可！”

师：孩子们，他们这是在干什么？

生：对话。

师：对了。让人物对起话来，就可以把语言写清楚了。

师：谁再来读读这两段话。

出示：

1. 我上前分辩说："我不是故意的。"他生气地说："谁叫你不小心，非赔不可！"

2. 我上前说："我不是故意的。"他说："谁叫你不小心，非赔不可！"

师：大家听一听，哪组句子写得更清楚？

生合作读。

师：谁来说一说，哪组句子写得更清楚？

生：第一组句子写得更清楚。

师：为什么？

生：第一组句子里有动作和心理描写。

师：在提示语中加入表示动作和心情等的词，就能把语言写得更清楚。

师：我想找位同学再来读读第三自然段，关注人物的语言、神态和感受，想象他们友谊破裂的画面。

生读。

师：你读得很有感情。孩子们，把一件事情写清楚，只有动作是不够的，还要结合生活实际，再加上语言、感受、体会和想象。这样就能把过程写清楚了。请大家再回看自己的片段，看看自己的叙述中还缺少什么，调动所有的感官，把镜头放慢、放大，把你认为缺少的部分，画上增补符号做标记，这样就会让过程更清楚。

师：现在，请大家修改自己所写片段中做标记的地方，用红色笔把缺少的部分补一补。

生自主修改。

师：改完了吗？

生：改完了。

师：改完的同学同桌互相评一评，看看把过程改清楚了吗。

同桌互相评改。

师展示学生改后的习作片段。

师：请同学们读一读这个习作片段。

生读。

师：老师请一位同学给大家读一读，看看他改了哪些地方？

生读。

师：谁能点评一下，他都修改了哪些部分？

生：他增加了准备前的内容，详细写了炒的过程。

师：那你自己来说一说吧。

生：我……

师：你就是把炒菜这个大动作，化成了搅拌、倒油、炒等小动作，再把小动作都串成串，就把西红柿炒鸡蛋的过程写清楚了。

师：我们知道了，按一定顺序就能把一件事情写清楚。那么，要把这件事情的重点部分写清楚，还需要我们调动多种感官，把镜头放慢、放大；需要加上动作，把大动作化成小动作，把小动作串成串，动作就写清楚了；需要在提示语中加上表示动作、心情等的词，语言就写清楚了；再加上自己感受、体会和想象，整个事情就写清楚了。

师：孩子们，这节课我们学会了把一件事情和这件事情的过程写清楚的方法。请大家回去继续修改初试身手中的片段。

师：下课。

案例十：习作指导中“真实任务”实践探索的思考

【背景信息】

在新教材、新高考的背景下，写作正显现出不同以往的新面貌。写作必须是为了某种具体用途、针对具体的读者对象、达到某种交际目的的真实写作。写作教学必须面向现实生活，培养学生主动利用书面语言的能力，从而更好地与他人合作、沟通与交流。

语文新课标提出了“学习任务群”的理念，旨在引领学生高效、深度地进行语文学习。同时，部编版小学语文教材在习作内容方面也进行了创新。习作内容除了承袭传统教材的混编形式之外，从三年级开始，每一册教材都设置了独立的习作单元，凸显了教材对习作训练序列的整合，明确了阅读与习作的内在认知关系，更有效证明了习作能力对于小学生语文核心素养培养的重要作用与价值。习作单元是“学习任务群”理念的直接表现，可以直观反映出“大单元”的教学内容组合，并能为习作任务群的实施以及习作训练“大观念”的提取提供支撑。

真实写作理论认为，真实的情境主要包括真实的写作场景、真实的写作目的和读者、真实的写作材料、真实的问题等。在习作教学中，教师要根据语文新课标的理念，构建习作任务群，引导学生进行习作实践。为此，教师要准确把握习作任务群的实践价值，理解它的丰富内涵；教师要把握习作任务群的内在特质，创设真实情境，提出系列任务，引导学生展开表达实践；教师要依循习作任务的内在联系，构建习作任务群，提高习作教学实效。这样能有效提高学生的表达能力，培养学生的语文核心素养。

W 老师的《生活万花筒》课例是 B 市 J 区基于部编版小学语文教材习作单元“教学评一致性”理念研讨活动的展示课，并与同区 H 老师进行了同课异构。在活动中，两位老师就同一教学目标制定了不同的教学策略。W 老师执教的《生活万花筒》由学生的生活经历出发，创设了真实的生活情境，为学生的真实写作提供了素材，有效解决了“写什么”的问题。同时，W 老师通过任务导向，让学生进一步明确应该“如何写”，既掌握了习作策略，又使习作能力得到了扎实训练。本案例基于 W 老师的课例，运用真实写作理论，结合新课标“学习任务群”的理念，由习作的真实情境出发，试分析 W 老师在落实习作任务时的做法，并阐释由此产生的思考。

【案例正文】

一、习作任务环境的理论探讨

美国心理学家 Hayes 和 Flower 对写作的认知过程进行了系统的研究，并于 1980 年提出了写作认知过程的模型。专家认为，该模型对写作过程中的认知心理活动解说得最为详尽。Hayes 和 Flower 把写作的整体活动分为三部分，即任务环境、作者的长时记忆、写作过程。

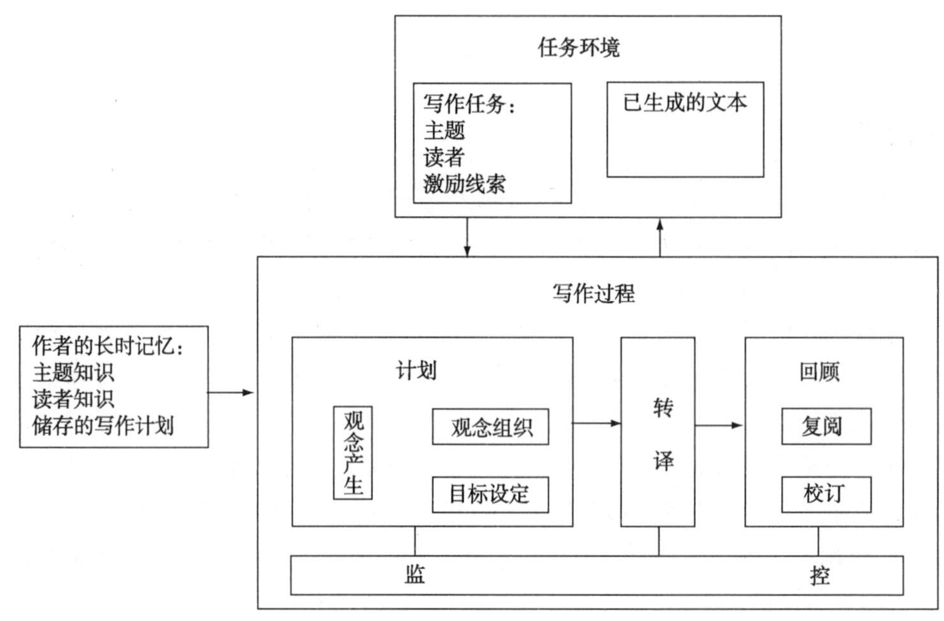

图 10-1　写作认知模型（Hayes 和 Flower，1980）

任务环境主要包括写作任务和已生成的文本，其是影响写作过程的外在因素，也就是说，写作个体在进行写作的过程当中会受到主题、读者以及一些激励线索的影响，同时写作个体会受到已生成文本的影响。作者的长时记忆是关于主题知识、读者知识以及写作计划的一个存储器，是写作素材的重要来源。写作过程分为计划、转译、回顾三个子加工过程。计划包括观念产生、观念组织、目标设定。观念产生是确定写作的内容，解决“写什么”的问题；观念组织是确定写作内容的组织结构，解决“怎么写”的问题；目标设定是建立一个一般标准来引导写作计划的执行。计划实则是写作的构思阶段，是把从长时记忆中提取的信息进行粗略的组织形成写作的提纲，以引导正文的完成。转译的过程是将获取的素材转化为书面语言的过程，即将内部心理表征转化为书面文字符号。回顾是对文章成果的修改与完善，包括复阅和校订两个子过程。

基于这一写作认知过程模型，笔者聚焦“任务环境”部分和 W 老师进行了深度交流。W 老师认为，“任务环境”为写作过程的外部影响因素，但其实质是指向写作本身的，“写作任务”“主题”“读者”和“已生成的文本”均是和写作相关的内容，是写作所包含的要素，都是为了写作文本的产生而存在的。因此，“任务环境”的实然状态应该是明确写作任务、完成写作任务的过程。从课程与教学的角度来说，“任务环境”其实就是习作课堂中的习作教学活动。

W 老师能够将写作理论与教学实际相结合，能够将自己的习作教学经验与写作理论构建联系，阐明自己对该理论概念的理解。正是基于这样的解读，W 老师结合课标要求，将本节习作指导课的目标设置为：

1. 通过学习精读课文，结合习作参考题目独自构想自己要写一件什么事，简单写出事情的起因、经过、结果。

2. 通过独自构想、范例引路等启发途径，用“一波三折式导图”“环环相扣式导图”“层层递进式导图”等情节导图，能将“事情的经过”构思清楚。

3. 通过慢镜头回忆、例文修改导航等指导途径，掌握“动作放慢，一一分解”“表情放大，细抓变化”“用双引号，捕捉语言”等小策略把关键镜头写清楚。

W 老师对习作教学的指导模式与策略非常明确，同时了解小学四年级学生对于写事的习作能够写清楚事情的起因、经过、结果，但是如何把经过部分写清楚是难点。故 W 老师在制定教学目标时，紧紧围绕“写清楚”，将事情“经过”的写作指导具体化，并利用图示，使策略先行，旨在让学生掌握方法，实现自主习作。

二、习作“任务环境”的实践探索

（一）从话语情境到任务情境的无缝对接

在学生习作伊始，W 老师通过谈话建立了话语情境，看似是与学生“唠家常”，其实是指向今天习作的主要内容。“唠家常”的环节是习作活动的第一步，它可以有效唤醒学生的记忆，帮助学生从生活经历中获取习作素材，并根据主题恰当筛选素材。

片段一

师：老师们，同学们，大家好。在课程开始之前，我们先来聊一聊。我们把最近发生在自己你身边的新鲜事儿和大家一起聊一聊，好吗？谁来说？

生 1：我身边发生的新鲜事儿就是上个星期六我和伙伴们一起去找另一个伙伴玩儿，我们正准备敲门，突然，旁边的纸箱中蹿出一只野狗并向我们飞奔过来。这时，我们撒腿跑了出去，可是野狗紧追不舍，我的两个伙伴跑得特别快，瞬间就无影无踪了，我马上就被野狗追上了，我急忙跳起来，野狗从我身下钻了过去，好像没看见我似的，继续飞奔而去，我也急忙躲了起来。就在这时，野狗又折了回来，好像发现了我，我急忙狂奔，野狗不停地追着我，直到小区门外才停止。

师：很惊险。

师：谁再来说一说？你来说。

生 2：我身边的新鲜事儿就是我在画画儿时，有一位和蔼可亲的老爷爷走进来，他是画画儿班的老师，我发现他特别像我熟悉的一位爷爷。

师：你分享的是让你印象深刻的事情。

师：还有没有想说的呢？

生3：我记忆深刻的事情是暑假时候的“穿沙之旅”，也就是在四天三夜内穿越沙漠无人区、沙漠戈壁。当时的地表温度最高是50多度，最低是30度以下，在这样的温差下我用了四天三夜走出了沙漠。

师评：真了不起。

师：同学们，王老师课前也收集了一些发生在我们同学身上的事儿，我们来看一看。“坐过山车，真刺激！”“捉蚂蚱，特别好玩儿！”“第一次做饭，当火头军，你一定很难忘。”还有打针的经历，这些经历大家可能都有。好，同学们，现在我们正式开始上课。

W老师以“新鲜事儿”为线索，密切联系学生生活，使学生在从长时记忆中提取材料时有了较为明确的标准。W老师正是以这样简短的谈话，明确了本节习作指导课的主题。

紧接着，W老师直入主题，将谈话内容与校电视台征稿活动勾连，激发学生的习作兴趣，并使用“小作家们”“想不想”这样的词语，积极动员学生踊跃投稿。

片段二

师：上课。

全体学生：起立，老师您好。

师：同学们好，请坐。实际上，刚才我们聊的话题，正好是我校电视台本期征稿的内容，我们一起来看一看。

师播放征稿视频。

沙河二小电视台征稿启事：同学们，为了让四年级同学的优秀习作在全校得到充分展示，我们校园电视台专门向四年级学生展开征稿活动。征稿主题：生活万花筒。征稿内容：同学们亲身经历过，或听到的、看到的事情。征稿要求：请将你印象最深刻的事按照一定的顺序清晰地写下来。征稿时间：征稿起一周内即可。温馨提示：写好的稿子先交到德育处。

师：同学们，我们刚才说的这些话题，很有可能成为校园电视台首批征集的稿件。好，四年级十班的小作家们，想不想及时投稿呢?

全体学生：想。

W老师通过真实的写作场景、真实的写作目的和真实的写作材料，为学生构建起了真实的写作情境，同时以真实的问题为导向，使学生明确此次习作的任务——投稿。W老师在真实的写作情境中进一步引出真实的习作任务，有效建构了写作任务环境，极大地激发了学生的习作热情。

（二）任务情境中“读者”与“任务”的关系

素养导向下的习作教学被时代赋予了新的意义。越来越多的教师认识到，写作是为真实的生活交际所需要的、在真实的情境中发生的、为了完成真实任务用于解决真实问题的活动。具有真实性、情境性、任务性等特征的真实写作，应该是习作教学的本质所在。

W 老师在上课之初就明确了投稿的习作任务，使学生的情绪高涨，为习作活动的进行营造了良好的氛围。首先，W 老师以内容为基础，提示学生从“新鲜感”的角度，说一说题目，引导学生在题目的拟定中明白如何使题目“吸引人”“使人难忘”和“有意思”。

片段三

师：我们先来聊一聊题目。你们给自己印象深刻的事起了什么新鲜的、不一样的题目？谁来说一说？

生 1：我的题目是《爸爸的私房钱》。

师：你看，很吸引人。

生 2：我的题目是《第一次做饭》。

师：很难忘！

师：你来说。

生 3：《自造神奇的肥皂泡》。

师：了不起 。

生 4：我的题目是《和妹妹抢电视》。

师评：真有意思！

生 5：我的题目是《穿沙之旅》。

师：你刚才说了，我们很期待你的作品。

生 6：我的题目是《童年捉猫乐》。

师评：真有趣。

生 7：我的题目是《姐弟争辩》。

生 8：我的题目是《家庭戒烟风波》。

师：特别新鲜。这么多事儿就像“生活万花筒”一样多姿多彩。这些新鲜的事儿、有趣的事儿，它的起因是什么？经过是什么？结果是什么呢？和大家来聊一聊。

（老师板书：起因、经过、结果）

题目是一篇文章最惹眼的部分，一个好的题目会吸引读者，激发读者阅读的欲望和兴趣。W 老师的做法是符合习作教学的常规的，同时是个体写作思路的呈现，先想好题目，再构思、组材、行文等。通过这一环节，我们发现 W 老师对习作本身的任务特别关注，一个好的题目是一篇好文章的关键要素之一，同时可能会成为读者衡量文章水平和质量的一个重要标准。此时，W 老师的做法似乎隐含着一点，题目是要给读者看的，文章只有被阅读，才能生发出其特有的价值。学生习作的任务绝不仅仅是完成这一篇小文章，而是要通过读者的读展示他们习作的意义。

接着，W 老师从学生亲身经历的事情出发，以起因、经过、结果三要素为框架，让学生说一说完整的事件，并进一步引导要突出“重点”部分。

片段四

师：好，谁来说一说你要写的事情的起因、经过和结果？可以借助导学单来说。

生 1：事情的起因是去买吃的，结果被猎狗发现，猎狗追着我跑。经过是我跑了好久好久，后来我摔了一跤，把吃的弄丢了，我连忙站起来，连吃的都顾不上，就跑到了家。结果是回了家我才发现，猎狗不是要追我，而是要吃我手中的东西。

师：这三部分内容，你重点想写什么？

生 1：我重点想写的是经过。

生 2：起因是我查资料查到了一个名字奇特的实验，我对这个实验特别好奇。于是，我就开始自己制作肥皂泡。虽然我失败了很多次，但最终的结果是成功了。

师：你想写的重点内容是什么？

生 2：经过。

生 3：起因是我在家里养了一只小白兔，它待在家里很闷，于是悄悄逃了出去。经过是被我发现了，我冲出去追它。然后我刚要抓住它，它就“唰”地一下逃出我的手掌心。结果是我一伸手把它抓了回来。我重点要写的是经过。

师：同学们，现在看着你的导学单，想一想起因、经过、结果，你要重点写什么，然后用你所熟悉的符号来标注一下。好，开始吧。

学生口述之后，W 老师及时利用导学单中的思维导图帮助学生整理思路，搭建表达框架，同时以例文铺路，让学生掌握表达技巧，归纳出环环相扣、一波三折、层层递进式的结构图，进一步帮助学生梳理习作的内容要点与结构层次的关系，指向如何借助结构的特点，将内容表达清楚，并突出重点内容。

片段五

师：怎么才能把我们的重点部分写清楚呢？我们先要理清楚思路。（师板书：清楚）现在回顾一下我们学过的课文《麻雀》《爬天都峰》《小木船》《我

家的杏儿熟了》。想一想，说一说。(PPT 出示课文题目)

师：好，谁来给大家说一说？你要说哪一篇课文？

生 1：我要说的课文是《小木船》，起因是陈明做的那只小木船特别精致，我把它拿在手里看，左翻右翻不小心摔坏了，接着，陈明生气了，推了我一把，然后我一脚踩在了陈明的小木船上，陈明更生气了，拿起了我的小木船使劲砸，并且踩了两脚。过了几个月陈明要搬家啦。陈明悄悄地走在我后面，一只手放在裤兜里，裤兜胀得鼓鼓的，等他追上我的时候，他把藏在裤兜里面的那只小木船送给了我，说他要搬家了，这只小木船送给我做个纪念。

师：(出示课文《小木船》的 PPT) 同学们，你们看，这篇课文就是以这种环环相扣的方式把前因和后果这两个重点部分写清楚的。

生 2：我说的是《麻雀》。起因是小麻雀从树上掉了下来。经过是老麻雀从树上飞下来，准备保护小麻雀，然后它嘶哑地叫着。结果是猎狗被老麻雀的勇气吓到了，所以，它慢慢地向后退。

师：你看，作者重点写老麻雀救小麻雀。于是写了自己碰见猎狗凶恶的样子，老麻雀突然降临，发出嘶哑的叫声，并要与猎狗搏斗的短暂画面。最后，作者加入了自己的想法，就把事情的重要过程写清楚了，让情节一波三折，扣人心弦。

生 3：我说的是《爬天都峰》，起因是她看到天都峰特别高，然后有点儿胆怯，问自己能爬上去吗？正好有一个爬山的老爷爷要和她一起爬。就在爬的过程中，他们用各种姿势爬。最后爬到山顶后，她和老爷爷互相说是从对方身上汲取的力量。

师：你说得非常对，作者就是按照爬山前、爬山时和爬山后的顺序写了自己当时的所见、所想、所说、所做。这样层层递进地把事情经过写清楚了。

生 4：我要说的是《我家的杏熟了》。起因是我家的杏特别香甜，路过的人都要看，可是小涛涛嘴馋，在摘杏时摔倒了。经过是奶奶急忙走出家门扶起小涛涛，然后进屋拿出了竹竿颤颤巍巍地把杏往下打。最后是奶奶告诉我一个道理：杏熟了，大家一起吃，才真的香甜。

师：非常好，重点就是写奶奶分杏，按照事情发展的先后顺序一步一步地把事情的经过理清楚，把重点内容写清楚。

W 老师在指导学生掌握构思方法方面下的功夫很足，把习作的内容与结构紧密联系在一起，使学生明白既要从内容出发去确定结构，又要结合结构去选择合适的内容。从习作本身的任务来说，W 老师在一步一步落实“写清楚”的目标，扎实有效。学生在老师的引导下，也逐渐厘清了内容与结构的关系。但如果我们只关注文本的生成，似乎“写清楚”的要求是没有评价的标准的。学生所知道的“如何可以使表达更清楚”“我的习作表达清楚了”，只是针对教材、老师或某一位同学的标准而言，是课堂教学的产物，而非习作文本真正意义的产生。判断文本是否表达“清楚”的重要依据和影响因素是读者，要从读者的角度去考量。课前，老师就提出了“投稿”的任务，稿件要登刊、发表，读者是主要的受众群体，文本的生成除了要实现其自身的意义——内容与结构的吻合以外，还要从读者的角度出发，去评价文本是否表达“清楚”了。以此任务为导向，学生的目标才会更明确，表达才会更有针对性。

W 老师依据“整体—部分”的原则，强调习作内容需在整体通顺的基础上，聚焦重点部分“清楚表达”，同时老师利用思维导图，帮学生逐步厘清表达的思路。在整个教学过程中，W 老师对于学生习作实践的指导非常扎实。课堂中既有定题、选材、构思的习作能力训练，又完整地呈现了听、说、评、改的习作过程。习作是综合性的学习活动，在 W 老师的指导下，学生的思维经历了由抽象到具体的变化，语言实现了由笼统到细节的表达。

下面这一环节，W 老师以听、说、评的活动为线索，让学生通过表达、倾听达到评价的目的。W 老师的主要意图是聚焦重点内容，让表达更清楚。

片段六

师：谁来和大家交流一下你刚才想到的。大胆地说一说吧。我们班的孩子个个都会倾听，会表达。老师要把你说的录下来。其他同学要认真听她在说的过程中捕捉到了哪些镜头，才让事情更清楚了。

生 1：我重点写的是经过。我先切菜和热油，在炒菜的时候我不小心烫伤了，赶紧跑到厕所，用凉水冲了冲，但是出来以后还是很疼，可是当吃了我自己炒的菜以后感觉不疼了。

师：谁来评一评她捕捉到了哪些镜头，把文章的重点部分说清楚了？

生 1：她捕捉到了做饭时把手烫伤了的镜头。她抓住了这个镜头，而且写了自己的感受，让我们知道她当时很满足。

生 2：我认为她捕捉到的镜头是所做和所想。所做就是她切菜、热油的部分，所想就是她感觉自己的手很疼，当用水冲了一下感觉还是很疼，但是吃了自己做的饭又感觉不疼了，那是因为这是自己努力的结果，所以感觉很美味，所以她捕捉到的是所做和所想。

师：把自己想的、做的说出来，事情就清楚了。再请一位同学来说一说你刚才闭眼想到的内容。老师录音。

生：我刚才想到的内容就是爷爷戒烟的经过。我想到的重点内容就是经过的一波三折。在家里，妈妈管得很严，不让爷爷抽烟。而爷爷突然想到了一个办法，早晨出去散步，他看见别人抽烟就过去问别人借烟抽，然后这一幕被我看到了，我告诉了妈妈，妈妈又问爷爷，爷爷只好说了实话，最后就被妈妈罚了扫地一周。

师：谁来说一说，他捕捉到了什么？

生1：我认为他捕捉到了爷爷戒烟的过程。妈妈不让爷爷在家抽烟，但是爷爷去外面借烟抽。

师：抓住了爷爷偷着在外面借烟抽的过程。你再来说。

生2：我觉得他是通过所见和所做来说清楚的，这里的所见是指他看见爷爷向别人借烟抽，所做是指他跟妈妈说了这件事情。

师：同学们，我们一起来看，像刚才这两个同学说的，我们要把一个个镜头定格，然后把一个个镜头放慢，再一点点像拿着放大镜一样把它放大，可是我们似乎感觉这个镜头还不是那么慢，也不是很大。现在，我们来听听王老师班的孩子写的一篇修改例文，看看经过修改以后，他是怎么把小孩子哄娃娃的过程写得活灵活现，像过电影一样展现在我们眼前的。边听边想你捕捉到了什么方法能把重点部分写清楚。

（播放例文朗读音频）

片段1：过了一会儿，不知为什么，他开始哇哇大哭，我手忙脚乱地往他手里塞铃铛、玩具飞机，可他哭得更加厉害。

（语音提示：孩子们，如果在这儿把他哭时候的表情放大、动作放慢，我们就能想象到孩子哭闹的情景。如果把“我”哄孩子时候的动作放慢、表情放大，我们就能真切地感受到“我”是怎样想办法哄孩子的）

（出示修改前和修改后的片段1）

师：女同学可以读一读修改后的文字，男同学边听边做一做动作。

女生读：过了一会儿，不知为什么，他张大嘴巴，闭着眼睛，两只手上下拍打着，脚还不时地蹬两下，开始哇哇大哭。我手忙脚乱地往他手里塞铃铛、玩具飞机，拿起一个摇铃在他面前摇来摇去，不时伸出舌头，摇着头扮鬼脸逗他笑，可他哭得更加厉害。

师：接着听。

片段2：我生气了，他见我这副模样，马上不哭了，嘴里含糊不清，我连忙从厨房拿来牛奶瓶，他咧开嘴巴笑了。

（语音提示：此处我们把孩子的表情放大，捕捉他的语言，再加入“我”的语言，事情的经过就更加清楚了）

师：请一位同学站起来读一读修改后的片段2。

（出示修改前后的片段2）

修改后的片段2：我生气了，他见我这副模样，马上不哭了。可怜巴巴地望着我，嘴巴扁扁的，看上去好委屈，嘴里含糊不清地说着：“鹅，鹅，溜来，我鹅！溜来，我饿。”我听不懂，琢磨了一下，不由自主地说：“鹅，不就是饿吗？溜来是什么东西？对，是牛奶。”我一拍脑袋，恍然大悟，“对了，是牛奶，他饿了要喝牛奶。”我连忙从厨房拿来牛奶瓶，他咧开嘴巴笑了。

师：没有亲身经历，他怎么可能把这一个个镜头用语言再现出来呢？我们继续听。

出示例文片段3：转眼间，半瓶牛奶进了清清的肚子，清清喝饱了，随手一扔，牛奶瓶掉到了地上，我急忙从地上捡起来，仔细一瞧，还好瓶子没打破，可牛奶却洒了一地，我拿来拖把，开始埋头苦干。

（语音提示：大家看，最后把孩子的表情再一次放大，让“我”再一次站出来说话。心满意足的孩子，无可奈何的“我”，就出现在了我们的眼前）

师：好，我们一起来读一读。

（出示修改前后的片段3）

修改后的片段3：转眼间，半瓶牛奶进了清清的肚子，清清喝饱了，他揪出奶嘴咂巴咂巴嘴，一副心满意足的样子，随手一扔，牛奶瓶掉在了地上。我急忙从地上捡起来，仔细一瞧，还好瓶子没打破，可牛奶却洒了一地，我指着他说：“小淘气乖乖地坐着，别乱动，我去拿拖把。”我拿来拖把，开始埋头苦干。

师：我们来看，最后这一扔，调皮的孩子就在我们的眼前活灵活现地展现了出来。那么，现在谁来说一说他是如何把重点部分写清楚的？

生1：我认为他是通过动作、语言、心理、神态来写清楚的。

师：还有补充吗？其他同学来说一说。

生2：我认为他是把每个细节的动作都放大了，把大动作换成了小动作。

师：看来你边读边想象画面了，请坐。

（老师板书：动作，语言，表情，心理）

师：同学们，接下来我们再来回放刚才同学说的那个片段。这时候你要认真听一听，看他的片段当中哪些部分、哪些镜头我们要定格，我们要放大当时的情景才能够把事情写得更加清楚。同学们，你在听的过程中发现哪儿可以放大就及时叫停。

（老师播放刚才录的音频）

生1：我认为热油这儿可以把她第一次做饭热油时的手忙脚乱写清楚。

师：哦，把做饭过程中的动作一步一步地写清楚。好，谁做过饭？谁有经验？你当时的动作是什么？

生2：我想在他的基础上来补充一下，我觉得她还可以写自己当时把油倒多了又倒回去了一些。

师：以上两位同学说的意思就是把你做饭的过程一步一步写清楚。还可以出现一些小波折，如倒多了油，我们可以再往回倒一点儿，不小心还撒了一些。这就是倒油时候手忙脚乱、一波三折的过程。

生3：我认为他在切菜的时候一开始可以切得七零八落，切得特别碎。

师：把菜的样子写清楚，还有切菜时候的动作。

生 4：他切菜时小心翼翼的动作要写清楚。

师：还有其他补充吗？好，我们接着听。

生 5：我认为她在写烫伤手的时候，可以再添加一些表情描写。

师：表情，神态。

生 6：我认为他还可以加上炒菜的油溅起来，烫伤了他的手。

师：烫得是多么疼，要把当时疼的样子表现出来。

生 7：我认为还可以写她的语言。她说："哎呀，烫死我啦。"

师：对，要发出声音来呀。

生 8：我认为还应写写她的心理，她心里想：哎哟，好疼呀。

生 9：我认为她在烫伤手的时候，应该是立马放下手中的东西，揉一揉手。

师：你看，把这一系列的动作加上以后，这个过程就更清楚了。

生 10：我认为还可以写一写她烫伤后的动作，一只手捂住她烫伤的那一只手，然后放在肚子旁边，弯着腰，心里想：这该死的油，为什么要烫伤我的手？哎呀，好疼呀！

师：你看这样一说，画面就出现在我们的眼前了，继续听。

生 11：我认为她在冲手的时候，因为缓解不了痛，因此冲了又冲，反复冲。

师：你说得非常有道理。

生 12：我认为她还可以加一些冲手的动作。

生 13：我认为她从厨房往洗手间跑的时候，她的心里是怎么想的，心里是多么急，也要写出来。

师：好，这样一写的话，这个过程就完整了、清楚了，我们继续听。最后还有补充吗？

生 14：我认为她可以写一写吃着自己做的饭的时候的心情。

生 15：她还可以写一写吃自己做的饭的时候的心理，比如说：这是我自己的劳动成果，我吃了自己的劳动成果，手肯定就不疼啦。

师：意思是最后表达一下自己的想法。有不同意见吗？

生 16：我认为她还可以写一些心理，比如说吃了自己做的饭特别香，手都不疼啦，感觉自己做的饭吃了以后很满足。

W 老师利用评改，明确了写清楚的妙招——加入语言、动作、心理、神态的描写，可以使文章的内容更具体，使语言的表达更清楚。听、说是习作关联口语表达的活动，学生通过表达与倾听，进行自评、互评，然后修改完善习作，这就承认了"读者"是存在于师生的互动中的。W 老师引导学生从“读者”的角度评价习作，修改、完善习作，却似乎又隐含了“读者”这一因素。学生能够依据他人的评价调整自己的习作，其实就已经关注到了读者。学生既倾听又表达，同时扮演着倾听者（读者）、发言者的角色，但教师的隐含，又让学生感受到，“读者”仅限于班级内部的老师和同学。此时，学生的投稿任务以满足本班级师生的评价要求为标准，仍以完成文本本身为目标。

读者是个体写作过程中的一个要素，对文本的内容、结构以及表达有重要的影响。同时，读者作为写作文本的受众对象，是文本意义生成的主导因素。因此，写作过程理论强调个体在写作时要有读者意识，要求作者在写作过程中，心里始终有“写给谁看”的意识，并根据读者的特点来选择合适的内容，运用恰当的形式，也就是让写作服务于交际的需要，这样才能实现文本的价值。

在习作教学中，读者因素同样需要被关注。在传统的习作教学中，教师和学生常以写完一篇篇作文作为任务的完成标志，对于写作的阅读对象是谁，是在何种情况下写作，持怎样的身份，要解决什么问题，需要发挥怎样的作用等问题却没有关注。其中，写作动机为写作要素之一，是写作中创造力发挥的引擎，有没有强烈的写作动机是能否写好习作的关键要素之一。学生怕写作文、懒写作文，跟“作文只是老师布置的学习要求”的认识相关。如何变“要我写”为“我要写”？除了明确的写作目标之外，清晰的角色意识也很重要。因此，读者意识有助于激发习作动机，习作动机能够助力习作任务的完成。

（三）真实情境中习作任务的“完成”？

最后，W 老师再现投稿的情境，回应上课之初的习作任务，完成了本课的教学。

片段七

师：好，同学们，现在想不想把发生在你们身上的事儿写出来呢？写之前我们一定要做到：1. 把重点部分用一根红线标清楚。2. 把重点部分的镜头放慢、放大，写清楚。好，现在翻开你的稿纸本。这就是你的写作提纲，把它粘在稿纸本前面，用最快的速度写一写，开始吧。

师：同学们，剩下的部分我们回去以后继续完成，希望大家能够积极地向我们的校园电视台投稿，争取被采用。好，下课。

W 老师最后以“征用稿件”呼应了开始的投稿任务，这样习作任务就贯穿在了课堂的开头和结尾环节中。整个教学过程都指向完成习作任务——投稿，似乎又没有特别明显地体现出投稿的要求和对象。

学生读者意识的形成，需要教师先对习作任务进行解读，从而引导学生将习作视为一种表达与交流的活动。读者作为交际的对象，会影响习作内容的选择、结构的确定以及表达的方式，这既是完成习作本身任务的重要方面，又是符合读者要求的关键内容。因此，作为习作任务的外部因素，读者将直接影响任务的走向及质量。

在课下交流的过程中，W 老师提到本次习作的任务及任务情境还需要进一步明确，且任务情境的创设要贯穿始终，同时要以“投稿”任务为主线，突出读者，牵引习作题目、内容、结构和表达上的具体要求，这样学生的积极性以及习作的效果会更好。

【结语】

通过分析 Hayes 和 Flower 写作认知过程模型中的任务情境我们可知，读者是其中的关键因素，且读者作为一个外部存在极具变化特点，因为读者是活生生的人，他们有丰富的情感、敏捷的思维和鲜明的个性特征，相较于写作任务、主题等静态的因素，读者更富有动态的活力。只有这样的因素存在于习作活动中，才能使习作并不只是完成静态的文本，而是要将文本与读者进行交流，被读者唤醒，解读其应有的生命价值。

《义务教育语文课程标准（2022 年版）》（以下简称“语文新课标”）积极倡导课程内容和教学方式的变革，首次提出“学习任务群”的理念，旨在引领学生高效、深度地进行语文学习。习作学习任务群就是要强化习作教学的任务设置、实施与评价，让传统教学理念下单一的习作任务，不断向着序列性、多元性、聚合性的任务迈进，引导学生在具体的、真实的情境中开展有意义的语文实践活动，进而促进学生表达能力的发展。

习作任务群的设置以生活情境为基础来提出具体的写作任务，这有利于激活学生的写作思维，使学生知道如何选择素材，懂得以怎样的语言进行表达，进而提高思维能力与表达能力。情境催生任务，任务决定过程，过程体现学生的真实状态。因此，习作任务群的设置既要从具体的习作要求入手，又要与所创设的真实情境直接关联。

习作任务群强调要以生活为基础，要以任务为载体，要对学习内容、情境、方法和资源进行整合，引导学生进行语文实践活动。这样的学习能充分发挥学生的主体作用，调动学生学习的积极性和能动性。因此，习作任务群的教学要具有明确的任务要求和表达目的。

【案例思考题】

收集小学语文中高段习作教学实录，结合本案例思考：

（1）习作任务情境的设置如何关联读者与任务？

（2）习作教学中的习作任务应该怎么理解？

（3）习作任务的完成可以促进学生哪些语文素养的发展？

【案例使用说明】

1. 适用范围

适用对象：小学教育专业的研究生或本科生、教师教育专业的研究生或本科生，以及小学语文教师。

适用课程：“小学语文教学论”“小学语文教学设计与实施”“小学语文教学专题研究”等。

2. 教学目的

（1）通过案例了解写作过程理论的原理，理解任务环境、写作任务和读者的内涵，能够阐述三者在写作过程中的关系。

（2）通过案例分析，能够基于部编版小学语文教材习作内容设计习作教学任务。

（3）掌握基本的习作教学指导过程和方法，能够独立设计一个习作教学活动。

3. 要点提示

相关理论：

写作过程理论、语文课程与教学理论、教学设计理论。

关键知识点：

写作过程理论、习作教学目标与内容、习作指导、教师认知。

关键能力：

教材解读能力、学情分析能力、教学设计与实施能力。

案例分析思路：

分析 W 老师《生活万花筒》一课的教学任务、目的及过程，围绕 W 老师在课堂中的指导，引发学生讨论：如何正确理解写作过程中的“写作任务”？如何将“写作任务”与习作指导活动联系起来？如何利用“写作任务”实现小学生的自主、真实表达？同时，思考自己在开展习作教学时需要掌握和具备的相关知识和能力。

4. 教学建议

时间安排：100 分钟，2 节课。布置和预习学生课余时间完成，汇报和讨论 2 节，课后完成一篇习作教学设计。

环节安排：布置预习，观看 W 老师《生活万花筒》的教学实录，做好课堂实录→小组研读案例并围绕案例思考题的相关内容进行汇报→结合本案例讨论、交流对“写作任务”的理解→结合本案例的教学和自己的思考提炼一个值得自己研究的问题→教师点评。

人数要求：40 人以下的班级教学。

教学方法：参与式教学、小组合作教学等方式，以师生讨论为主、以讲授为辅。

工具选择：多媒体录播教室、案例打印资料、记录单等。

组织引导：教师明确预习要求，布置思考与讨论任务；教师要为学生提供必要的参考资料；教师对学生课下的讨论应予以及时的指导和建议。

活动设计建议：

课前查阅写作过程理论、语文核心素养相关资料，丰富理论知识体系。

课前阅读语文课程标准，理解语文课程标准的基本理念，理解课标中有关习作教学的要求。

课前学生观看 W 老师《生活万花筒》一课的教学视频，整理完成课堂实录。

上课前做好教学准备。提前阅读 W 老师《生活万花筒》一课的教学实录。将学生分组，填写小组讨论记录表，做好课堂上的讨论发言记录。

指导学生课下选择一个习作活动进行教学设计，并找机会试教，进一步体会设计的可行性。

教师对小组的汇报进行及时点评，适时地提升理论，把握整体的教学进程。

5. 推荐阅读

[1] 叶圣陶. 怎样写作［M］. 北京：中华书局，2007.

[2] 朱晓斌. 写作教学心理学［M］. 杭州：浙江大学出版社，2007.

[3] 赵景瑞. 怎样让学生爱写作文：特级教师的七把钥匙［M］. 上海：华东师范大学出版社，2012.

[4] 孙建龙，陈薇，张凤霞. 小学语文教学案例［M］. 北京：中国人民大学出版社，2017.

[5] 罗雅萍. 小学语文教学设计与案例分析［M］. 北京：中国人民大学出版社，2019.

[6] 孙建龙. 小学写作教学的理论与实践［M］. 北京：首都师范大学出版社，2007.

部编版小学语文四年级上册习作单元《生活万花筒》习作指导课堂教学实录①

师：老师们，同学们，大家好。在课程开始之前，我们先来聊一聊。我们把最近发生在自己身边的新鲜事儿和大家一起聊一聊，好吗？谁来说？

生 1：我身边发生的新鲜事儿就是上个星期六我和伙伴们一起去找另一个伙伴玩儿，我们正准备敲门，突然，旁边的纸箱中蹿出来一只野狗并向我们飞奔而来。这时，我们撒腿跑了出去，可是野狗紧追不舍，我的两个伙伴跑得特别快，瞬间就无影无踪了，我马上就被野狗追上了，我急忙跳起来，野狗从我身下钻了过去，好像没看见我似的，继续飞奔而去，我也急忙躲了起来。就在这时，野狗又折了回来，好像发现了我，我急忙狂奔，野狗不停地追着我，直到小区门外才停止。

师：很惊险。

师：谁再来说一说？你来说。

生 2：我身边的新鲜事儿就是我在画画儿时，有一位和蔼可亲的老爷爷走进来，他是画画儿班的老师，我发现他特别像我熟悉的一位爷爷。

师：你分享的是让你印象深刻的事情。

师：还有没有想说的呢？

---

① 执教者为内蒙古自治区包头市九原区沙河第二小学王晓燕。

生 3：我记忆深刻的事情是暑假时候的“穿沙之旅”，也就是在四天三夜内穿越沙漠无人区、沙漠戈壁。当时的地表温度最高是 50 多度，最低是 30 度以下，在这样的温差下我用了四天三夜走出了沙漠。

师评：真了不起。

师：同学们，王老师课前也收集了一些发生在我们同学身上的事儿，我们来看一看。“坐过山车，真刺激!”“捉蚂蚱，特别好玩儿!”“第一次做饭，当火头军，你一定很难忘。”还有打针的经历，这些经历大家可能都有。好，同学们，现在我们正式开始上课。

师：上课。

全体学生：起立，老师您好。

师：同学们好，请坐。实际上，刚才我们聊的话题，正好是我校电视台本期征稿的内容，我们一起来看一看。

(师播放征稿视频)

沙河二小电视台征稿启事：同学们，为了让四年级同学的优秀习作在全校得到充分展示，我们校园电视台专门向四年级学生展开征稿活动。征稿主题：生活万花筒。征稿内容：同学们亲身经历过，或听到的、看到的事情。征稿要求：请将你印象最深刻的事按照一定的顺序清晰地写下来。征稿时间：征稿起一周内即可。温馨提示：写好的稿子先交到德育处。

师：同学们，我们刚才说的这些话题，很有可能成为校园电视台首批征集的稿件。好，四年级十班的小作家们，想不想及时投稿呢?

全体学生：想。

师：我们先来聊一聊题目。你们给自己印象深刻的事起了什么新鲜的、不一样的题目？谁来说一说?

生 1：我的题目是《爸爸的私房钱》。

师：你看，很吸引人。

生 2：我的题目是《第一次做饭》。

师：很难忘!

师：你来说。

生 3：《自造神奇的肥皂泡》。

师：了不起 。

生 4：我的题目是《和妹妹抢电视》。

师：真有意思!

生 5：我的题目是《穿沙之旅》。

师：你刚才说了，我们很期待你的作品。

生 6：我的题目是《童年捉猫乐》。

师：真有趣。

生 7：我的题目是《姐弟争辩》。

生 8：我的题目是《家庭戒烟风波》。

师：特别新鲜。这么多事儿，就像“生活万花筒”一样多姿多彩。这些新鲜的事儿、有趣的事儿，它的起因是什么，经过是什么，结果是什么呢？和大家来聊一聊。

（老师板书：起因、经过、结果）

师：好，谁来说一说你要写的事情的起因、经过和结果，可以借助导学单来说。

生 1：事情的起因是我去买吃的，结果被猎狗发现，猎狗追着我跑。经过是我跑了好久好久，后来我摔了一跤，把吃的弄丢了，我连忙站起来，连吃的都顾不上，就跑到了家。结果是回了家我才发现，猎狗不是要追我，而是要吃我手中的东西。

师：这三部分内容，你重点想写什么？

生 1：我重点想写的是经过。

生 2：起因是我查资料查到了一个名字奇特的实验，我对这个实验特别好奇。于是，我就开始自己制作肥皂泡。虽然我失败了很多次，但最终的结果是成功了。

师：你想写的重点内容是什么？

生 2：经过。

生 3：起因是我在家里养了一只小白兔，它待在家里很闷，于是悄悄逃了出去。经过是被我发现了，我冲出去追它。然后我刚要抓住它，它就“唰”地一下逃出我的手掌心。结果是我一伸手把它抓了回来。我重点要写的是经过。

师：同学们，现在看着你的导学单，想一想起因、经过、结果，你要重点写什么，然后用你所熟悉的符号来标注一下。好，开始吧。

师：怎么才能把我们的重点部分写清楚呢？我们先要理清楚思路。（师板书：清楚）现在让我们回顾一下我们学过的课文《麻雀》《爬天都峰》《小木船》《我家的杏儿熟了》。想一想，说一说。（PPT 出示课文题目）

师：好，谁来给大家说一说？你要说哪一篇课文？

生 1：我要说的课文是《小木船》，起因是陈明做的那只小木船特别精致，我把它拿在手里看，左翻右翻不小心摔坏了，接着，陈明生气了，推了我一把，然后我一脚踩在了陈明的小木船上，陈明更生气了，拿起了我的小木船使劲砸，并且踩了两脚。过了几个月陈明要搬家啦。陈明悄悄地走在我后面，一只手放在裤兜里，裤兜胀得鼓鼓的，等他追上我的时候，他把藏在裤兜里面的那只小木船送给了我，说他要搬家了，这只小木船送给我做个纪念。

师：（出示课文《小木船》的 PPT）同学们，你们看，这篇课文就是以这种环环相扣的方式把前因和后果这两个重点部分写清楚的。

生 2：我说的是《麻雀》。起因是小麻雀从树上掉了下来。经过是老麻雀从树上飞下来，准备保护小麻雀，然后它嘶哑地叫着。结果是猎狗被老麻雀的勇气吓到了，所以，它慢慢地向后退。

师：你看，作者重点写老麻雀救小麻雀。于是写了自己碰见猎狗凶恶的样子，老麻雀突然降临，发出嘶哑的叫声，并要与猎狗搏斗的短暂画面。最后，作者加入了自己的想法，就把事情的重要过程写清楚了，让情节一波三折，扣人心弦。

生3：我说的是《爬天都峰》，起因是她看到天都峰特别高，然后有点儿胆怯，问自己能爬上去吗？正好有一个爬山的老爷爷要和她一起爬。就在爬的过程中，他们用各种姿势爬。最后爬到山顶后，她和老爷爷互相说是从对方身上汲取的力量。

师：你说得非常对，作者就是按照爬山前、爬山时和爬山后的顺序写了自己当时的所见、所想、所说、所做。这样层层递进地把事情经过写清楚了。

生4：我要说的是《我家的杏熟了》。起因是我家的杏特别香甜，路过的人都要看，可是小涛涛嘴馋，在摘杏时摔倒了。经过是奶奶急忙走出家门扶起小涛涛，然后进屋拿出了竹竿颤颤巍巍地把杏往下打。最后是奶奶告诉我一个道理：杏熟了，大家一起吃，才真的香甜。

师：非常好，重点就是写奶奶分杏，按照事情发展的先后顺序一步一步地把事情的经过理清楚，把重点内容写清楚。

师：原来我们可以按照这样的思维导图，把自己要写的重点部分写清楚，先写什么，接着写什么，最后写什么，按照这样的顺序，把思路一步一步地理清楚。好，现在我们就拿出自己的思维导图，想一想，你所写的重点部分是什么？这个重点部分你要先写什么，接着写什么，最后写什么。选择其中的一个思维导图，把思维一步一步理清楚。同学们注意一下，在画的时候，如果你的重点部分是起因，那你就在起因部分画一个箭头。

师：谁来跟大家交流一下你的思路？把你的思维导图放在投影仪上给大家介绍一下。

生1：我写的是捉蚂蚱。我的重点部分是经过，我左捉右捉，可是蚂蚱就喜欢跳，我怎么也捉不住它。然后，我不但没有捉住它，还摔了一个狗啃泥。它在地上跳着，我猛跑过去，它又逃跑了。我突然想起来，失败是成功之母。最后我抓住了它。

师：你看这个思路就是层层递进，最后把蚂蚱捉住了，很清楚。非常好。

生2：我的重点部分是起因。爸爸藏了很多私房钱，因为他看到他的朋友都有自己的钱，就他没有。所以他就问妈妈要钱，妈妈不给，他问爷爷奶奶要钱，爷爷奶奶也不给他，他就把自己挣来的钱藏了起来。

师：这个情节一波三折，很有趣。

生3：我写的是捉鼠趣事。我的重点部分是经过。老鼠悄悄地藏在我们身边，我们抓起木棍准备打老鼠，老鼠从左边跑，又往右边跑，一直跑来跑去。最后，老鼠被我们抓到了，它再也不敢捣乱了。

师：你看她按照先后顺序也把结构理得非常清楚。

师：同学们，就按照这样的顺序打开你回忆的大门，把镜头定格在你要写的重点部分，然后把一个个镜头放慢再放慢，放大再放大，看看你还能够捕捉到什么，让你的重点部分写得更清楚。好，现在闭上你的眼睛，仔细地想一想。（播放音乐）

师：谁来和大家交流一下你刚才想到的。大胆地说一说吧。我们班的孩子个个都会倾听，会表达。老师要把你说的录下来。其他同学要认真听她在说的过程中捕捉到了哪些镜头，才让事情更清楚了。

生1：我重点写的是经过。我先切菜和热油，在炒菜的时候我不小心烫伤了，赶紧跑到厕所，用凉水冲了冲，但是出来以后还是很疼，可是当吃了我自己炒的菜以后感觉不疼了。

师：谁来评一评她捕捉到了哪些镜头，把文章的重点部分说清楚了？

生1：她捕捉到了做饭时把手烫伤了的镜头。她抓住了这个镜头，而且写了自己的感受，让我们知道她当时很满足。

生2：我认为她捕捉到的镜头是所做和所想。所做就是她切菜、热油的部分，所想就是她感觉自己的手很疼，当用水冲了一下感觉还是很疼，但是吃了自己做的饭又感觉不疼了，那是因为这是自己努力的结果，所以感觉很美味，所以她捕捉到的是所做和所想。

师：把自己想的、做的说出来，事情就清楚了。再请一位同学来说一说你刚才闭眼想到的内容。老师录音。

生：我刚才想到的内容就是爷爷戒烟的经过。我想到的重点内容就是经过的一波三折。在家里，妈妈管得很严，不让爷爷抽烟。而爷爷突然想到了一个办法，早晨出去散步，他看见别人抽烟就过去问别人借烟抽，然后这一幕被我看到了，我告诉了妈妈，妈妈又问爷爷，爷爷只好说了实话，最后就被妈妈罚了扫地一周。

师：谁来说一说，他捕捉到了什么？

生1：我认为他捕捉到了爷爷戒烟的过程。妈妈不让爷爷在家抽烟，但是爷爷去外面借烟抽。

师：抓住了爷爷偷着在外面借烟抽的过程。你再来说。

生2：我觉得他是通过所见和所做来说清楚的，这里的所见是指的他看见爷爷向别人借烟抽，所做是指他跟妈妈说了这件事情。

师：同学们，我们一起来看，像刚才这两个同学说的，我们要把一个个镜头定格，然后把一个个镜头放慢，再一点点像拿着放大镜一样把它放大，可是我们似乎感觉这个镜头还不是那么慢，也不是很大。现在，我们来听听王老师班的孩子写的一篇修改例文。看看经过修改以后，他是怎么把小孩子哄娃娃的过程写得活灵活现，像过电影一样展现在我们眼前的。边听边想你捕捉到了什么方法能把重点部分写清楚。

（播放例文朗读音频）

片段1：过了一会儿，不知为什么，他开始哇哇大哭，我手忙脚乱地往他手里塞铃铛、玩具飞机，可他哭得更加厉害。

（语音提示：孩子们，如果在这儿把他哭时候的表情放大、动作放慢。我们就能想象到孩子哭闹的情景。如果把“我”哄孩子时候的动作放慢、表情放大，我们就能真切地感受到“我”是怎样想办法哄孩子的）

（出示修改前和修改后的片段1）

师：女同学可以读一读修改后的文字，男同学边听边做一做动作。

女生读：过了一会儿，不知为什么，他张大嘴巴，闭着眼睛，两只手上下拍打着，脚还不时地蹬两下，开始哇哇大哭。我手忙脚乱地往他手里塞铃铛、玩具飞机，拿起一个摇铃在他面前摇来摇去，不时伸出舌头、摇着头扮鬼脸逗他笑，可他哭得更加厉害。

师：接着听。

片段2：我生气了，他见我这副模样，马上不哭了，嘴里含糊不清，我连忙从厨房拿来牛奶瓶，他咧开嘴巴笑了。

（语音提示：此处我们把孩子的表情放大，捕捉他的语言，再加入“我”的语言，事情的经过就更加清楚了）

师：请一位同学站起来读一读修改后的片段2。

（出示修改前后的片段2）

修改后的片段2：我生气了，他见我这副模样，马上不哭了。可怜巴巴地望着我，嘴巴扁扁的，看上去好委屈，嘴里含糊不清地说着：“鹅，鹅，溜来，我鹅！溜来，我饿。”我听不懂，琢磨了一下，不由自主地说：“鹅，不就是饿吗？溜来是什么东西？对，是牛奶。”我一拍脑袋，恍然大悟，“对了，是牛奶，他饿了要喝牛奶。”我连忙从厨房拿来牛奶瓶，他咧开嘴巴笑了。

师：没有亲身经历，他怎么可能把这一个个镜头用语言再现出来呢？我们继续听。

出示例文片段3：转眼间，半瓶牛奶进了清清的肚子，清清喝饱了，随手一扔，牛奶瓶掉到了地上，我急忙从地上捡起来，仔细一瞧，还好瓶子没打破，可牛奶却洒了一地，我拿来拖把，开始埋头苦干。

（语音提示：大家看，最后把孩子的表情再一次放大，让“我”再一次站出来说话。心满意足的孩子，无可奈何的“我”，就出现在了我们的眼前）

师：好，我们一起来读一读。（出示修改前后的片段3）

修改后的片段3：转眼间，半瓶牛奶进了清清的肚子，清清喝饱了，他揪出奶嘴咂巴咂巴嘴，一副心满意足的样子，随手一扔，牛奶瓶掉在了地上。我急忙从地上捡起来，仔细一瞧，还好瓶子没打破，可牛奶却洒了一地，我指着他说：“小淘气乖乖地坐着，别乱动，我去拿拖把。”我拿来拖把，开始埋头苦干。

师：我们来看，最后这一扔，调皮的孩子就在我们的眼前活灵活现地展现了出来。那么，现在谁来说一说他是如何把重点部分写清楚的？

生1：我认为他是通过动作、语言、心理、神态来写清楚的。

师：还有补充吗？其他同学来说一说。

生2：我认为他是把每个细节的动作都放大了，把大动作换成了小动作。

师：看来你边读边想象画面了，请坐。

（老师板书：动作，语言，表情，心理）

师：同学们，接下来我们再来回放刚才的同学说的那个片段。这时候你要认真听一听，看她的片段当中哪些部分、哪些镜头，我们要定格，我们要放大当时的情景，能够把事情写得更加清楚。同学们，你在听的过程中发现哪儿可以放大就及时叫停。

（老师播放刚才录的音频）

生 1：我认为热油这儿可以把她第一次做饭热油时的手忙脚乱写清楚。

师：哦，把做饭过程中的动作一步一步地写清楚。好，谁做过饭？谁有经验？你当时的动作是什么？

生 2：我想在他的基础上来补充一下，我觉得她还可以写自己当时把油倒多了又倒回去了一些。

师：以上两位同学说的意思就是把你做饭的过程一步一步写清楚。还可以出现一些小波折，如倒多了油，我们可以再往回倒一点儿，不小心还撒了一些。这就是倒油时候手忙脚乱、一波三折的过程。

生 3：我认为她在切菜的时候一开始可以切得七零八落，切得特别碎。

师：把菜的样子写清楚，还有切菜时候的动作。

生 4：她切菜时小心翼翼的动作要写清楚。

师：还有其他补充吗？好，我们接着听。

生 5：我认为她在写烫伤手的时候，可以再添加一些表情描写。

师：表情，神态。

生 6：我认为她还可以加上炒菜的油溅起来，烫伤了她的手。

师：烫得是多么疼，要把当时疼的样子表现出来。

生 7：我认为还可以写她的语言。她说："哎呀，烫死我啦。"

师：对，要发出声音来呀。

生 8：我认为还应写写她的心理，她心里想：哎哟，好疼呀。

生 9：我认为她在烫伤手的时候，应该是立马放下手中的东西，揉一揉手。

师：你看，把这一系列的动作加上以后，这个过程就更清楚了。

生 10：我认为还可以写一写她烫伤后的动作，一只手捂住她烫伤的那一只手，然后放在肚子旁边，弯着腰，心里想：这该死的油，为什么要烫伤我的手？哎呀，好疼呀！

师：你看这样一说，画面就出现在我们的眼前了，继续听。

生 11：我认为她在冲手的时候，因为缓解不了痛，因此冲了又冲，反复冲。

师：你说得非常有道理。

生 12：我认为她还可以加一些冲手的动作。

生 13：我认为她从厨房往洗手间跑的时候，她的心里是怎么想的，心里是多么急，也要写出来。

师：好，这样一写的话，这个过程就完整了、清楚了，我们继续听。最后还有补充吗？

生 14：我认为她可以写一写吃着自己做的饭的时候的心情。

生 15：她还可以写一写吃自己做的饭的时候的心理，比如说：这是我自己的劳动成果，我吃了自己的劳动成果，手肯定就不疼啦。

师：意思是最后表达一下自己的想法。有不同意见吗？

生 16：我认为她还可以写一些心理，比如说吃了自己做的饭特别香，手都不疼啦，感觉自己做的饭吃了以后很满足。

师：好，同学们，现在想不想把发生在你们身上的事儿写出来呢？写之前我们一定要做到：1. 把重点部分用一根红线标清楚。2. 把重点部分的镜头放慢、放大，写清楚。好，现在翻开你的稿纸本。这就是你的写作提纲，把它粘在稿纸本前面，用最快的速度写一写，开始吧。

师：同学们，剩下的部分我们回去以后继续完成，希望大家能够积极地向我们的校园电视台投稿，争取被采用。好，下课。

第四编

跨学科学习案例

为了提升学生解决现实问题的能力，促进学生核心素养的发展，20 世纪 90 年代，我国教育界提出了“跨学科”与“学科整合”的教育理念，并鼓励学校积极开展相关教育改革。《义务教育语文课程标准（2022 年版）》指出，要“突出课程内容的时代性和典范性，加强课程内容整合”，并在课程内容中专门规定了跨学科学习的内容，“本学习任务群旨在引导学生在语文实践活动中，联结课堂内外、学校内外，拓宽语文学习和运用领域；围绕学科学习、社会生活中有意义的话题，开展阅读、梳理、探究、交流等活动，在综合运用多学科知识发现问题、分析问题、解决问题的过程中，提高语言文字运用能力”，还给出了明确的教学提示。对此，各小学也积极开展了跨学科语文学习交流研讨，相关教学案例也逐渐增多。

案例十一：六年级语文“跨学科学习”任务群设计的思考与实践

【背景信息】

21 世纪以来，为了应对日益激烈的国际竞争，满足其对创新人才的培养需求，中国基础教育课程改革理念不断更新。2014 年，《教育部关于全面深化课程改革落实立德树人根本任务的意见》强调：“要在发挥各学科独特育人功能的基础上，充分发挥学科间综合育人功能，开展跨学科主题教育教学活动，将相关学科的教育内容有机整合，提高学生综合分析问题、解决问题能力。”① 2019 年，中共中央、国务院发布了《中国教育现代化 2035》，围绕着教育现代化和教育强国建设，提出更加注重全面发展、更加注重终身学习、更加注重融合发展等八大基本理念。以“跨学科学习”应对未来社会对人才的需求成为基础教育改革的发展趋势。

2022 年 4 月，《教育部关于印发义务教育课程方案和课程标准（2022 年版）的通知》，要求全面推行适应新的教育发展需求的课程改革方案。其中《义务教育语文课程标准（2022 年版）》（以下简称 2022 年版新课标）倡导以语文学习任务群的设计统筹课程内容与课程结构改革，即以语文实践为主线，以任务为导向，整合学习情境、学习内容以及学习方法和学习资源，在运用语言的过程中提升学生的语文核心素养。可以说，学习任务群的设计充分体现了问题导向、跨文化、跨媒介的学习特点。尤为醒目的是，“跨学科学习”作为拓展型任务群在课标所规定的六大学习任务群中赫然在列，成为小学语文课程全新而重要的教学内容。

课程理念和课程实施需要通过恰当的教学设计来完成。如果说过去的语文教学设计主要以“三维”目标为统领，围绕单篇课文或整个单元来进行教学的话，那么“任务群”的教学设计就是以语文核心素养的培养为目标，为了解决学生在学习中遇到的真实问题而打破原有教材的结构，并将单篇课文或整个单元置于一个新的“主题”之下，设计一系列以学生的学习和成长为中心的实践活动。这种“设计”对小学语文教师的创新思维、教育教学理念以及学科知识的融合运用能力都提出了极高的要求。

跨学科课程研究以及跨学科主题教学设计近年来在国内外成为理论和实践研究的热点。有学者归纳了跨学科主题教学设计的三种模式，即基于标准的跨学科主题学习设计模式、基于概念的跨学科主题学习设计模式、基于问题的跨学科主题学习设计模式，并分析

① 教育部. 教育部关于全面深化课程改革落实立德树人根本任务的意见［EB/OL］.（2014-04-08）［2023-03-16］. http：//www. moe. gov. cn/srcsite/A26/jcj_kcjcgh/201404/t20140408_ 167226. html.

了三类设计在学习主题、目标、内容、过程及评价上的特点。① 相比于理论的梳理与建构，很多小学语文教师在一线的实践则以更鲜活、生动的姿态探索着这种教学改革的可能性。他们或从现有的教材出发，或从学生真实的学习需求出发来进行跨学科教学设计和课堂实践，为课程理念的落地留下了可贵的探索足迹。

L 老师所在的 X 小学位于中国西北部某城市，学校在保持教学成绩优势的同时，致力于学生的全面发展，关注小学生的品德修养、兴趣发展、身体健康，关心每一位学生的身心成长。在教师的教育教学研究中，学校鼓励教师积极创新，努力探索各种有效的育人模式，使这所学校成为当地一所知名的品牌学校。获得小学教育专业硕士学位之后，L 老师通过教师招考进入该校，被分配到六年级语文组。在与前辈们一起学习 2022 年版新课标的过程中，L 老师积极思考，努力实践，并把她在读研期间的毕业论文和新课标的学习结合起来，和教研室的老师一起尝试进行了六年级语文“跨学科学习任务群”的设计。她的思考和实践令她的同事“眼前一亮”。

【案例正文】

一、疑惑：为什么要进行“跨学科学习”？

（一）学习新课标的激动与困惑

2022 年 4 月，国家教育部颁布并开始实施义务教育课程方案和课程标准（2022 年版）。拿到《义务教育语文课程标准（2022 年版）》时，L 老师难以抑制内心的激动。作为一位毕业于师范院校的小学教育专业硕士生并顺利通过教师招考而入职的年轻教师，L 老师对 2022 年版新课标有着极大的学习热情和极强的敏感度，她感到这一版课程标准与 2011 年版相比发生了极大的变化，渗透着很多全新的课程理念。L 老师觉得赶上了好时候——自己的职业起步恰逢基础教育和语文课程的巨大变革，这场变革又以国家层面制定的课程标准为引领——这样的导航为自己锚定了多么清晰的成长路径！

通过自学、教研组研讨以及网络学习 L 老师发现，新课标中最令人瞩目的变化就是语文课程内容以六大“任务群”的形式出现，这些概念及其关系令人耳目一新，似乎对传统的以单篇为主的语文教学发起了颠覆性的挑战。参加教研活动时，L 老师听到很多老师都在表达自己的困惑，刚刚适应了部编版小学语文教材“双线组元”的编订策略，按照人文主题和语文要素来进行单篇和单元教学，现在的课标又提出以六大任务群的方式来作为课程内容的“组织与呈现方式”，私下里，很多老师都表示无所适从和力不从心，尤其是 L 老师所在的六年级语文组更是迫于小升初的考试压力而觉得无法展开教学革新的尝试。这让 L 老师的锐气有些受阻。但她认为，适应新课标对语文教学的新要求是每个语文教师的职责与担当，理应诉诸行动。

---

① 陈艳茹. 素养培育视角下的跨学科主题学习设计案例研究［D］. 上海：华东师范大学，2022.

（二）究竟该从哪里入手？

“六大任务群”在网络上的研讨虽然如火如荼，但真正付诸实践并取得成效的较少。如何让新课标在自己的教学实践中落地？应该去哪里寻找实践的突破口？L老师将目光聚焦在“跨学科学习”上。L老师在攻读小学教育专业硕士学位时的毕业论文选题是“学科融合下小学高年级语文课后作业的设计研究”，通过对这个问题的探究，她已经积淀了一些“学科融合”和“作业设计”等方面的理论和思考，现在正可以在此基础上进行“跨学科学习任务群”的设计尝试。

从“学科融合”到“跨学科”，虽然字面意思差不多，但为什么会有不同的表达？L老师陷入咬文嚼字式的反思中。经过查阅资料和审慎思辨，L老师在自己的学习笔记上这样总结这二者的不同：

学科融合是在承认学科差异的基础上打破学科边界，促进学科间相互渗透、交叉的活动。学科发展历经“合—分—合”的过程，第一个“合”是混沌不分之意，第二个“合”是学科融合之意。这里的融合还有“交叉”之意，一般仅限于学科之间。

而“跨学科”是一种科学研究方法，主要是指为了解决一个现实生活中的复杂问题而需要调动多个学科的知识和方法，甚至可以吸收和集中学科外的非学科因素来解决问题，形成理解，创造产品，等等。

在教育教学领域，前者更多地为学习者提供资源供给和智力支持，后者更多地帮助学习者形成一种新的理解而不局限于知识的累积。相比较而言，后者更能体现学习者的主观能动性，也具有更强的现实应用价值。

写下这段话，L老师明白自己眼下要做的是比毕业设计时更进一步的事情。对于教师来说，学科融合意识是跨学科意识的基础，是进行跨学科教学的前提。L老师还翻看了其他学科的课程标准，发现科学、艺术、体育等其他学科都在不约而同地强调“与其他学科的联系”。而语文课程标准则明确地将“跨学科学习”列为“拓展型”任务群。那么，为什么在基础教育阶段，尤其是语文课程当中，会如此强调“跨学科学习”呢？

（三）从教育哲学中寻找答案

L老师是一位“90后”，她自身求知和受教育的过程始终都是以分科教育的模式来进行的。从小学、中学到大学，从基础学习到专业学习，学科划分越来越细。这样的学习可能只是让她更会“应试”。现在，每天面对校园里孩子们的各种新鲜问题，面对孩子们在生活中遇到的诸多困惑，她感到自己的“知识”很难应对。其实，问题和困惑往往是个体学习的起点，而单学科教学中的知识却与学生的生活严重脱节，造成学生成长中的“两张皮”：一边是生活中没有解决的问题，另一边是只有考试才用得上的知识。孩子们在课堂上空洞的眼神和盼望下课的焦灼让L老师深感灰心。

自身的成长经历和在小学教育现场的体验让L老师更加深刻地认识到，教育本来是为了发展完整的人。正如教育哲学家怀特海曾经说的：教育的对象是有血有肉的人，只有落实到有血有肉的人的教育才是有效的教育。人的心智结构本就是一个整体，真实的世界也是以综合性的具体问题而非界限清晰的学科知识来呈现的。不“跨”，难以帮助学生解决他们来自真实生活情境的问题，不“跨”，难以使他们获得对世界的完整认识。这大概就是2022年版新课标从“育人”的立场提出“跨学科学习”的根本缘由。

至于语文课程标准对“跨学科学习”的强调，L老师也梳理了自己的认识：首先，“语文学习的外延和生活的外延相等”这句话道出了语文课程“跨学科”学习的可能性；其次，2022年版新课标明确规定了语文课程的性质，它“是一门学习国家通用语言文字运用的综合性、实践性课程”，这种课程性质使“跨学科”学习成为必然；最后，语文教材中存在大量融合了其他学科知识、综合性极强的选文。可以说，语文课程在“跨学科”上有着得天独厚的优势。

二、追问：究竟什么是语文“跨学科学习任务群”？

（一）当“跨学科”遇上“任务群”

解决了“为什么”的问题，还要回答“是什么”——只有从理论上透彻地理解，才能在实践中不走样。当“跨学科”遇上“任务群”，这二者究竟擦出了怎样的火花？L老师用心摘出了2022年版新课标中关于“任务”和“任务群”的一段话：

设计语文学习任务，要围绕特定学习主题，确定具有内在逻辑关联的语文实践活动。语文学习任务群由相互关联的系列学习任务组成，共同指向学生的核心素养发展，具有情境性、实践性、综合性。

如何理解“任务”呢？对这个惯用词，人们已经不去追究它的内涵了。L老师认为，在2022年版新课标的语境中，在小学语文教学实践中，其却是一个内涵丰富的概念。综合互联网上发布的各位语文教育专家的理论解读，L老师总结了“语文学习任务群”的内涵与实质：为了实现语文课程培养学生核心素养的目标，语文教师围绕一定的主题，利用一定的资源，创设具有真实性的情境，设计一系列语文实践活动，由学生在自主合作探究过程中完成。与一般的学习任务（比如作业）不同，语文学习任务群有明确的层级性、结构性内容，这些内容彼此关联，环环相扣。

显然，“任务群”对教师的“教”形成了巨大的挑战。结合学生身心发展规律围绕语文课程内容设计出有创意且彼此有逻辑关联的一系列语文实践活动，这是每个一线语文教师面临的重要任务。而“跨学科任务群”的设计显然是其中最具挑战性的任务。

（二）语文“跨学科”：学科相关还是学科融合？

L老师记录了五年级《长相思》一课的跨学科网络教学公开课：

今天，我在一次网络会议上听了一节《长相思》的公开课。这是H小学探索语文跨学科教学的一节公开课。课前，教研室组长阐述了这节课的设计构想：围绕“文化自信”和“审美创造”这两大核心素养，设计“如何吟诵《长相思》”的学习任务。课上，语文老师首先讲解了这首词的作者和创作背景；之后，音乐老师为同学们介绍了词牌的有关知识；语文老师再次上场，从语言文字的角度梳理了词意并带领学生体会这首词的情感变化；音乐老师再次进入课堂讲解“平长仄短”等音律知识，带领学生按照语调、韵律和节奏来吟诵这首词，最后拿出鼓等打击乐器配合声韵再次吟诵整首词。

在两位老师的轮番授课下，同学们对这首词的情感主旨和音韵知识有了较深的认识。但整堂课还是有些沉闷。可能是纳兰性德的军旅生涯和思乡情感很难让学生产生共鸣，也可能是两位老师的讲解过多使学生的兴奋度不高，也有可能是公开课学生有点紧张放不开，前排的一位女生多次回答问题，而其他学生几乎没有回答问题。课堂整体的活跃度和学生生命活力的激发有所欠缺。

这节课听下来，L 老师产生了这样的疑问：语文“跨学科”学习是不同学科的老师在课堂上带领学生学习同样的内容吗？像这样的经典文学篇章如何设计跨学科学习任务群呢？语文“跨学科学习任务群”的设计应如何调动全体学生的积极性？带着这些疑问，L 老师再次搜寻学习资源。她在郭华教授的讲座中听到这样的一句话：“跨学科，是学科融合而不是学科相关。”回头再看《长相思》这堂课，L 老师想：好的语文“跨学科”教学，不应该为跨而跨，而是为解决一个真实的问题，用其他学科的知识和方法去共同解决这个问题并产生整合性的理解。跨学科，不能流于肤浅、零散、拼盘式的学习，不是通过知识的搬运和学科的简单叠加而完成的。在某种程度上，它是一种对未来社会问题的模拟和创新实践。说到底，跨学科学习任务群的设计还要在如何“融”得自然上下功夫。

（三）跨学科学习怎样保持“语文味”？

对于语文的跨学科学习，L 老师所在教研组的老师还发出了另一种声音：

其实，我们的语文课每天都在“跨学科”学习，讲单篇课文往往要涉及文章的历史背景。学习写景的文章怎么能没有对画面的想象？至于诵读古诗，必然会涉及音韵知识。讲说明文，那些科学知识也会成为我们理解的对象。为什么还要那么刻意地进行“跨学科”教学呢？

况且，有些刻意的跨学科教学看似热热闹闹，却往往把“语文”给弄丢了。比如：学习王维的诗句“大漠孤烟直，长河落日圆”，引进数学学科，理解几何图形中直线与圆的关系；引进物理学科，理解落日是光的传播，狼烟直上是空气的对流；引进化学学科，解析狼烟是一种燃烧现象……[①]这样的跨学科，是否把这首塞外诗雄浑壮阔的意境破坏殆尽了呢？

对于这两种声音，L 老师认为，前者缺乏一种跨学科的课程意识，自觉的课程意识是以任务群的设计与驱动为标志的，是以学生的主动学习探究为表征的。关于后者，L 老师也曾在理论场域看到过两种截然不同的观点，一种观点是语文跨学科学习应该牢牢坚守语文学科本位，所有的跨学科学习任务都是指向“语言运用”的[②]；另一种观点是语文核心素养并不在于语文能力的获得，而在于对语文之外世界的了解和认知，而跨学科学习是解

---

① 赵传栋. 跨学科学习：神奇的学科跨越［M］. 上海：上海远东出版社，2020：12.

② 殷伟荣，张文东，刘晓华. 跨学科任务群教学中语文课程的学科本位与组织方式［J］. 教学与管理，2022（13）：69-72.

决这个关键问题的钥匙①。这两种针锋相对的观点其实源自对语文课程性质和课程目标不同层次的理解，也就是说既不能仅为培养“语言运用能力”而去“跨学科”，又不能把语文视为其他学科的附庸而去“跨学科”。

那么，语文的跨学科学习和一般的跨学科学习究竟有什么区别呢？L老师认为还是需要从语文核心素养上去寻找答案。文化自信、语言运用、思维能力、审美创造这四个方面具有整体交融性，是不能拆分的，包括跨学科任务群在内的语文课程内容和实施都要聚力于这个整体的目标。另外，人们之所以对语文跨学科学习的内涵争论不休，可能也是因为没能区分“小语文视阈下的跨学科学习”与“大语文视阈下的跨学科学习”。所谓“小语文视阈”可以理解为在语文课上设计跨学科学习任务群；所谓“大语文视阈”是指在生活的广阔天地里设计跨学科学习任务群②。这两类学习任务的设计应该是有着内在的差异性的。但无论“大”“小”，都要以整体的核心素养为目的，这样，语文跨学科学习任务的“语文味”就丢不了了。

三、实践：六年级“长征与我”跨学科学习任务群设计

（一）《七律·长征》：跨学科学习的可能性

厘清了思想认识，L老师着手进行语文跨学科任务群的设计实践。她首先从“小语文视阈”开始尝试。与其他教学设计一样，跨学科学习任务群的教学设计也要先从教材和学情的分析起步：

部编版小学语文六年级上册第二单元以“重温革命岁月”为人文主题，编选了《七律·长征》《开国大典》《狼牙山五壮士》《灯光》等课文。这是一组反映革命文化主题的作品。其中，毛泽东的诗歌《七律·长征》生动地概述了红军战士长征的艰难历程，讴歌了中国工农红军在长征旅途中所表现的革命乐观主义精神和英雄气概。然而，作品创作的年代以及所反映的历史事件距离当代学生较远，其中蕴含的长征精神很难真正地与当下的学生建立意义关联。长征题材本就蕴含很多跨学科因素，涉及历史、地理、数学、音乐、美术等，这首诗是可以通过设计跨学科学习任务群来进行学习的。

在语文方面，六年级的学生已有一定的诗歌知识储备和学习能力，对于阅读的基本方法也有了一定的了解；在数学方面，学生基本掌握了路程、速度与时间等几个变量之间的关系，了解了百分比的意义及运算规律，并能在实际生活中进行运用；在音乐方面，由于生活范围的扩大和认知的发展，他们对乐曲的体验感受能力进一步增强；在美术方面，学生已有一定的绘画基础，能够完成一些创意绘画任务。

（二）“长征与我”：主题与目标的设计

L老师明白，跨学科学习任务群的“主题”不是课标“课程内容”中的“主题与载

① 张广录．论语文跨学科学习的功能价值和教学设计逻辑［J］．中学语文教学，2022（2）：9-13.

② 温小军．语文跨学科学习的三维阐释［J］．语文建设，2022（19）：4-9.

体形式”，也不是教材中双线组元的“人文主题”，而是教师为解决学生语文学习问题而特意设计的一次活动“主题”。它应与六年级学生学习生活、社会生活中有意义的话题有关。于是，L老师对这一主题的表达进行了推敲：

“走进长征故事，传承红色精神”

“长征精神与少年成长”

“长征与我”

最终，她从主题是一个“值得学生研究的话题”这一角度，选定了第三个作为这次跨学科学习任务群的主题，以增强学习内容与学习者之间的关联性。

结合语文核心要素，围绕语文跨学科学习“提高语言文字运用能力”的宗旨，L老师制定了如下教学目标：

学习目标一：熟读《七律·长征》，关联《金色的鱼钩》，查阅有关历史资料，了解中国工农红军二万五千里长征的故事，体会党领导下军队不屈不挠的斗争精神，并能用长征精神激励自己的学习与生活。

学习目标二：结合改编成歌曲的《七律·长征》以及关于表现长征精神的美术作品，进一步体会长征精神；同时，反观毛泽东创作的诗歌，体会语言艺术的优点以及诗歌点面结合的艺术创作手法，感受诗歌雄伟豪迈的艺术风格。

学习目标三：结合地理和数学知识，了解《七律·长征》中提到的地名及其地貌特征，查阅相关资料，了解长征路途的长度；计算长征路上牺牲的人数，体会长征的艰险和意义；联系自我的成长，领会长征精神的真正价值。

（三）“真实”情境下的任务群设计

跨学科任务的启动一定要设计具有“真实性”的情境，这样才能真正激发学生作为学习主体的主动性。L老师经过反复斟酌，最后确定了与六年级认知水平较为接近的认知情境：

1934—1936年，中国工农红军跨越万水千山，完成了人类历史上的伟大奇迹——二万五千里长征。毛泽东在陕北会师之际挥毫创作了诗歌《七律·长征》。这样的历史、这样的作品可能距离我们今天的生活已经有些遥远了。有人说，长征发生在革命战争年代，长征精神只适用于革命战争年代，现在再提长征精神已经过时了。那么，究竟什么是长征精神？这种精神到底是不是过时了呢？重新回顾有关长征的历史和文学作品，思考长征与今天的你究竟有什么关系。请结合个人兴趣和特长从下面的任务群中选择其一，结成小组，通过完成相关的任务，试着回答上面的问题。

由这个情境开启，L老师设计了以“长征与我”为主题的跨学科学习任务群：

任务一：长征文学集结吧（跨语文、历史、音乐等学科）

活动1：搜集与长征相关的历史资料，向大家讲一讲红军长征的历史背景或分享一件令你印象最深的长征故事。

活动2：配乐诵读《七律·长征》及其他与长征相关的诗歌，并录制小视频。

活动3：试着写一首小诗或一篇颁奖词致敬红军长征。

任务二：长征勘测研究所（跨语文、地理和数学学科，涉及卫生知识）

活动1：结合《七律·长征》中提到的地名，利用中国地图在A4纸上绘制长征路线图，说一说这些地方的地貌特点以及给长征带来的不利因素；同时，思考并讨论毛泽东的诗歌中选取这几个地名的缘由。

活动2：红军长征路程达25 000里也就是12 500千米，请组内交流并选一种方法来描述12 500千米有多长。（比如，操场的周长为400米，长征的路程相当于31 250个操场的周长）计算长征时间、路程的关系，了解不同时间段长征人数的变化，并推算出生还人数。

活动3：红军在长征的路上不仅要克服烈日和风霜等恶劣的自然条件，还要与饥饿和疾病作斗争。在长征路上，不少战士倒下了。请你搜集并整理一些急救小知识制作成一份手抄报。

任务三：长征艺术创作营（跨语文、美术学科）

活动1：请结合搜集到的相关资料以及对《七律·长征》的理解，选择有代表性的长征场景或人物完成一件手工作品，制作完成后为作品命名。（结合个人兴趣、特长选择其一：书法、黏土、剪纸、折纸、雕刻或手抄报等形式）

活动2：铭记红色历史，弘扬长征精神。请你设计一枚红军长征胜利纪念章，并说明设计思路。

任务四：长征荧幕厅（跨语文、戏剧和信息技术等学科）

活动1：结合对《七律·长征》的理解，从《草地夜行》《金色的鱼钩》或其他长征故事中选择一个故事并将其改编成剧本，再现英雄壮举，体会长征精神。

活动2：一条长征路，经历千般险阻。请你重温长征历程，化身长征讲解员，用短视频的形式绘声绘色地为我们介绍《七律·长征》中高度概括化的长征经典场景。

活动3：如果给你一个机会穿越到89年前，见到长征途中的红军战士们，你最想对他们说什么？或者若你是红军中的一员，你想对现代的年轻人说什么？请两两合作并用短视频的形式完成这场穿越时空的对话。

任务五：长征思辨社（跨语文、历史、道德与法治等学科）

活动1：有人说“长征精神已经过时了”，你怎么看？请你结合对《七律·长征》以及相关知识的理解用一篇文章来表达你的观点。

活动2：如果象征性地理解“长征”，我们每个人都有自己的“长征路”。请想一想你的“长征路”是怎样的，你将怎样走好自己的长征路。请你写一篇演讲稿并向全体同学演说。

L老师在教研活动时这样阐释她的设计意图和实施计划：这五种类型的任务共同构成一组任务群，彼此既独立又有一定的逻辑进程。学生依据个人爱好与特长自选任务组成四个大组，由推选的组长再根据每个任务下面设置的2~3个活动，内部分成相应的小组，小组成员课下合作完成相应的活动任务。课上展示各小组的学习成果同时进行师生评价。之后，全体同学共同完成第五个任务，大约需要2~3个课时。

（四）“长征与我”任务群的评价设计

对于这样的学习方式，学生也一定感到既陌生又新奇，因此更需践行评价先于学习的理念。L老师明白，表现性评价与重视标准答案的总结性评价不同，需要提前设计出各类任务的评价细则和标准，以便更好地指导和引领学生进行合作探究并解决问题。L老师按照活动形式的不同，对各类任务的最终成果进行了细致的评价设计，并用表格的形式呈现出来，具体如下。

表11-1　“长征与我”手抄报评价表

班级：____________　姓名：____________

评价方式	写作态度端正：书写工整、卷面整洁、文字美观（3分）	视觉效果好：色彩搭配和装饰布局协调、美观（3分）	围绕长征主题进行创作，内容健康、丰富（4分）	分数合计	值得表扬的地方	需要改进的地方
自我评价						
同桌评价						
家长评价						
老师评价						
温馨提示：结合学生表现来打分，满分为10分。若总分在6分以内，可获“创作达人”称号；若总分为7~8分，可获“创作能手”称号；若总分为9~10分，可获“创作标兵”称号						

表11-2　“长征与我”诗歌创作评价表

班级：____________　姓名：____________

评价方式	写作态度端正：书写工整、卷面整洁、文字美观（3分）	围绕长征主题进行创作，情感真挚（4分）	符合诗歌特点，语言优美，修辞使用恰当（3分）	分数合计	值得表扬的地方	需要改进的地方
自我评价						
同桌评价						
家长评价						
老师评价						
温馨提示：结合学生表现来打分，满分为10分。若总分在6分以内，可获“写诗小达人”称号；若总分为7~8分，可获“写诗小能手”称号；若总分为9~10分，可获“写诗小标兵”称号						

表 11-3 “长征与我”勘测任务评价表

班级：__________ 姓名：__________

评价方式	书写工整、文字美观	答案准确	条理清楚，答题过程详尽，有自己的思考	值得表扬的地方	需要改进的地方
自我评价					
组内评价					
家长评价					
老师评价					
温馨提示：用“☆”进行等级评价，满分为五星级。若各方点评星级在一到三级之间，可获“勘测达人”称号；若各方点评都达到四星级，可获“勘测能手”称号；若各方点评都达到五星级，可获“勘测大师”称号					

表 11-4 “长征与我”手工制作评价表

班级：__________ 姓名：__________

评价方式	作品内容书写工整	色彩搭配协调、美观，图文及装饰布局合理	围绕长征主题，内容健康、丰富	值得表扬的地方	需要改进的地方
自我评价					
同桌评价					
家长评价					
老师评价					
温馨提示：用“☆”进行等级评价，满分为五星级。若各方点评星级在一到三级之间，可获“初级画工”称号；若各方点评都达到四星级，可获“中级画匠”称号；若各方点评都达到五星级，可获“高级画师”称号					

表 11-5　“长征与我”戏剧表演任务评价表

班级：＿＿＿＿＿＿　　姓名：＿＿＿＿＿＿

评价方式	装扮和道具符合角色的性格和时代特点（1.5分）	故事完整，语言流畅、清晰（4分）	语言符合故事发展以及人物性格，真情流露，有感染力（3分）	在原有故事基础上进行合理的加工（1.5分）	分数合计	值得表扬的地方	需要改进的地方
自我评价							
同桌评价							
家长评价							
老师评价							
温馨提示：结合学生表现来打分，满分为 10 分。若总分在 6 分以内，可获“演技新秀”称号；若总分为 7~8 分，可获“演技达人”称号；若总分为 9~10 分，可获“演技大咖”称号							

表 11-6　“长征与我”思辨类任务评价表

班级：＿＿＿＿＿＿　　姓名：＿＿＿＿＿＿

评价方式	表达思路清晰、流畅	结合个人实例，有自己的观点	能从不同角度进行论述	值得表扬的地方	需要改进的地方
自我评价					
同桌评价					
家长评价					
老师评价					
温馨提示：用“☆”进行等级评价，满分为五星级。若各方点评星级在一到三级之间，可获“思辨达人”称号；若各方点评都达到四星级，可获“思辨之星”称号；若各方点评都达到五星级，可获“思辨大师”称号					

这份教学设计出炉之后，教研室的老师们有的赞赏，也有的担心——不知道这份设计是否对学生提出了过高的要求。L 老师也在想：长征精神这一革命文化中熠熠闪光的宝藏是否能与当下小学生的成长建立真切的关联？“长征与我”跨学科学习任务群的设计是否能解决六年级小学生一次语文学习过程中遇到的真实问题？这些都还需要实践的验证。从单篇课文的跨学科教学，到一个单元的跨学科教学，再到语文综合性学习的跨学科教学，甚至整个学校的跨学科课程，小学语文的“跨学科学习任务群”究竟应该如何设计和实施，L 老师感到自己的“长征之路”才刚刚开始……

【结语】

促进学生与文化之间的交流、互动并使之成长为全面发展的个体，“跨学科”而不是“单学科”学习任务的设计成为教师必须下功夫研究的功课。2022 年版新课标以全新的课程理念颠覆了已有的教学方式，吹响了语文教育新征程的时代号角。对一线的小学语文教师来说，秉承“培根铸魂”“立德树人”的宗旨，研究并实践包括跨学科学习任务群设计在内的语文教学内容是时代赋予的使命。

【案例使用说明】

1. 适用范围

适用对象：小学教育专业的研究生或本科生、教师教育专业的研究生或本科生，以及小学语文教师。

适用课程：“小学语文教学设计与实施”“小学语文教学论”“小学语文教学专题研究”等。

2. 教学目标

（1）理解《义务教育语文课程标准（2022 年版）》中跨学科学习任务群的内涵、价值及意义。

（2）通过对本案例和相关学习材料的研究，探究语文跨学科学习任务群设计的原则与策略。

（3）通过调研某学段小学生的学习需求和真实问题，围绕提升语文核心素养的课程目标，小组合作进行语文跨学科学习任务群的设计。

3. 要点提示

相关理论：

语文课程与教学、跨学科学习、教学设计的理论与方法。

关键知识点：

语文跨学科学习任务群的内涵与价值、小学语文“跨学科学习”任务群设计的原则与方法。

关键能力：

研读教材的能力、分析学情的能力、教学设计的能力。

案例分析思路：

本案例秉承着语文跨学科学习任务群设计要回答的“为什么”“是什么”“怎么做”的系列问题，构建了从理论认知到实践操作的演进路径。理论认知部分解决“为什么要进行跨学科学习”的思想困惑以及什么是“语文跨学科学习”的认知难点；实践操作部分展示L老师针对小学语文六年级上册第二单元《七律·长征》进行的跨学科学习任务群设计方案，包括教材和学情分析，目标、主题、情境、任务以及评价的设计。意在使学生通过该案例的学习，理解语文跨学科学习的内涵、价值和意义，并能探究语文跨学科学习设计的原则和策略，同时在实践中学习围绕一定的主题进行语文跨学科学习任务群的设计。

4. 教学建议

时间安排：大学标准课4节，180分钟，布置预习1节，汇报讨论1节，实践展示1节，反思总结1节。

环节安排：利用1节课布置预习内容，要求利用文献、专家讲座视频等各类资源了解语文跨学科学习任务群的内涵与实质→学生按照启发思考题分组研读案例并对该问题进行讨论→各组形成主要观点→学生课上汇报、研讨→学生小组互评、教师点评→仍以该小组为单位进行跨学科学习任务群的教学设计→展示点评→反思、总结。

人数要求：40人以下的班级教学。

教学方法：参与式教学、小组合作教学等方式，以师生讨论为主，以讲授、点评为辅。

工具选择：案例打印资料、多媒体录播教室、录音笔、记录表等。

组织引导：教师布置任务清晰，案例讨论要求明确；教师要为学生提供必要的参考资料；教师需要对学生的课下讨论予以必要的指导，并及时给出建议，以便于课上交流；学生课上讨论注意严防跑题；教师点评注重提升，要肯定每组的亮点，不应给出最终结论。

活动设计建议：

提供更多的关于“跨学科”的理论资源，包括语文课程中的跨学科理论与实践，让学生对相关内容有较充分和扎实的理解；通过讨论不同课例中教师的教学设计明确语文课程跨学科教学的内涵及其评价标准；小组合作，尝试进行语文跨学科教学设计，小组之间进行互评。

5. 推荐阅读

[1] 雷普克. 如何进行跨学科研究 [M]. 傅存良，译. 北京：北京大学出版社，2016.

[2] 刘仲林. 跨学科学导论 [M]. 杭州：浙江教育出版社，1990.

[3] 威金斯，麦克泰格. 追求理解的教学设计 [M]. 闫寒冰，宋雪莲，赖平，译. 上海：华东师范学大学出版社，2017.

[4] 雷实. 语文课程设计的文化开放 [M]. 北京：人民教育出版社，2018.

[5] 安德森，克拉思沃尔，艾拉沙恩，等. 布鲁姆教育目标分类学：分类学视野下的学与教及其测评 [M]. 蒋小平，张琴美，罗晶晶，译. 北京：外语教学与研究出版社，2009.

《七律·长征》课堂教学设计[①]

授课题目	部编版小学语文六年级上册第二单元 第5课《七律·长征》	课时	1
内容介绍	《七律·长征》由毛泽东作于红军战士翻越岷山后、长征即将胜利结束前不久的途中。全诗重点讲了红军二万五千里长征中遇到的艰难险阻，为我们主要呈现了五幅“征难”图，包含翻越五岭、穿越乌蒙山、巧渡金沙江、强渡大渡河以及翻越岷山。全诗中“远征难”和“只等闲”构成了强烈对比，不仅形象概括了红军长征的艰难历程，还赞颂了中国工农红军不畏艰险、英勇顽强的革命英雄主义精神和革命乐观主义精神。		
学习目标	学习目标一：通过查阅有关历史资料、展开想象、反复诵读等形式增强对课文内容的感悟，感受红军战士大无畏的革命乐观主义精神。 学习目标二：结合长征路线图的绘制，了解《七律·长征》中提到的地名及其地貌特征，查阅相关资料，了解长征路途的长度，计算长征路上牺牲的人数，体会长征的艰险和意义，并能用长征精神激励自己的学习与生活。 学习目标三：结合表现长征精神的美术作品，进一步增强对长征精神的体会。		
学习重难点	在反复诵读中理解诗句的意思，感受红军英勇无畏的革命乐观主义精神。		
定标依据	1. 课程标准相关要求 (1) 学段要求 【阅读与鉴赏】 ＊熟练地用普通话正确、流利、有感情地朗读课文。 ＊能联系上下文和自己的积累，推想课文中有关词句的意思，辨别词语的感情色彩，体会其表达效果。 ＊阅读诗歌，大体把握诗意，想象诗歌描述的情境，体会作品的情感。受到优秀作品的感染和激励，向往和追求美好的理想。 (2) 内容组织与呈现 【文学阅读与创意表达】 阅读、欣赏革命领袖、革命先烈创作的文学作品，以及表现他们事迹的诗歌、小说、影视作品等，感受革命领袖、革命先烈伟大的精神世界和人格力量，认识生命的价值；运用讲述、评析等方式，交流自己的情感体验。		

① 设计者为内蒙古自治区包头市青山区文学道小学王晓琪（实习教师）。

续　表

<table>
<tr><td>定标依据</td><td>2. 单元解读
《七律·长征》出自部编小学语文六年级上册第二单元。本单元以“重温革命岁月”为主题，编排了《七律·长征》《开国大典》《狼牙山五壮士》《灯光》四篇课文，这是一组反映革命文化主题的作品，旨在引导学生感受革命者英勇斗争、不畏牺牲的革命英雄主义精神。
其中，《七律·长征》是由毛泽东创作于红军战士翻越岷山后、长征即将胜利结束前不久的途中。在此期间，中国工农红军历尽艰险，跋山涉水，穿越福建、江西、广东、湖南、四川等十几个省份，最后顺利到达了目的地。此次长征不仅保留了革命的火种，也为后面抗日战争统一战线的建立奠定了坚实的基础。面对历经艰险后的胜利在即，毛泽东思绪万千，并满怀豪情地完成了这首气势磅礴的英雄史诗。课后习题要求朗读课文，读出磅礴气势并背诵。本课的教学重点在于反复诵读并理解诗句的意思，感受红军在长征中遇到的艰难险阻和战士们不畏艰难、顽强乐观的精神。
《狼牙山五壮士》记叙了五位八路军战士为掩护主力以及群众的撤退转移，将敌人引上狼牙山顶峰并痛击敌人，最后壮烈跳崖，英勇牺牲。课文表现了五壮士不畏强敌、宁死不屈以及忠于人民、忠于祖国的精神。文中既关注了对五位壮士个体痛击敌人的描写，又展现了对这一群体的刻画。
《开国大典》以描写场面为主，记叙了1949年10月1日，三十万人聚集于天安门隆重举行开国大典的宏大场面，表达了人们在新中国成立时无比激动、喜悦的心情。课后题要求简要说说开国大典的过程，关注点面结合写法，感受字里行间热烈、庄重的气氛。
《灯光》是本单元的略读课文，其以灯光为线索讲述了解放战争时期以郝副营长为代表的战士为全国解放及后代的安宁献出自己生命的故事。文章采用倒叙的方式聚焦三次不同场合的灯光，首尾呼应，结构紧凑。要求把握灯光与火光之间的联系以及它们与课题之间的联系，感悟革命战士无私奉献的精神。这篇课文旨在引导学生运用之前的学习方法把握内容，体会情感。
本单元的语文阅读要素是“了解文章是怎样点面结合写场面的”，针对这一要素，教师需要把握两个关键词，一个是“点面结合”，其中“点”是对局部的细节刻画，“面”是对整体面貌的描写，这在本单元的课文中都有所体现。比如，在《七律·长征》中，既有五岭、乌蒙山、大渡河、岷山等点的描写，又有万水千山的面的描写，旨在初步认识点和面的描写。又如，在《狼牙山五壮士》中，既有五壮士群体形象的描写，又有每个壮士的细节描写，能够让人感受到每位壮士身上的英勇、无畏。本单元另一个关键词是“场面”。与之相联系的是五年级上册第六单元，本单元的阅读要素是对其“体会作者描写的场景、细节中蕴含的感情”这一要素的继承与发展。教师也需关注之前的“场景”和本单元的“场面”有所区别。首先，二者感情色彩不同。场面描写泛指一定场合下的情景，更加客观，往往是对场景的客观描述。其次，场面描写要注意交代场面的背景，即发生的时间和地点。我们可以发现，后者比前者更客观也更宏观，与本单元</td></tr>
</table>

续 表

<table>
<tr><td>定标依据</td><td colspan="2">的学习一脉相承。本单元旨在通过聚焦文中点面结合的描写，进一步感悟场面的特点以及蕴含的情感。本单元的习作要素是“尝试运用点面结合的写法记一次活动”，与阅读要素相呼应，与本单元点面结合的写法一脉相承。
从表达方法来看，本单元的课文都采用了点面结合的描写方法，既有对人物个体的特写，又有对场面的塑造。从表达顺序上看，本单元按照时间顺序由红军长征写到抗日战争、解放战争、新中国成立，展现了不同时期的历史场面。另外，虽然各篇课文所处的时间节点不同，但是它们所传递出来的革命英雄人物所共有的不畏艰难、英勇顽强的革命精神是高度统一的，旨在加强情感培育，为学生的成长植入红色基因。在进行本单元教学时，需要重视对伟人毛泽东名篇佳作的诵读指导、对其他篇目的阅读指导以及对文章所表现出来的革命精神的体悟。另外，本单元涉及的革命题材背景离学生较远，因此还需适当补充相关历史资料以加强对人物精神的感悟。
3. 学情分析
鉴于长征题材本就蕴含有很多跨学科因素，本课的学情分析还需链接相应学科：
六年级的学生已经学习过许多古诗词，对学习诗词有一定的方法，已经学会了正确朗读，把握朗读节奏，能够利用注释和查字典的方法在弄懂重点词语的基础上理解诗句，懂得在反复朗读的基础上理解诗意。可以说，在语文方面，六年级的学生已有一定的诗歌知识储备和学习能力，对于阅读的基本方法也有了一定的了解；
在数学方面，学生基本掌握了路程、速度与时间等几个变量之间的关系，了解了百分比的意义及运算规律，并能在实际生活中运用；
在音乐方面，由于生活范围的扩大和认知的发展，他们对乐曲的体验感受能力进一步增强；
在美术方面，学生已有一定绘画基础，能够完成一些创意绘画任务。但是，需要关注的一点是，作品创作的年代以及所反映的历史事件距离当代学生较远，因此，在对本课进行教学时，还需要借助一些历史材料帮助学生建立意义关联。</td></tr>
<tr><td>学生课前需要做的准备工作</td><td colspan="2">1. 预习生字词。
2. 搜集有关毛泽东和长征的历史资料，完成人物名片的制作。</td></tr>
<tr><td rowspan="4">评价任务</td><td>情境与问题</td><td>对应目标</td></tr>
<tr><td>1. 让学生结合课前搜集的资料简单介绍本诗的作者和创作背景。
2. 引导学生用评价星级表去评价自己的朗读达到了哪一级。</td><td>学习目标一</td></tr>
<tr><td>1. 让学生自由朗读课文，用简短的语言概括诗中描写的场景。
2. 让学生结合诗中所提到的地名，利用中国地图在A4纸上绘制基本的长征路线图。</td><td>学习目标二</td></tr>
<tr><td>1. 正确理解长征时间与路程的关系，全面地找出长征的有利与不利因素。
2. 结合诗句，理解诗意，找出体现“只等闲”的字词。</td><td>学习目标二
学习目标三</td></tr>
</table>

续　表

<table>
<tr><td>学法</td><td colspan="5">学生通过“读一读”“画一画”“想一想”“辩一辩”“说一说”等学习活动突出重点，突破难点。同时，通过合作学习、小组交流，为学生营造和谐的课堂氛围。</td></tr>
<tr><td>教法</td><td colspan="5">1. 通过巧妙地设置问题，活化学生思维。
2. 教师语言结合课件创设情境，激发学生兴趣。
3. 补充历史资料，缩短时空距离。</td></tr>
<tr><td rowspan="3">学习流程</td><td>学习环节</td><td>学习活动</td><td>评价任务</td><td>教师活动</td><td>学习目标</td></tr>
<tr><td>长征之声我来诵</td><td>1. 结合课前所制作的人物名片说说对作者以及创作背景的了解。
2. 出示朗读小达人评价表，试着由读出节奏和停顿到读出磅礴的气势。
3. 请每小组朗诵古诗，采用一首歌曲作为本诗朗诵的配乐，并说一说理由。
4. 全班配乐诵读，完成长征礼赞之声视频的录制。</td><td>1. 引导学生结合评价表简单介绍本诗的作者和创作背景。
2. 引导学生用评价星级表去评价自己的朗读达到了哪一级。</td><td>1. 引导学生观察古诗，了解七言律诗的特点。
2. 课件补充音频。
3. 适时评价、导学。</td><td>学习目标一</td></tr>
<tr><td>长征之路我来绘</td><td>自由朗读诗歌，用简短的语言概括，如果让你来拍摄长征的视频，自己会选择哪几个场景。
思考：毛泽东若是把这个视频发朋友圈，会选择本诗中的哪句诗作为自己的文案。
请为文案配一幅图，具体内容：需要结合诗中所提到的地名，利用中国地图在A4纸上完成长征路线图的绘制。</td><td>1. 让学生自由朗读课文，用简短的语言概括诗中描写的场景。
2. 让学生结合诗中所提到的地名，利用中国地图在A4纸上绘制基本的长征路线图。</td><td>1. 相机补充点面结合的写作方法。
2 适时评价、导学。</td><td>学习目标二</td></tr>
</table>

续 表

<table>
<tr>
<td rowspan="2">学习流程</td>
<td>长征之况我来辨</td>
<td>1. 现在红军要召开总结大会，请小组合作结合诗句中的关键词、路线图上这些地方的地貌帮助红军明确情形：
(1) 组内交流并选一种方法来描述红军长征二万五千里有多长。梳理长征时间、路程的关系，了解不同时间段长征人数的变化。
(2) 联系诗句、地图以及生活实际共同总结长征路途中的有利和不利因素。
2. 找一找：长征路上面对诸多险阻，红军战士对此表现出怎样的态度？找出诗中的关键词，同桌间说一说全诗哪些地方有所体现。
3. 说一说：我们现如今处于一个和平年代，离不开先辈的奉献与牺牲，如果给你一个机会穿越到89年前，见到长征途中的红军战士们，你最想对他们说什么？若你是红军中的一员，你想对现代的年轻人说什么？请两两合作完成这场穿越时空的对话。
4. 伴随关与诗中场景美术作品的播放有感情地诵读全诗。</td>
<td>1. 引导学生结合评价表来分析长征的有利与不利因素。
2. 结合诗句，理解诗意，找出体现“只等闲”的字词。</td>
<td>1. 适时评价。
2. 适当补充诗中对应的长征美术作品图片。
3. 进行课堂总结。</td>
<td>学习目标二
学习目标三</td>
</tr>
<tr>
<td>布置作业</td>
<td colspan="4">小组合作，任选其一进行合作探究：
任务一　长征文学集结吧
活动1：搜集与长征相关的历史资料，向大家讲一讲红军长征的历史背景或分享一件令你印象最深的长征故事。
活动2：试着写一首小诗或一篇颁奖词致敬红军长征。
任务二　长征勘测研究所
活动1：红军在长征的路上不仅要克服烈日和风霜等恶劣的自然条件，还要与饥饿和疾病作斗争。在长征路上，不少战士倒下了。请你搜集并整理一些</td>
</tr>
</table>

续　表

<table>
<tr><td rowspan="1">学习流程</td><td>布置作业</td><td>急救小知识制作成一份手抄报。
任务三　长征艺术创造营
活动 1：请结合搜集到的与长征相关的资料以及对《七律·长征》的理解，选择有代表性的长征场景或人物完成一件手工作品，制作完成后为作品命名。（结合个人兴趣特长选择其一：书法、黏土、剪纸、折纸、雕刻或手抄报等形式）
活动 2：铭记红色历史，弘扬长征精神。请你设计一枚纪念红军长征胜利的纪念章，并说明设计思路。
任务四　长征荧幕厅
活动 1：结合对《七律·长征》的理解，从《草地夜行》《金色的鱼钩》或其他长征故事中选择一篇并将其改编成剧本，再现英雄壮举，体会长征精神。
活动 2：一条长征路，经历千般险阻。请你重温长征历程，化身长征讲解员，用短视频的形式绘声绘色地为我们介绍《七律·长征》中高度概括化的长征经典场景。
任务五　长征思辨社
活动 1：有人说“长征精神已经过时了”，你怎么看？请你结合你对《七律·长征》以及相关知识的理解用一篇文章来表达你的观点。
活动 2：如果象征性地理解“长征”，我们每个人都有自己的“长征路”。请想一想你的“长征路”是怎样的，你将怎样走好自己的长征路。请你写一篇演讲稿并向全体同学演说。</td></tr>
<tr><td>板书设计</td><td colspan="2">5.《七律·长征》
腾跃五岭——→急跨乌蒙——→巧渡金沙——→飞夺泸定——→喜踏岷山（点）
万水千山（面）</td></tr>
</table>

授课题目	部编版小学语文六年级上册第二单元 第 5 课《七律·长征》	课时	2
学习目标	学习目标一：通过讲故事、演剧本、展示手工作品等形式多样的活动，学习红军长征大无畏的革命乐观主义精神。 学习目标二：结合对长征故事和剧本的感悟，反思自己的长征路该如何走。		
学习重难点	通过讲故事、演剧本、展示手工作品等形式多样的活动，学习红军长征大无畏的革命乐观主义精神。		
学生课前需要做的准备工作	小组合作选择课前的任意一个任务群进行探究。		

续 表

<table>
<tr><td rowspan="5">评价任务</td><td colspan="4">具体问题</td><td>对应目标</td></tr>
<tr><td colspan="4">引导学生用评价星级表去评价展示的作品。</td><td>学习目标一</td></tr>
<tr><td colspan="4">引导学生用评价星级表去评价故事的讲述情况。</td><td>学习目标一</td></tr>
<tr><td colspan="4">引导学生用评价星级表去评价表演情况。</td><td>学习目标一</td></tr>
<tr><td colspan="4">引导学生用评价星级表去评价展示的作品。</td><td>学习目标二</td></tr>
<tr><td>学法</td><td colspan="5">学生通过“展一展”“讲一讲”“演一演”等学习活动传承长征精神。同时，通过合作学习、小组交流，为学生营造和谐的课堂氛围。</td></tr>
<tr><td>教法</td><td colspan="5">教师创设情境，激发学生兴趣。</td></tr>
<tr><td rowspan="6">学习流程</td><td>学习环节</td><td>学习活动</td><td>评价任务</td><td>教师活动</td><td>学习目标</td></tr>
<tr><td>展示一个创意</td><td>1. 长征艺术创造营
进行长征作品展。让学生上台展示自己课前所制作的长征作品（手抄报、纪念章等），学生结合评价表进行点评。</td><td>引导学生用评价星级表去评价展示的作品。</td><td>1. 创设任务情境。
2. 适时评价、导学。</td><td>学习目标一</td></tr>
<tr><td>讲解一段历史</td><td>2. 长征文学集结吧
讲一讲印象深刻的长征故事并结合评价表进行点评。</td><td>引导学生用评价星级表去评价故事的讲述情况。</td><td>适时评价、导学。</td><td>学习目标二</td></tr>
<tr><td>演绎一个故事</td><td>3. 长征影视荧幕厅
小组合作演绎一个长征故事，再现英雄壮举。</td><td>引导学生用评价星级表去评价表演情况。</td><td>适时评价。</td><td>学习目标二
学习目标三</td></tr>
<tr><td>亮出一个观点</td><td>4. 长征思辨社
活动 1：有人说“长征精神已经过时了”，你怎么看？请上台谈谈你对此的看法。
活动 2：如果象征性地理解“长征”，我们每个人都有自己的“长征路”。请想一想你的“长征路”是怎样的，你将怎样走好自己的长征路。请上台展示课前所写的演讲稿并向全体同学演说。</td><td>引导学生用评价星级表去评价展示的作品。</td><td>1. 适时评价。
2. 进行课堂总结。</td><td></td></tr>
<tr><td>布置作业</td><td colspan="4">如果象征性地理解“长征”，我们每个人都有自己的“长征路”。请想一想你的“长征路”是怎样的，你将怎样走好自己的长征路。请你写一篇演讲稿并向全体同学演说。</td></tr>
</table>